教师培训管理策略研究

金利达 吕 京 曾 琼 著

吉林文史出版社

图书在版编目（CIP）数据

教师培训管理策略研究 ／ 金利达，吕京，曾琼著.
长春：吉林文史出版社，2024.7. — ISBN 978-7-5752-
0474-3

Ⅰ.G635.12
中国国家版本馆 CIP 数据核字第 2024UY3201 号

教师培训管理策略研究
JIAOSHI PEIXUN GUANLI CELÜE YANJIU

出 版 人　张　强
著　　者　金利达　吕　京　曾　琼
责任编辑　李　鹰
出版发行　吉林文史出版社
地　　址　长春市福祉大路 5788 号
邮　　编　130117
电　　话　0431-81629364
印　　刷　河北浩润印刷有限公司
开　　本　710mm×1000mm　　1/16
印　　张　16.625
字　　数　270 千字
版　　次　2024 年 7 月第 1 版
印　　次　2024 年 7 月第 1 次印刷
书　　号　ISBN 978-7-5752-0474-3
定　　价　68.00 元

　　在当今全球化和信息化迅猛发展的时代，教育作为推动社会进步和经济发展的重要力量，其质量在很大程度上取决于教师的素质和能力。教师是教育过程中的核心，其专业素养和教学能力直接关系到教育的成败。因此，如何有效地提升教师的专业水平，成为各国教育改革和发展的重要议题。教师培训作为提高教师专业素养的重要途径，得到了广泛的关注和重视。然而，随着时代的变化和教育需求的不断演变，教师培训管理面临着许多新的挑战和问题。因此，科学有效的教师培训管理策略显得尤为重要。

　　教师培训管理是一个系统工程，涵盖了培训需求分析、培训目标设定、培训内容选择与组织、培训方法与形式的创新设计、培训效果评估与反馈等多个环节。每一个环节都需要精心设计和管理，以确保培训的有效性和针对性。通过系统研究和探讨教师培训管理策略，不仅可以提升教师的整体素质，还能为教育质量的提高提供坚实的保障。因此，本书旨在对教师培训管理的各个方面进行全面系统的探讨，提出科学、有效的管理策略，为教师培训管理提供理论支持和实践指导。

　　第一，本书将对教师培训管理的定义与内涵进行详细阐述，以明确其在教育体系中的地位和作用。教师培训管理不仅是提升教师专业素养的重要途径，也是推动教育改革和发展的重要手段。通过系统的培训管理，可以帮助教师不断更新教育理念，提升教学能力，适应新时代的教育需求。

　　第二，本书将回顾教师培训管理的历史发展与现状，分析其在不同历史时期的发展轨迹和特点。通过对历史经验的总结，可以更好地理解当前教师培训管理的现状和存在的问题，为未来的发展提供借鉴。目前，全球范围内的教师培训管理已取得了显著进展，但仍存在一些亟待解决的问题，例如培训内容和形式单一、培训效果评估机制不健全、培训资源不足等。

第三，本书将深入探讨教师培训规划与设计策略，提出科学合理的培训目标设定方法、内容选择与组织策略，以及培训方法与形式的创新设计。科学设定培训目标是培训规划的首要任务，通过细化和分解培训目标，可以确保培训内容的系统性和针对性。培训内容的选择应以教师的实际需求为导向，结合教育改革和发展的要求，注重理论与实践的结合。培训方法和形式的创新设计是增强培训效果的关键，因此，应积极探索互动式、体验式、案例式、项目式等多种培训形式，增强培训的吸引力和实效性。

第四，本书将详细探讨教师培训效果评估与反馈策略。评估是培训管理的重要环节，通过科学的评估方法和工具，可以全面、客观地评估培训效果，发现培训中的问题和不足。基于评估结果的反馈与改进，是确保培训质量和效果的重要手段。通过建立有效的反馈机制，可以及时调整和改进培训内容和方法，提高培训的针对性和实效性。

第五，教师培训管理策略的创新与发展是本书的重要内容之一。创新是教师培训管理发展的动力，通过借鉴国内外先进经验，结合本土实际，可以不断优化和改进培训管理策略。信息技术的发展为教师培训管理提供了新的机遇和挑战，因此，通过利用现代信息技术手段，可以实现培训管理的数字化和信息化，提高培训的灵活性和便捷性。此外，教师培训管理还应具备国际化视野，通过国际交流与合作，提升教师的国际视野和跨文化能力，促进教师培训管理的国际化发展。

第六，展望未来，教师培训管理策略将呈现出多元化、个性化、信息化的发展趋势。多元化表现在培训内容、形式和方法的多样化，个性化则强调根据教师的不同需求，提供定制化的培训方案，而信息化则依托现代信息技术，推动培训管理的数字化和智能化。然而，教师培训管理策略在发展过程中，也将面临诸如资源不足、管理机制不健全、教师参与积极性不高等挑战。因此，应对这些挑战，需要加强政策支持，完善管理机制，增加培训投入，提升教师的培训积极性和参与度。

教师培训管理策略的持续改进与优化需要一个动态的过程。通过不断总结和反思培训实践，及时发现和解决问题，优化培训内容、形式和管理机制，提升培训的质量和效果。建立长效机制，确保培训管理的科学化、规范化、系统化发展，是提升教师培训质量的关键。总之，教师培训管理策略的研究和实践，不仅是提高教师专业素质的重要途径，也是提升教育质量、推动教育改革和发展的重要手段。因此，本书希望通过对教师培训管理策略的系统探讨，为从事教师培训管理工作的教育工作者、政策制订者以及研究人员提供有益的参考和借鉴，共同推动教师培训管理水平的提升，为教师的专业发展和教育质量的提高贡献力量。

著者

2024.6

目 录

导论

第一节　教师培训管理的定义与内涵

一、教师培训管理的基本定义

（一）培训的含义

培训是一项有效的组织方式，旨在通过分享知识、技术、资源、信念和管理训诫，帮助员工实现预期的发展目标。与教育的长期行为、意在引导相比，培训则相对为短期行为、意在技能提升。培训的核心在于通过有针对性的课程和实践活动，使受训者在短时间内掌握特定的技能和知识，从而提高其在特定岗位上的工作效率和专业能力。

培训不仅局限于知识的传授，更强调实际操作和应用能力的培养。例如，在企业环境中，培训通常包括新员工入职培训、岗位技能培训、管理培训等，通过系统的培训计划，使员工能够快速适应工作环境，掌握必要的工作技能，提高工作效率和质量。同时，培训也是员工职业发展的重要途径，通过不断的学习和提升，员工可以在职业生涯中不断进步，获得更高的职业成就。

与训练相比，培训更强调认知的改变和知识的传递。训练主要是为了实现行为改变，重在掌握技能以及练和用，而培训则主要是为了实现认知改变，重在传递知识以及教和学。培训不仅需要通过课堂教学和理论讲解，还需要通过实践操作和案例分析，使受训者能够将所学知识应用于实际工作中，从而达到最佳的培训效果。

此外，培训与教育和训练存在紧密的联系。培训是一种引导，同样需要通过练习运用使客体对知识技能进行掌握。在现代社会中，培训已经成为企业和组织提高员工素质和竞争力的重要手段，培训的质量和效果直接影响到组织的整体发展和绩效。因此，科学的培训管理和有效的培训实施对于组织的发展具有重要意义。

（二）教师培训的含义

20 世纪 70 至 80 年代，教师培训、教师发展、教师教育这些术语经常被交替使用，都是指为培养教师而做出的努力。教师培训是一种专业的教育方式，意在协助教师提高专业技能。教师培训不仅包括对新教师进行师范专业训练，还包括对初任教的教师进行考核和试用，以及对已经任职的教师进行继续教育。

顾明远指出[①]，教师培训包括对新教师进行师范专业训练，对初任教的教师进行考核和试用，以及对已经任职的教师进行继续教育。90 年代之前一般称其为师范教育、教师进修或教师继续教育等。教师专业教育称谓的出现标志着教师专业教育的概念发生了深刻的变化，不仅仅局限于教师职务综合素质的提高，而且还包括教师培养培训机构的开设，以及教师培养培训的统一。

教师培训的核心在于提升教师的专业素养和教学能力，以适应教育发展的需求。随着教育理念和教育技术的不断发展，教师培训的内容和形式也在不断丰富和完善。例如，现代教师培训不仅包括传统的教学理论和教学方法的培训，还包括教育技术的应用、课堂管理技能的提升、学生心理学的理解等方面的培训。这些培训内容旨在帮助教师更好地应对教学中的各种挑战，提高教学效果和学生的学习质量。

教育部于 2002 年 2 月发布了《关于"十五"期间教师教育改革与发展的意见》，为教师教育提供了一个全新的视角，即在终身教育的指引下，依照学科专业发展的不同，教师教育应该包含职前训练、上岗培训和在职培训，以适应教师的不断发展的需要[②]。在西方，教师培训被广泛认为是一种全面的、持续的学习经历和活动，意在协助教师提高职业道德、学术能力和个人发展。这种训练不仅仅局限于职前训练，也包含职后培训。

教师培训不仅是教师职业发展的重要环节，也是教育质量提升的关键因素。通过系统的教师培训，教师可以不断更新知识，提升专业能力，适应教育改革和发展的需求。例如，通过培训，教师可以学习新的教学方法和教育技术，掌握最

① 顾明远. 中国教育大百科全书 [M]. 上海：上海教育出版社，2012：582.
② 刘延金. 教师培训学的学科界定及其创建 [J]. 内江师范学院学报，2020（09）：43-45.

新的教育理念和教学实践，从而提高教学效果，促进学生全面发展。同时，教师培训也是教师职业发展的重要途径，通过不断的学习和提升，教师可以在职业生涯中不断进步，实现个人和职业的双重发展。

（三）教师培训管理的含义

教师培训管理是一种行之有效的管理手段，旨在确保教师培训活动达到预期目标。具体而言，就是要求管理人员依照规定的原则、程序和方法，科学地规划培训地点、主讲教师、受训教师及其相应的物质财务，合理地组织、指导、控制和协调，以实现培训的最终目标。

教师培训管理的核心在于通过系统的管理方法和策略，确保教师培训活动的有效性和高效性。首先，科学的培训规划是教师培训管理的基础。管理人员需要根据教育发展的需求和教师的职业发展需求，制订科学的培训计划，确定培训的目标、内容和形式。例如，管理人员可以通过需求分析，了解教师在教学中遇到的实际问题和挑战，制订针对性的培训内容和计划，确保培训的针对性和实效性。其次，合理地组织和协调是教师培训管理的关键。管理人员需要合理安排培训的时间和地点，确保培训活动的顺利进行。同时，管理人员还需要协调各方面的资源和力量，确保培训活动的顺利进行。例如，管理人员需要协调培训师资的安排，确保培训讲师具备丰富的专业知识和教学经验；同时，还需要协调培训场地和设备的安排，确保培训活动的顺利进行。此外，科学的培训评估是教师培训管理的重要环节。通过科学的评估方法，管理人员可以了解培训的实际效果，及时调整和改进培训方案，提高培训的质量和效果。例如，管理人员可以通过考试、问卷调查、课堂观察等方式评估教师的学习成果和培训效果，了解培训的实际效果和教师的反馈，及时调整和改进培训方案，提高培训的质量和效果。

一些学者认为[①]，教师培训管理是一种行之有效的管理机制，它以规定的标准和政策为基础，通过完善的管理系统来提升教师培训质量，从而达到预期的效果。教师培训管理不仅需要科学的管理方法和策略，还需要有效的政策支持和资源保障。例如，教育部门可以通过制订科学的教师培训政策，提供充足的培训资金和资源，支持教师培训活动的顺利进行。同时，学校和教育机构也可以通过提供必要的资源和支持，确保教师培训活动的顺利进行。

---

① 郑媛媛. 中小学教师培训管理问题与对策研究 [D]. 哈尔滨：黑龙江大学，2015.

二、教师培训管理的主要内容

教师培训管理的主要内容包括以下几个方面：

（一）培训需求分析

1.需求分析的目标

需求分析的主要目标是确定教师在教育教学过程中存在的问题和不足，明确培训的重点和方向。具体而言，需求分析可以帮助识别教师在专业发展中的知识缺口和技能不足，了解教师对新知识、新技术和新方法的需求，从而制订有针对性的培训方案。

2.需求分析的方法

需求分析的实施步骤包括确定分析对象、设计调查工具、收集数据、分析数据和需求分析的应用。这些步骤环环相扣，确保需求分析的科学性和系统性。

（1）确定分析对象

在进行需求分析前，首先要明确需要分析的教师群体。这可以是全体教师，也可以是某一学科或年级的教师。分析对象的确定要结合培训目标和实际情况，确保能够全面反映教师的需求。例如，在新课程改革背景下，可以重点分析某一学科教师的培训需求，以便有针对性地制订培训计划。

（2）设计调查工具

设计科学合理的调查工具是需求分析的关键。根据分析目标设计调查问卷或访谈提纲，确保能够全面、准确地收集教师的需求信息。调查问卷的设计要注意问题的全面性和明确性，访谈提纲的设计要注重问题的深度和针对性。调查工具的设计过程需要经过反复论证和修改，确保其科学性和实用性。

（3）收集数据

数据收集是需求分析的重要环节。通过问卷发放、访谈开展、课堂观察等方式，系统收集教师的需求数据。在数据收集过程中，要注意样本的代表性和数据的真实性，确保收集到的信息能够全面反映教师的实际需求。数据收集的过程要严格按照设计的流程进行，确保数据的科学性和可靠性。

（4）分析数据

数据分析是需求分析的核心环节。对收集的数据进行统计分析和内容分析，找出教师的共同需求和个性需求，形成需求分析报告。统计分析可以运用描述统计和推论统计，找出数据的分布特征和统计规律；内容分析则通过编码和分类，找出数据中的关键主题和模式。数据分析的结果要经过反复验证和确认，确保其准确性和科学性。

（5）需求分析的应用

需求分析的结果为培训计划的制订提供了科学依据。在制订培训计划时，需要结合需求分析的结果，明确培训的重点内容和方向，确保培训的针对性和实效性。例如，通过需求分析发现某学科教师在教学方法上存在共性问题，可以有针对性地设计教学方法培训，提高培训的实效性。

（二）培训目标设定

1. 提升教师的教育教学能力

（1）提升教学设计能力

教师培训的目标之一是帮助教师提高教学设计水平，使其能够根据学科特点和学生需求，设计出符合教学目标和任务的教学内容和教学活动。这需要教师在培训中学习到系统的教学设计理论和方法，掌握教学策略和教学资源的合理利用，从而提升自己的教学设计能力。

（2）提升课堂管理能力

课堂管理是教学工作中不可或缺的一环，而教师培训的目标之一就是帮助教师提高课堂管理能力，使其能够有效地组织和管理教学活动，营造良好的教学氛围，提高学生的学习积极性和课堂参与度。

（3）提升评价方法能力

教师的评价方法直接影响着学生的学习效果和教学质量，因此教师培训的目标之一是帮助教师掌握多样化的评价方法，包括定量评价和定性评价方法，使其能够准确地评价学生的学习水平和学业发展，及时发现和解决学生存在的问题，促进学生的全面发展。

2. 增强教师的专业素养和专业发展能力

（1）培养教育情怀

教师培训的目标之一是培养教师的教育情怀，使其具有强烈的教育责任感和社会使命感，坚守教育事业，热爱学生，关心学生的成长和发展，努力为学生提供优质的教育服务。

（2）提升职业素养

教师应该具备良好的职业素养，包括师德师风、职业道德、教育伦理等方面。因此，教师培训的目标之一是帮助教师树立正确的教育观念和职业态度，提高自身的职业素养，做到言行一致，言传身教，以身作则。

（3）持续专业发展

教师培训不仅要关注教师的当前教学需求，还应该关注教师的长远发展需求，促进教师的持续专业发展。这包括提供多样化的培训课程和资源，激发教师的学习热情和创新能力，帮助教师不断提升自己的教育教学水平和专业素养，适应教育事业的发展需求。

3.促进教育教学质量的提升

（1）提高教学效果

教师培训的最终目标是提高教学效果，促进教育教学质量的提升。通过提升教师的教育教学能力和专业素养，增强教师的教育情怀和职业素养，可以有效地提高教学质量，提高学生的学业成绩和综合素质。

（2）促进学生发展

教师培训的另一个重要目标是促进学生的全面发展。通过提升教师的教学水平和专业素养，教师可以更好地满足学生的学习需求，激发学生的学习兴趣，培养学生的创新能力和实践能力，促进学生的认知、情感和技能发展。

（三）培训内容选择与组织

1.集中培训

（1）讲座形式的集中培训

讲座作为集中培训的一种常见形式，在教师培训和发展中发挥着重要作用。通过邀请专家学者或行业领域的权威人士进行演讲，讲座为教师提供了接受专业知识和学术观点的平台。这种形式的培训通常以讲授为主，涵盖了广泛的教育主题，从教学方法到教育理念，从学科知识到教育政策，都可以成为讲座的内容。第一，讲座通过专家学者的演讲，向教师介绍了最新的教育研究成果和理论探讨。专家学者在演讲中可以分享他们的研究成果和学术见解，将前沿的学术理论与实践经验传达给教师。这有助于教师了解教育领域的最新发展动态，更新教育理念，拓展教育思维，提高教学水平和专业素养。第二，讲座还可以促进教师之间的交流与互动。在讲座过程中，教师们有机会与专家学者进行互动和交流，提出问题、分享经验、讨论观点。这种交流与互动不仅有助于教师之间的思想碰撞和学术探讨，还可以促进教师之间的合作与共享，形成良好的学习氛围和专业社群。第三，讲座还能激发教师的创新灵感和教学热情。专家学者的精彩演讲和思想启发可以激发教师的思维和创造力，激发他们对教育教学工作的热情和动力。教师在讲座中可能会获得新的教学思路、教学方法或者课程设计理念，从而在教学实践中探索创新，提高教学效果和教育质量。

（2）研讨会形式的集中培训

研讨会作为一种互动性强的集中培训形式，在教师培训和发展中扮演着重要角色。通过小组讨论、案例分析、问题解决等方式，研讨会为教师提供了一个开放的平台，让他们共同探讨教育教学中的实际问题和挑战，并寻找解决方案。一是，研讨会的互动性有助于深入探讨教育教学的实际问题。在研讨会上，教师们可以分享自己的教学经验、面临的困难和挑战，同时也可以倾听他人的看法和建议。通过小组讨论和问题解决，教师们可以深入分析问题的根源，找到解决问题的有效途径。二是，研讨会可以促进教师之间的互相启发和借鉴。在研讨会的过程中，教师们可以学习到其他教师的成功经验和教训，借鉴其优点并避免其缺点。这种相互启发和借鉴有助于丰富教师的教学方法和策略，提高教学效果和质量。三是，研讨会还可以促进教师团队的合作与共同成长。在研讨会中，教师们通过共同讨论和合作解决问题，增进了彼此之间的交流和了解。这种合作与共同成长有助于构建团队凝聚力，形成共同的教育教学理念和目标，提升整个团队的专业水平和工作效率。

（3）短期培训班形式的集中培训

短期培训班作为集中培训的一种形式，以其紧凑、系统的特点，为教师提供了快速获取专业知识和技能的机会。通常持续时间较短，一周或几天的时间内，通过精心设计的课程和实践活动，帮助教师提升教学效果和教育质量。一是，短期培训班注重系统性和紧凑性。在有限的时间内，培训班会针对特定的教学主题或技能领域，安排一系列的课程和实践活动。这些活动通常经过精心设计，内容涵盖了教学方法、课程设计、评估技巧等方面，确保教师能够全面、系统地掌握所需的专业知识和技能。二是，短期培训班强调实践性和应用性。除了理论知识的传授外，培训班还会结合实地观摩、教学实践等方式，让教师们深入了解教学实践的现实情况，加深对教学理念的理解和把握。通过实践活动，教师们有机会将所学的理论知识转化为实际操作，提升教学技能和教学效果。三是，短期培训班还为教师提供了一个互动交流的平台。在培训班上，教师们可以与来自不同学校、不同地区的同行进行交流与合作，分享教学经验、交流教学方法，共同探讨教育教学中的难题和挑战。这种互动交流有助于拓宽教师的视野，促进教师之间的合作与共同成长。

2. 专业研修

（1）前沿理论研究的专业研修

前沿理论研修是一种专业学习活动，针对教育领域最新的理论和研究成果展开。这种形式的研修旨在让教师通过系统学习最新的教育理论，了解教育领域的最新发展动态，掌握国内外教育前沿理论的研究方向和成果，从而拓宽自己的学术视野，提升专业素养。在前沿理论研修中，教师将深入学习各个学科领域的最新理论和研究成果。这包括教育学、心理学、教育技术等多个学科领域的最新进展。通过系统的学习，教师可以了解到当前教育领域的研究热点、关键问题以及最新的理论探讨，从而更好地把握教育教学的发展方向。这种形式的研修通常由专业学者或教育机构主办，确保内容的专业性和权威性。参与者除了通过听讲座、阅读文献等方式学习理论知识外，还可以参与讨论和交流活动，与专家学者以及其他教师分享心得体会，进行学术探讨，共同深入探讨教育领域的前沿问题。通过参与前沿理论研修，教师不仅可以了解到最新的教育理论和研究成果，还能够加深对教育教学本质的理解，提升自己的专业素养和学术水平。这种形式的研修有助于激发教师的学习热情，促进教师的专业成长，推动教育教学事业的不断发展和进步。

（2）实践经验分享的专业研修

实践经验分享研修是一种基于教师实践经验的专业学习方式，旨在通过案例分析、教学反思、经验分享等形式，向教师传授成功的教学实践经验和教育管理经验。这种形式的研修活动对于教师的专业发展和教育教学的不断创新具有重要意义。在实践经验分享的研修中，教师们通过分享自己的实际教学经验和管理经验，展示了他们在教育教学领域所取得的成绩和经验。这些分享内容可能涉及教学方法、课程设计、学生管理、教学技巧等方面的实际操作经验，以及在实践中遇到的挑战和解决方案。通过聆听他人的成功案例和教训，教师们可以从中汲取经验和启示，了解到其他教师在教育教学过程中的成功经验和教训。这有助于教师们加速自身的成长和进步，提高问题解决能力和应对复杂情境的能力。此外，实践经验分享研修还可以促进教师之间的交流与互动，激发思想碰撞和创新灵感。通过与同行的互动和交流，教师们可以共同探讨教育教学中的难题，分享解决问题的方法和策略，共同推动教育教学的不断创新和发展。

3. 在线学习

（1）网络平台的在线学习

网络平台的在线学习是一种灵活便利的教师培训形式，教师可以通过电脑、平板或手机等设备，随时随地进行学习。在线学习资源丰富多样，包括教育教学视频、电子书籍、在线课程等，覆盖了各个学科领域和教育专业。教师可以根据自己的兴趣和需求，选择合适的学习内容和学习时长，实现个性化学习，提升专业能力和教学水平。

（2）互动交流的在线学习

在线学习强调学员之间的互动交流，通过论坛、社交媒体、在线讨论等方式，促进学员之间的交流和合作。教师可以在学习过程中与其他教师分享心得体会、解决问题，共同探讨教学方法和教育理念，形成学习共同体，激发学习动力。

（3）多媒体资源的在线学习

在线学习借助多媒体技术，提供丰富多样的学习资源，包括图像、音频、视频等形式。这种形式的学习生动直观，能够激发教师的学习兴趣和注意力，提升学习效果。例如，通过教学视频展示优秀教师的授课过程，教师可以观摩到生动的教学案例，领悟到有效的教学方法和技巧；通过音频讲座或播客，教师可以随时随地聆听专家学者的讲解和分享，拓宽知识视野，提升专业素养。

（4）个性化学习支持的在线学习

在线学习平台通常提供个性化学习支持，根据教师的学习需求和兴趣，推荐相应的学习资源和课程内容。通过学习历史记录、学习评估等功能，系统可以分析教师的学习情况和学习偏好，为其提供个性化的学习建议和学习路径。个性化学习支持能够帮助教师高效地进行学习，节省学习时间，提高学习效率，实现个人的学习目标和专业发展需求。

4.导师指导

（1）资深教师指导的导师指导

资深教师指导作为一种常见的导师指导形式，在教育领域扮演着重要角色。通过与经验丰富、教学水平较高的资深教师进行交流和指导，新任教师或教育实习生能够更好地适应教学工作，提升教学技能和教育素养。

资深教师具有丰富的教学经验和专业知识，他们在长期的教学实践中积累了丰富的经验，并能够理解新教师在教学过程中面临的挑战和困难。通过与资深教师进行交流和指导，新教师可以获得来自实践的宝贵经验和智慧，快速提升自己的教学水平。

在资深教师的指导下，新教师可以获得针对性地指导和建议。资深教师能够根据新教师的实际情况和需求，提供个性化的指导方案，帮助其解决在教学中遇到的问题，并提供专业性的建议和支持。这种个性化的指导可以更有效地促进新教师的成长和发展。

此外，资深教师指导还能够促进教师之间的交流与互动。在与资深教师的交流过程中，新教师可以与他人分享自己的教学经验和心得体会，借鉴他人的成功经验和教训，促进共同进步。通过与资深教师的互动，教师们可以形成良好的学习氛围，共同推动教育教学工作的不断提升和创新。

（2）教育专家指导的导师指导

教育专家指导作为一种更为专业化的导师指导形式，在教育领域发挥着重要作用。这种形式的导师指导通常由教育领域的专家学者或教育管理者担任导师，以其丰富的专业知识和经验为教师提供系统化的指导和支持。

教育专家具有深厚的学术背景和丰富的实践经验，在教育领域有着广泛的影响力和声誉。他们通常在教育理论、教学方法、课程设计、教育管理等领域拥有独到的见解和研究成果。通过与教育专家的交流与指导，教师可以从他们丰富的学术资源和实践经验中受益，快速提升自己的教学水平和专业素养。

教育专家指导通常针对教师的特定问题或需求，提供量身定制的指导方案。教育专家会根据教师的实际情况和需求，制订个性化的教学发展计划，并提供专业的指导和建议，帮助教师解决在教学实践中遇到的难题和挑战。他们还会根据教师的发展阶段和目标，为其量身定制培训课程和学习资源，帮助其在教育领域取得更大的成就和突破。

除了提供个性化的指导外，教育专家还能够为教师提供前沿的教育理论和研究成果。教育专家通常处于学术研究的最前沿，他们可以向教师介绍最新的教育理论和研究成果，帮助教师了解教育领域的最新发展动态，拓宽教师的学术视野和思维深度。

三、教师培训管理的内涵与外延

（一）内涵

1. 系统性

教师培训管理作为一个系统工程，需要从整体上进行规划和设计。系统性的核心在于各个环节的协调与统一，包括培训需求分析、目标设定、内容选择、方法设计、实施过程和效果评估等。每一个环节都不可或缺，相互之间紧密联系，共同构成一个完整的培训体系。

首先，培训需求分析是整个培训管理的起点。通过对教师群体的需求进行科学分析，可以确定培训的方向和重点，确保培训内容的针对性和实效性。其次，目标设定是培训管理的重要环节，明确的培训目标可以为培训活动指明方向，确保培训的有效性和目标性。再次，内容选择是培训管理的核心环节，培训内容要紧密围绕培训目标，结合教师的实际需求，确保内容的实用性和前瞻性。最后，培训方法的设计和实施过程的管理，是培训效果的关键。科学合理的培训方法可以提高培训的效果和效率，而系统的管理过程可以确保培训活动的有序进行和顺利完成。

2. 科学性

教师培训管理的科学性体现在培训活动的设计和组织上。教师培训管理需要依托教育科学和管理科学的理论与方法，结合现代信息技术手段，科学合理地进行各项培训活动的设计和组织，提高培训的实效性。

首先，教师培训管理应以教育科学理论为指导，确保培训内容的科学性和系统性。教育科学理论为教师培训提供了坚实的理论基础，可以帮助培训设计者更好地理解教师的需求，设计出更为有效的培训内容和方法。其次，教师培训管理应结合管理科学的理论和方法，确保培训过程的规范性和有效性。管理科学理论为培训管理提供了科学的管理工具和方法，可以帮助培训管理者更好地组织和实施培训活动，提高培训管理的效率和效果。最后，现代信息技术的应用，是教师培训管理科学性的重要体现。通过信息技术手段，可以实现培训资源的共享和优化配置，提高培训的灵活性和实效性。

3. 规范性

教师培训管理的规范性是确保培训活动有章可循，有据可依的基础。规范性体现在制订明确的规章制度和操作规范，确保各项培训活动的有序进行和顺利完成。

首先，教师培训管理需要制订明确的培训规章制度，为培训活动的开展提供制度保障。培训规章制度包括培训计划的制订、培训内容的选择、培训方法的实施、培训效果的评估等方面，确保培训活动的科学性和规范性。其次，教师培训管理需要制订详细的操作规范，为培训活动的具体实施提供操作指南。操作规范包括培训活动的组织、培训过程的管理、培训效果的评估等方面，确保培训活动的有序进行和顺利完成。最后，教师培训管理需要建立有效的监督和反馈机制，确保培训活动的规范性和严谨性。通过监督和反馈机制，可以及时发现和解决培训活动中的问题，确保培训活动的质量和效果。

（二）外延

1. 培训对象的多样性

教师培训管理不仅针对在职教师，还包括新教师、骨干教师、特岗教师等不同群体。根据不同群体的特点和需求，设计和开展有针对性的培训活动，是增强培训效果的关键。

首先，新教师的培训是教师培训管理的重要组成部分。新教师刚刚走上工作岗位，需要通过系统地培训，掌握基本的教育教学理论和实践技能，迅速适应教育教学工作。针对新教师的培训内容应包括教育理论、教学方法、班级管理、教育法规等多个方面，帮助新教师尽快进入角色，提高教育教学能力。其次，骨干教师的培训是教师培训管理的重要环节。骨干教师是学校教育教学的骨干力量，通过针对性的培训，可以提高他们的教育教学水平和科研能力，充分发挥他们的示范和引领作用。骨干教师的培训内容应包括教育科研、教学创新、学科前沿等多个方面，帮助骨干教师不断提高专业水平，发挥更大的作用。最后，特岗教师的培训是教师培训管理的重要内容。特岗教师主要分布在农村和边远地区，通过系统地培训，可以提高他们的教育教学能力，促进教育均衡发展。特岗教师的培训内容应包括教育理论、教学方法、农村教育等多个方面，帮助特岗教师更好地服务农村教育事业。

2. 培训形式的多样性

教师培训管理不仅限于集中培训，还包括网络培训、校本培训、国际交流等多种形式。通过多样化的培训形式，可以提高教师参与培训的积极性和培训效果。

首先，集中培训是教师培训管理的传统形式，具有系统性和全面性。通过集中培训，可以系统地讲授教育理论和教学方法，帮助教师全面提高专业素质和教学能力。其次，网络培训是教师培训管理的重要形式，具有灵活性和便捷性。通过网络培训平台，可以实现随时随地的学习，满足教师多样化的学习需求。网络培训的内容可以包括视频课程、在线讨论、网络作业等多个方面，帮助教师通过多种形式进行学习和交流。再次，校本培训是教师培训管理的重要方式，具有针对性和实效性。通过校本培训，可以结合学校的实际情况，设计和实施有针对性的培训活动，帮助教师解决教育教学中的实际问题，提高教育教学水平。最后，国际交流是教师培训管理的重要内容，具有开放性和前瞻性。通过国际交流，可以借鉴国外先进的教育理念和教学方法，拓宽教师的国际视野，提高教师的综合素质和教学能力。

3. 培训内容的广泛性

教师培训管理涵盖教育理论、教学方法、学科知识、信息技术应用、教育政策法规等多个方面。通过丰富的培训内容，可以提高教师的综合素质和教学能力。

首先，教育理论是教师培训的重要内容。通过对教育理论的学习，可以帮助教师掌握教育教学的基本理论和方法，提高教育教学的科学性和系统性。教育理论的培训内容包括教育学、心理学、教育哲学、教育社会学等多个方面，帮助教师全面了解和掌握教育教学的基本理论和方法。其次，教学方法是教师培训的核心内容。通过对教学方法的学习，可以帮助教师掌握有效的教学策略和技巧，提高教学效果和效率。教学方法的培训内容包括讲授法、讨论法、案例教学法、项目教学法等多个方面，帮助教师灵活运用各种教学方法，提高教学水平。再次，学科知识是教师培训的重要内容。通过对学科知识的学习，可以帮助教师掌握学科的最新发展动态和前沿知识，提高学科教学的专业性和前瞻性。学科知识的培训内容包括学科前沿、学科教学法、学科课程标准等多个方面，帮助教师不断更新学科知识，提高学科教学水平。最后，信息技术应用是教师培训的重要内容。通过对信息技术应用的学习，可以帮助教师掌握现代教育技术，提高教学的现代化水平。信息技术应用的培训内容包括教育信息化、信息技术与课程整合、信息技术工具的应用等多个方面，帮助教师熟练运用信息技术，提高教学效果。

第二节　教师培训管理的目标与重要性

一、教师培训管理的核心目标

教师培训管理的核心目标是通过系统的培训，提高教师的专业素质、教学能力和教育水平，促进教师的全面发展，进而提升教育质量。具体目标包括：

（一）提高教师的教育理论水平和教学技能

1.掌握先进的教学理念和方法

在现代教育领域，教学理念和方法不断更新迭代，教师需要及时了解并掌握这些最新的教育理论和研究成果。

（1）个性化教学

个性化教学是教育领域中一种以学生为中心、因材施教的教学理念和方法。在教育实践中，教师培训应当致力于帮助教师充分了解学生的个性特点和学习需求，以便能够设计和实施个性化的教学方案。个性化教学的核心在于针对不同学生的不同特点和学习能力，通过灵活多样的教学方式和方法，最大程度地满足他们的学习需求。

一方面，个性化教学包括分层教学。分层教学是将学生按照其学习水平和能力划分成不同的层次或小组，在不同的层次或小组中，教师可以根据学生的实际情况，为每个层次或小组设计相应的教学内容和教学活动。通过分层教学，教师可以更有针对性地进行教学，既能够满足学生的学习需求，又能够充分发挥每个学生的潜力，提高整体教学效果。

另一方面，个性化教学还包括差异化教学。差异化教学是指根据学生的不同学习特点和需求，为其设计个性化的学习任务和教学活动。在差异化教学中，教师需要根据学生的实际情况，灵活运用不同的教学方法和教学资源，以满足每个学生的学习需求。通过差异化教学，教师可以更好地关注每个学生的学习进度和学习成果，促进他们的个性化发展和全面成长。

（2）多元化评价

在当今教育领域，传统的考试评价方式已逐渐显露出其局限性，无法全面反映学生的学习情况和能力。因此，教师应当积极探索和运用多元化评价方法，以更全面地了解学生的学习情况，并为他们提供更有效的反馈和指导。多元化评价方法包括但不限于项目作业、口头报告和课堂表现等。一是，项目作业是一种能够促进学生主动学习和创造性思维的评价方式。通过给学生设计具有一定挑战性和探索性的项目任务，教师可以评估学生的实际动手能力、解决问题的能力以及团队合作精神。这种评价方式不仅能够激发学生的学习兴趣，还能够培养他们的创新能力和实践能力。二是，口头报告是一种能够培养学生表达能力和沟通能力的评价方式。通过要求学生对某一课题进行深入的研究和思考，并进行口头展示，教师可以了解学生对知识的理解程度、逻辑思维能力以及表达能力。此外，口头报告还能够促进学生之间的交流和合作，增强他们的团队合作意识和能力。三是，课堂表现评价是一种能够全面了解学生学习状况的评价方式。教师可以通过观察学生在课堂上的表现，包括课堂参与、回答问题的积极性、思维活跃度等方面，来评估他们的学习态度和学习能力。课堂表现评价能够及时发现学生存在的问题和困难，并采取相应的措施进行帮助和指导。

2. 提升教学技能和教育教学水平

教师需要不断提升自己的教学技能和教育教学水平，以更好地应对复杂的教学任务和多样化的学生需求。

（1）课堂管理能力

课堂管理能力对于教师的专业素养和教学效果至关重要。在教师培训中，着重提升教师的课堂管理能力是必不可少的，因为它直接影响到课堂秩序的组织、学生行为的管理以及学习氛围的营造。一是，有效的课堂管理能力可以帮助教师更好地组织课堂秩序。一个良好的课堂秩序是学习的基础，它能够提供一个安静、有序的学习环境，有利于学生集中注意力，更好地参与到课堂教学活动中。通过培训，教师可以学习到如何设立明确的课堂规则和制度，如何合理安排课堂布局和时间，以及如何有效利用教学资源，从而提高课堂管理的效果。二是，良好的课堂管理能力可以帮助教师更好地管理学生的行为。学生在课堂上可能出现各种各样的行为问题，如迟到、早退、走神、打扰他人等。教师需要具备一定的管理技巧和应对策略，及时发现和处理这些问题，以确保课堂秩序的稳定和教学效果的达成。通过培训，教师可以学习到如何正确有效地处理学生的行为问题，如何运用积极的激励和惩罚措施，以及如何与学生建立良好的师生关系，从而提高学生的学习参与度和学习效果。三是，优秀的课堂管理能力可以帮助教师营造良好的学习氛围。一个积极向上、互相尊重的学习氛围是学生学习的重要保障，它能够激发学生的学习热情，提高学习效果。通过培训，教师可以学习到如何通过言传身教、树立良好的榜样，引导学生树立正确的学习态度和价值观，从而营造出积极向上、和谐融洽的课堂氛围。

（2）教学设计能力

教学设计能力是教师必备的重要素养之一，它关乎教学活动的质量和效果。在教师培训中，着重培养教师的教学设计能力是至关重要的，因为它涉及教学活动的方方面面，包括内容的选择、教学方法的运用、教学资源的整合等。一是，教师需要具备设计丰富多彩的教学活动和课程的能力。丰富多彩的教学活动可以激发学生的学习兴趣，提高他们的学习积极性和参与度。教师可以通过设计各种形式的教学活动，如小组讨论、角色扮演、案例分析、实验探究等，为学生提供多样化的学习体验，促进其全面发展。二是，培训应该帮助教师掌握教学设计的方法和技巧。教学设计涉及课程目标的确定、教学内容的组织、教学方法的选择、评价方式的确定等诸多方面。教师需要通过系统的培训学习到如何根据学生的实际情况，灵活运用不同的教学设计方法和技巧，设计出符合学生学习需求的教学方案。三是，教师需要根据学生的实际情况设计合适的教学方案。教学设计应当紧密结合教学内容和学生特点，考虑到学生的年龄、学习能力、兴趣爱好等因素，设计出能够激发学生学习兴趣、培养学生能力、促进学生发展的教学方案。同时，教师还应该注重教学设计的灵活性和实效性，根据教学实际情况及时调整和改进教学方案，以提高教学效果和学生的学习体验。

（3）教学方法灵活性

教学方法的灵活性是教师教学过程中必须具备的重要素养之一。在不同的教学情境下，教师需要根据教学内容的特点、学生的特点以及教学环境的变化，灵活选择和调整教学方法，以确保教学效果的最大化。因此，在教师培训中，着重帮助教师了解并掌握多种教学方法，以应对各种教学挑战是至关重要的。一是，教师培训应该注重教师对不同教学方法的理解和掌握。这包括但不限于讲授法、讨论法、示范法、案例法、问题解决法、合作学习法等多种教学方法。教师需要了解每种教学方法的特点、适用场景和操作技巧，以便在实际教学中灵活运用。二是，培训应该通过案例分析、教学实践等方式，帮助教师将理论知识与实际教学相结合，提升教师的教学方法运用能力。通过实际案例的讲解和分析，教师可以更加深入地理解各种教学方法的实际运用效果，并学会如何根据具体教学情境灵活调整教学方法，以达到最佳的教学效果。三是，教师培训还应该注重培养教师的反思和创新能力。在教学实践中，教师需要不断反思自己的教学方法，总结经验教训，寻找改进的空间。同时，教师还应该勇于尝试新的教学方法，不断创新教学方式，以适应教育领域的发展和学生的变化需求。

3. 激励教师积极参与培训

为了保持教师的持续学习动力和提升欲望，管理者需要建立健全的激励机制，以促进教师积极参与培训。

（1）教师评价体系

建立科学合理的教师评价体系对于提升教育质量和促进教师专业成长至关重要。在这一评价体系中，将教师的参与培训情况作为评价的重要指标之一，是一项具有积极意义的举措。培训不仅仅是一种教师专业发展的机会，更是教育体系持续改进的重要保障。一是，教师的参与培训情况可以作为评价教师专业素养的重要依据之一。通过参与培训，教师能够接触到最新的教育理论、教学方法和教学资源，不断提升自己的教育水平和专业能力。因此，教师是否积极参与培训可以反映出其对教育事业的重视程度以及对个人专业发展的态度。二是，将教师的参与培训情况纳入评价体系，有助于激励教师积极参与培训。教师在评价体系中的表现直接关系到其职业发展和职业晋升的机会。因此，将培训情况作为评价指标之一，可以促使教师更加重视培训，提高参与培训的积极性和主动性。这样的举措有助于营造良好的学习氛围，推动教师自身的专业成长，进而提升教育质量。三是，教师的参与培训情况也可以为评价体系的完善和改进提供重要参考。通过对教师参与培训情况的监测和评估，教育管理部门可以及时了解到教师的培训需求和培训效果，及时调整和改进培训内容和方式，以更好地满足教师的专业发展需求，促进教育体系的持续改进和发展。

（2）奖励机制

建立奖励机制是管理者在教师管理中的一项重要举措，它有助于激励教师积极参与培训，并为他们的优异表现给予合理的肯定和奖励。在教育管理中，设立各种奖励机制如优秀教师奖、培训成果奖等，是一种有效的手段，可以有效推动教师的专业发展和教育质量的提升。一是，通过设立优秀教师奖，管理者可以公正评选出在教学和教育管理方面表现突出的教师，并给予相应的奖励和荣誉。这不仅能够激发教师的工作积极性和责任感，还能够树立榜样，促进教师之间的学习互助和经验分享，推动教育教学工作的不断创新和提高。二是，设立培训成果奖是对积极参与培训并取得优异成绩的教师的一种肯定和奖励。通过评选出在培训中表现突出、取得显著成果的教师，并给予相应的奖金、荣誉或晋升机会，可以激励更多的教师积极参与培训，提高教师的专业水平和教育教学质量。三是，奖励机制还可以体现在其他方面，如提供额外的培训资源、给予个人表彰或团队表彰等形式。这些奖励不仅可以激励教师的积极性，还可以提高教师团队的凝聚力和向心力，促进学校整体发展。

（3）晋升机会

在教师职业生涯中，晋升机会是一种重要的职业发展契机，能够直接影响教师的职业发展和个人成长。因此，将培训成果纳入教师的晋升评定范围，为那些积极参与培训并取得优异成绩的教师提供更多的晋升机会，是一种有效的激励机制，有助于促进教师的专业成长和教育质量的提升。一是，将培训成果作为晋升评定的重要指标，可以鼓励教师积极参与培训。教师在职业生涯中面临着不断学习和提升的需求，而将培训成果纳入晋升评定范围，将直接影响到教师的职业发展和个人成长。因此，教师为了获得更多的晋升机会，会更加主动地参与各种培训活动，提升自己的专业水平和教学能力。二是，通过将培训成果作为晋升评定的重要指标，可以有效提升教师的专业水平和教育教学质量。参与培训并取得优异成绩的教师通常具有较高的教育水平和专业能力，他们所获取的最新知识和教学技巧可以直接应用于教学实践中，从而提升教学质量和学生的学习效果。三是，将培训成果作为晋升评定的重要依据，也有助于建立起以学习为导向的教师队伍。在这样的机制下，教师将更加注重自身的专业发展和教学能力的提升，形成良好的学习氛围和文化。这将进一步促进教师之间的经验交流和共享，推动教育教学工作的不断创新和发展。

（二）促进教师的职业道德和职业素养的提升

1. 职业道德的提升

职业道德是教师从事教育教学工作的基本规范和行为准则，提高教师的职业道德水平是教师培训管理的重要目标。职业道德教育旨在增强教师的职业道德意识，规范教师的职业行为，提高教师的职业素质。

（1）爱岗敬业、关爱学生

爱岗敬业和关爱学生是教师职业道德的核心。通过职业道德教育，教师可以增强对教育事业的热爱，树立全心全意为学生服务的意识。

首先，爱岗敬业是教师职业道德的基本要求。教师应具备高度的事业心和责任感，热爱自己的工作，认真履行自己的职责。职业道德教育应包括教师职业道德规范、教师职业责任等内容，帮助教师树立正确的职业道德观念，增强职业责任感和使命感。其次，关爱学生是教师职业道德的重要体现。教师应关心和爱护每一个学生，尊重学生的个性和发展需求。职业道德教育应包括教师职业情感、师生关系等内容，帮助教师树立以学生为中心的教育理念，增强对学生的关爱和尊重，提高教育工作的情感性和人文性。

（2）诚信守法、为人师表

诚信守法和为人师表是教师职业道德的关键。通过职业道德教育，教师可以增强诚信意识，规范职业行为，树立良好的教师形象。

首先，诚信是教师职业道德的基础。教师应以诚信为本，言行一致，表里如一，树立诚信的职业形象。职业道德教育应包括教师诚信教育、教师行为规范等内容，帮助教师提高职业道德素质，规范职业行为。其次，守法是教师职业道德的重要要求。教师应遵守国家的法律法规和学校的规章制度，以身作则，为学生树立良好的榜样。职业道德教育应包括法律法规教育、教师行为规范等内容，帮

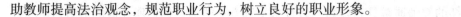

助教师提高法治观念，规范职业行为，树立良好的职业形象。

（3）终身学习、不断进取

终身学习和不断进取是教师职业道德的基础。通过职业道德教育，教师可以树立终身学习的理念，不断提高专业水平和职业素质。

首先，终身学习是教师职业发展的必然要求。教师应树立终身学习的观念，不断更新自己的知识和技能，提高专业水平和职业素质。职业道德教育应包括教师专业发展、职业生涯规划等内容，帮助教师树立终身学习的观念，持续提升职业素质。其次，不断进取是教师职业道德的重要体现。教师应具备积极进取的精神，不断追求卓越，提高教育教学水平。职业道德教育应包括教师成长路径等内容，帮助教师树立积极进取的精神，提高职业道德素质。

2. 职业素养的提升

职业素养是教师进行教育教学工作的综合素质和能力，提高教师的职业素养是教师培训管理的重要目标。职业素养包括教育理念、教育情感、教育技能等多个方面，通过系统的素养培训，教师可以全面提升职业素质和能力。

（1）教育理念的提升

教育理念是教师职业素养的核心。通过教育理念的培训，教师可以树立科学的教育观念，明确教育的目标和方向，提高教育工作的思想性和指导性。

首先，教育目的的明确是教育理念提升的基础。教师应明确教育的目的和方向，树立科学的教育观念，提高教育工作的思想性和指导性。教育理念的培训内容应包括教育目的、教育价值观等，帮助教师树立正确的教育理念，提高教育工作的科学性和系统性。其次，教育价值观的树立是教育理念提升的重要内容。教师应树立正确的教育价值观，以学生为中心，尊重学生的个性和发展需求。教育理念的培训内容应包括教育价值观、教育原则等，帮助教师树立正确的教育价值观，提高教育工作的思想性和指导性。

（2）教育情感的提升

教育情感是教师职业素养的重要组成部分。通过教育情感的培训，教师可以增强对学生的关爱和尊重，提高教育工作的情感性和人文性。

首先，教师职业情感的培养是教育情感提升的基础。教师应具备深厚的职业情感，热爱教育事业，关心和爱护每一个学生。教育情感的培训内容应包括教师职业情感、师生关系等，帮助教师树立正确的教育情感观念，提高教育工作的情感性和人文性。其次，师生关系的和谐是教育情感提升的重要体现。教师应与学生建立和谐的师生关系，尊重学生的个性和发展需求。教育情感的培训内容应包括师生关系、教育心理等，帮助教师树立以学生为中心的教育理念，提高教育工作的情感性和人文性。

（3）教育技能的提升

教育技能是教师职业素养的关键。通过教育技能的培训，教师可以掌握有效的教育策略和方法，提高教育工作的实效性和针对性。

首先，教育方法的掌握是教育技能提升的基础。教师应掌握多样化的教育方法，灵活运用各种教育策略，提高教育工作的实效性和针对性。教育技能的培训内容应包括教育方法、教育技巧等，帮助教师掌握多样化的教育方法，提高教育工作的实效性和针对性。其次，教育管理的提升是教育技能的重要组成部分。教师应具备良好的教育管理能力，能够有效组织和管理教育教学活动，提高教育工作的效率和质量。教育技能的培训内容应包括教育管理、课堂管理等，帮助教师提高教育管理能力，提高教育工作的实效性和针对性。

（三）增强教师的创新能力和科研能力

1.创新能力的提升

创新能力是教师在教育教学中不断进行探索和创新的能力。通过创新教育，教师可以培养创新思维，掌握创新方法，增强教育教学的创新性和创造性。

（1）创新思维的培养

创新思维是教师创新能力的基础。通过创新思维的培训，教师可以突破传统思维模式，树立创新意识，提高教育教学的创造性和灵活性。

首先，创造性思维训练是创新思维培养的重要内容。通过系统的创造性思维训练，教师可以学会从不同角度思考问题，打破思维定式，激发创造力。创造性思维训练的内容应包括发散思维训练、逆向思维训练、类比思维训练等多个方面，帮助教师提高创新思维能力。其次，创新意识的培养是创新思维培养的重要环节。教师应树立敢于创新、勇于尝试的意识，不怕失败，积极探索教育教学的新方法和新途径。创新意识的培养内容应包括创新意识的形成过程、创新意识的激发方法、创新意识的维护策略等，帮助教师树立坚定的创新意识。再次，创新方法的

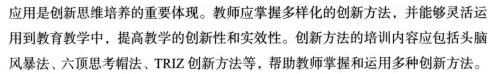

应用是创新思维培养的重要体现。教师应掌握多样化的创新方法，并能够灵活运用到教育教学中，提高教学的创新性和实效性。创新方法的培训内容应包括头脑风暴法、六顶思考帽法、TRIZ 创新方法等，帮助教师掌握和运用多种创新方法。

（2）创新方法的掌握

创新方法是教师创新能力的重要组成部分。通过创新方法的培训，教师可以掌握多样化的教学策略和技巧，提高教育教学的创新性和实效性。

首先，项目教学法是创新方法的重要内容。通过项目教学法，教师可以设计和实施基于项目的学习活动，激发学生的学习兴趣和主动性，提高教学效果。项目教学法的培训内容应包括项目设计、项目实施、项目评估等，帮助教师掌握项目教学法的基本理论和操作方法。其次，案例教学法是创新方法的重要组成部分。通过案例教学法，教师可以利用真实的教育教学案例，进行分析和讨论，帮助学生理解和掌握知识，提高教学的实效性。案例教学法的培训内容应包括案例选择、案例分析、案例讨论等，帮助教师掌握案例教学法的基本原理和操作技巧。再次，探究式学习是创新方法的关键内容。通过探究式学习，教师可以引导学生主动探究和解决问题，培养学生的自主学习能力和创新思维。探究式学习的培训内容应包括探究式学习的理论基础、探究活动的设计与实施、探究学习的评估等，帮助教师掌握探究式学习的方法和策略。

（3）创新实践的推进

创新实践是教师创新能力的关键。通过创新实践的培训，教师可以将创新理论和方法应用到教育教学中，提高教育教学的实效性和创造性。

首先，创新教学设计是创新实践的基础。通过创新教学设计，教师可以打破传统教学模式，设计出富有创意和挑战的教学活动，激发学生的学习兴趣和创造力。创新教学设计的培训内容应包括创新教学目标的设定、创新教学内容的选择、创新教学活动的设计与组织等，帮助教师掌握创新教学设计的方法和策略。其次，创新教学活动是创新实践的重要环节。通过创新教学活动，教师可以采用多样化的教学形式和方法，调动学生的学习积极性，提高教学效果。创新教学活动的培训内容应包括创新教学活动的类型、创新教学活动的实施步骤、创新教学活动的评估与反思等，帮助教师掌握和实施创新教学活动。再次，创新教学评价是创新实践的重要组成部分。通过创新教学评价，教师可以对创新教学活动的效果进行科学评估，及时发现和解决问题，不断改进教学实践。创新教学评价的培训内容应包括创新教学评价的理论基础、创新教学评价的方法与工具、创新教学评价的实施与反馈等，帮助教师掌握创新教学评价的方法和技巧。

2. 科研能力的提升

科研能力是教师进行教育科研和创新实践的重要能力。通过科研能力的培训，教师可以掌握科学的研究方法，增强科研意识，提高科研水平。

（1）科研意识的树立

科研意识是教师科研能力的基础。通过科研意识的培训，教师可以树立科研意识，增强科研兴趣，提高科研积极性。

首先，科研基本知识是科研意识树立的基础。通过科研基本知识的培训，教师可以了解科研的基本概念和过程，掌握科研的基本方法和工具。科研基本知识的培训内容应包括科研的定义、科研的类型、科研的基本过程等，帮助教师树立科研意识。其次，科研伦理是科研意识树立的重要内容。通过科研伦理的培训，教师可以了解和遵守科研的道德规范，树立良好的科研道德观念。科研伦理的培训内容应包括科研伦理的基本原则、科研伦理的具体要求、科研伦理的案例分析等，帮助教师树立良好的科研道德观念。再次，科研动机是科研意识树立的关键因素。通过科研动机的激发，教师可以增强对科研的兴趣和积极性，提高科研参与度。科研动机的培训内容应包括科研动机的类型、科研动机的激发方法、科研动机的维护策略等，帮助教师增强科研动机，提高科研积极性。

（2）科研方法的掌握

科研方法是教师科研能力的重要组成部分。通过科研方法的培训，教师可以掌握科学的研究方法，提高科研水平和质量。

首先，定量研究方法是科研方法的重要内容。通过定量研究方法的培训，教师可以掌握统计分析的基本方法和技巧，提高科研的科学性和精确性。定量研究方法的培训内容应包括数据收集与处理、统计分析方法、数据解释与报告等，帮助教师掌握定量研究方法的基本理论和操作技巧。其次，定性研究方法是科研方法的重要组成部分。通过定性研究方法的培训，教师可以掌握质性分析的基本方法和技巧，提高科研的深度和广度。定性研究方法的培训内容应包括质性数据的收集与处理、质性分析方法、质性数据的解释与报告等，帮助教师掌握定性研究方法的基本原理和操作技巧。再次，混合研究方法是科研方法的关键内容。通过混合研究方法的培训，教师可以结合定量和定性研究方法的优势，进行综合性研究，提高科研的全面性和系统性。混合研究方法的培训内容应包括混合研究的理论基础、混合研究的设计与实施、混合研究的分析与报告等，帮助教师掌握混合研究方法的基本理论和操作方法。

（3）科研实践的推进

科研实践是教师科研能力的关键。通过科研实践的培训，教师可以将科研理论和方法应用到教育教学中，提高教育科研的实效性和创造性。

首先，科研项目设计是科研实践的基础。通过科研项目设计的培训，教师可以设计和实施高质量的科研项目，提高科研水平和质量。科研项目设计的培训内容应包括科研选题、科研方案设计、科研项目管理等，帮助教师掌握科研项目设计的基本方法和技巧。其次，科研数据分析是科研实践的重要环节。通过科研数据分析的培训，教师可以掌握科学的数据分析方法，提高科研数据的解释和应用能力。科研数据分析的培训内容应包括数据处理与分析、数据解释与报告等，帮助教师掌握数据分析的方法和工具。再次，科研论文写作是科研实践的重要组成部分。通过科研论文写作的培训，教师可以将科研成果进行系统总结和表达，提高科研交流和推广的能力。科研论文写作的培训内容应包括论文写作的基本结构、论文写作的基本要求、论文写作的技巧与方法等，帮助教师掌握科研论文写作的基本理论和操作方法。

二、教师培训管理的重要性分析

（一）提高教师队伍的整体素质，促进教育质量的提升

教师是教育质量的直接影响者，教师的专业素质和教学能力直接关系到教育质量。通过系统的教师培训管理，可以全面提高教师的专业素质和教学能力，进而提升教育质量。

1.提高教师的专业素质

教师的专业素质包括教育理论知识、学科知识、教学技能等多个方面。通过系统的教师培训管理，教师可以不断更新和拓展自己的专业知识，提高教学技能和教育水平。

首先，教育理论知识是教师专业素质的重要组成部分。通过教育理论培训，教师可以深入理解教育学、心理学、教育哲学等学科的基本理论和最新研究成果，提高教育教学的科学性和系统性。教育理论知识的培训内容应包括教育基本理论、教育心理学、教育社会学等，帮助教师全面掌握和运用教育理论，提高教育工作的理论水平。其次，学科知识是教师专业素质的核心。通过学科知识培训，教师可以不断更新和拓展自己的学科知识，掌握学科的最新发展动态和前沿知识，提高学科教学的专业性和前瞻性。学科知识的培训内容应包括学科课程标准、学科教学法、学科前沿知识等，帮助教师不断提高学科教学水平。再次，教学技能是教师专业素质的重要体现。通过教学技能培训，教师可以掌握科学有效的教学策略和方法，提高课堂教学的实效性和质量。教学技能的培训内容应包括教学设计、课堂管理、教学评价等，帮助教师提高教学水平和教育质量。

2. 提高教师的教学能力

教师的教学能力是教育质量的重要保证。通过系统的教师培训管理，教师可以不断提高自己的教学能力，掌握科学有效的教学方法，提高课堂教学的实效性和质量。

首先，教学设计能力是教师教学能力的重要组成部分。通过教学设计培训，教师可以掌握科学的教学设计方法，能够根据教学目标和学生特点，设计出科学合理的教学方案，提高教学效果。教学设计能力的培训内容应包括教学目标设定、教学内容选择、教学活动设计等，帮助教师提高教学设计能力。其次，课堂管理能力是教师教学能力的重要体现。通过课堂管理培训，教师可以掌握有效的课堂管理策略，能够维护课堂秩序，调动学生的学习积极性，提高课堂教学的实效性。课堂管理能力的培训内容应包括课堂规则制订、课堂秩序维护、学生行为管理等，帮助教师提高课堂管理能力。再次，教学评价能力是教师教学能力的重要环节。通过教学评价培训，教师可以掌握科学的教学评价方法，能够对教学过程和教学效果进行科学评估，不断改进教学策略，提高教学质量。教学评价能力的培训内容应包括教学过程评价、教学结果评价、学生学习评价等，帮助教师提高教学评价能力。

（二）适应教育改革和发展的需要，满足新时代教育发展的要求

随着教育改革的深入和教育发展的需要，教师培训管理必须不断创新和发展，

以适应新时代教育发展的要求。通过科学的教师培训管理，可以促进教育改革的顺利进行，推动教育事业的发展。

1.适应教育改革的需要

教育改革是提高教育质量、促进教育公平、实现教育现代化的重要途径。通过科学的教师培训管理，可以提高教师对教育改革的理解和支持，增强教师在教育改革中的适应性和创新性，促进教育改革的顺利进行。

（1）提高教师对教育改革的理解和支持

教育改革的顺利实施需要教师的理解和支持。通过系统的教育改革培训，教师可以深入了解教育改革的背景、目标、内容和实施策略，增强对教育改革的理解和支持，提高教育改革的自觉性和积极性。

首先，教师培训管理应着重教育改革的基本理论培训。教育改革理论是教师理解教育改革的基础，通过对教育改革理论的学习，教师可以了解教育改革的历史背景和发展脉络，掌握教育改革的基本理念和原则。教育改革理论的培训内容应包括教育改革的历史发展、教育改革的基本理论、教育改革的国际经验等，帮助教师全面了解和掌握教育改革的相关知识。其次，教育改革的政策法规培训是教师培训管理的重要内容。通过对教育改革政策法规的学习，教师可以了解国家和地方政府在教育改革方面的政策导向和具体措施，增强对教育改革的政策理解和支持。教育改革政策法规的培训内容应包括教育改革政策的制订背景、教育改革政策的主要内容、教育改革政策的实施措施等，帮助教师全面了解和掌握教育改革的政策法规。再次，教育改革的具体措施培训是教师培训管理的关键环节。通过对教育改革具体措施的学习，教师可以了解教育改革的具体操作方法和实施路径，提高教育改革的实际操作能力。教育改革具体措施的培训内容应包括教育改革的操作流程、教育改革的实施策略、教育改革的案例分析等，帮助教师全面了解和掌握教育改革的具体措施。

（2）增强教师在教育改革中的适应性和创新性

教育改革要求教师具备较强的适应性和创新性。通过创新教育培训，教师可以掌握教育改革的新理念、新方法和新技术，增强在教育改革中的适应性和创新性，提高教育改革的效果和质量。

首先，创新教育理念的培训是增强教师适应性和创新性的基础。通过对创新教育理念的学习，教师可以更新教育观念，树立与时代发展相适应的教育理念，提高教育改革的理论水平。创新教育理念的培训内容应包括教育创新理论、教育理念转变、教育理念更新等，帮助教师树立创新教育理念，提高教育改革的适应性和创新性。其次，创新教育方法的培训是增强教师适应性和创新性的关键。通过对创新教育方法的学习，教师可以掌握多样化的教育方法，灵活运用到教育教学中，提高教育改革的实际效果。创新教育方法的培训内容应包括项目教学法、案例教学法、探究式学习等，帮助教师掌握和运用多种创新教育方法，提高教育改革的适应性和创新性。再次，创新教育技术的培训是增强教师适应性和创新性的保障。通过对创新教育技术的学习，教师可以掌握现代教育技术，提升信息化教学能力，提高教育改革的技术水平。创新教育技术的培训内容应包括教育技术基础、信息技术与课程整合、教育技术工具应用等，帮助教师掌握和运用现代教育技术，提高教育改革的适应性和创新性。

（3）促进教育改革的顺利进行

教育改革的顺利进行离不开教师的参与和支持。通过系统的教师培训管理，教师可以不断提高自己的专业素质和教学能力，增强对教育改革的支持和参与，促进教育改革的顺利进行和实施，提高教育质量和教育公平。

首先，教师培训管理可以提高教师的专业素质，增强对教育改革的支持和参与。通过对教师的专业素质培训，教师可以不断更新和拓展自己的专业知识，提高教学技能和教育水平，增强对教育改革的支持和参与。专业素质培训的内容应包括教育理论培训、学科知识培训、教学技能培训等，帮助教师提高专业素质和教学能力，增强对教育改革的支持和参与。其次，教师培训管理可以提高教师的教学能力，促进教育改革的顺利进行。通过对教师的教学能力培训，教师可以掌握科学有效的教学方法，提高课堂教学的实效性和质量，促进教育改革的顺利进行。教学能力培训的内容应包括教学设计、课堂管理、教学评价等，帮助教师提高教学能力，促进教育改革的顺利进行。再次，教师培训管理可以提高教师的教育公平意识，推动教育改革的顺利实施。通过对教师的教育公平意识培训，教师可以树立教育公平观念，关注每一个学生的教育需求，推动教育公平的实现。教育公平意识培训的内容应包括教育公平理论、教育公平实践、教育公平案例等，帮助教师提高教育公平意识，推动教育改革的顺利实施。

2.满足新时代教育发展的要求

新时代教育发展要求教师具备更高的专业素质和教学能力,能够适应信息化、国际化、个性化教育的发展趋势。通过科学的教师培训管理,可以满足新时代教育发展的要求,提高教师的综合素质和教育水平。

(1)提高教师的信息化素养

信息化教育是新时代教育发展的重要趋势,教师需要具备较高的信息化素养,能够熟练运用信息技术进行教育教学。通过信息技术培训,教师可以掌握现代教育技术,提高信息化教学能力。

首先,信息技术基础知识的培训是提高教师信息化素养的基础。通过对信息技术基础知识的学习,教师可以了解信息技术的基本原理和应用方法,掌握信息化教学的基本技能。信息技术基础知识的培训内容应包括计算机基础、网络技术基础、数字资源应用等,帮助教师掌握信息技术基础知识,提高信息化教学能力。其次,信息技术与课程整合的培训是提高教师信息化素养的关键。通过对信息技术与课程整合的学习,教师可以掌握信息技术在课程中的应用方法,提高信息化教学水平。信息技术与课程整合的培训内容应包括信息技术与课程整合的基本理论、信息技术与课程整合的实践案例、信息技术与课程整合的实施策略等,帮助教师掌握信息技术与课程整合的方法和策略,提高信息化教学能力。再次,信息技术工具应用的培训是提高教师信息化素养的保障。通过对信息技术工具应用的学习,教师可以掌握各种信息技术工具的使用方法,提高信息化教学的实际操作能力。信息技术工具应用的培训内容应包括教育软件应用、教学平台使用、多媒体技术应用等,帮助教师掌握信息技术工具的应用方法,提高信息化教学能力。

(2)提高教师的国际化视野

国际化教育是新时代教育发展的重要方向,教师需要具备国际化视野,能够理解和借鉴国际先进的教育理念和教学方法。通过国际教育培训,教师可以拓宽国际视野,提高国际化教育能力。

首先,国际教育理念的培训是提高教师国际化视野的基础。通过对国际教育理念的学习,教师可以了解和掌握国际先进的教育理念,更新教育观念,提高教育水平。国际教育理念的培训内容应包括国际教育理念的基本理论、国际教育理念的实践案例、国际教育理念的应用方法等,帮助教师掌握国际教育理念,提高国际化视野。其次，国际教育政策的培训是提高教师国际化视野的关键。通过对国际教育政策的学习，教师可以了解和掌握国际教育政策的制订背景和实施措施，增强对国际教育政策的理解和支持。国际教育政策的培训内容应包括国际教育政策的基本内容、国际教育政策的实施案例、国际教育政策的影响分析等，帮助教师掌握国际教育政策，提高国际化视野。再次，国际教育方法的培训是提高教师国际化视野的保障。通过对国际教育方法的学习，教师可以掌握和借鉴国际先进的教育方法，提高教学效果和质量。国际教育方法的培训内容应包括国际教育方法的基本理论、国际教育方法的实践案例、国际教育方法的应用策略等，帮助教师掌握国际教育方法，提高国际化视野。

（3）提高教师的个性化教育能力

个性化教育是新时代教育发展的重要趋势，教师需要具备个性化教育能力，能够根据学生的个性特点和发展需求，设计和实施个性化的教育教学活动。通过个性化教育培训，教师可以掌握个性化教育的方法和策略，提高个性化教育能力。

首先，个性化教育理论的培训是提高教师个性化教育能力的基础。通过对个性化教育理论的学习，教师可以了解和掌握个性化教育的基本理念和原则，树立以学生为中心的教育观念。个性化教育理论的培训内容应包括个性化教育的基本理论、个性化教育的实施原则、个性化教育的研究成果等，帮助教师全面了解和掌握个性化教育的相关知识，增强个性化教育意识。其次，个性化教育方法的培训是提高教师个性化教育能力的关键。通过对个性化教育方法的学习，教师可以掌握多样化的个性化教育策略和技巧，能够根据学生的个性特点和发展需求，灵活运用各种个性化教育方法，提高个性化教育的实效性。个性化教育方法的培训内容应包括差异化教学、小组合作学习、个别辅导等，帮助教师掌握和运用多种个性化教育方法，提高个性化教育能力。再次，个性化教育案例的培训是提高教师个性化教育能力的保障。通过对个性化教育案例的学习，教师可以了解和借鉴成功的个性化教育实践经验，提高个性化教育的实际操作能力。个性化教育案例的培训内容应包括优秀个性化教育案例的分析、个性化教育案例的实施策略、个性化教育案例的效果评价等，帮助教师掌握个性化教育的具体操作方法，提高个性化教育能力。

（三）促进教师的职业发展和自我实现，提高教师的职业满意度和工作积极性

教师的职业发展和自我实现是教师职业生涯中的重要目标。通过系统的教师培训管理，可以帮助教师实现职业发展和自我价值，提升其职业满意度和工作积极性。

1. 促进教师的职业发展

教师的职业发展是教师职业生涯中的重要目标。通过系统的教师培训管理，教师可以不断提高自己的专业素质和教学能力，增强职业发展潜力，实现职业生涯的持续发展。

首先，教师培训管理可以提高教师的专业素质。通过专业素质培训，教师可以不断更新和拓展自己的专业知识，提高教学技能和教育水平，增强职业发展潜力。专业素质培训的内容应包括教育理论培训、学科知识培训、教学技能培训等，帮助教师提高专业素质和教学能力。其次，教师培训管理可以增强教师的职业发展潜力。通过职业发展培训，教师可以了解职业发展的规划和策略，掌握职业发展的方法和技巧，提高职业发展的自我管理能力。职业发展培训的内容应包括职业生涯规划、职业发展策略、职业发展案例等，帮助教师提高职业发展潜力和自我管理能力。再次，教师培训管理可以实现教师职业生涯的持续发展。通过系统的教师培训管理，教师可以不断提高自己的专业素质和教学能力，实现职业生涯的持续发展和提升。职业生涯发展的培训内容包括职业生涯规划、职业发展策略、职业发展案例等，帮助教师实现职业生涯的持续发展和提升。

2. 实现教师的自我价值

教师的自我价值实现是教师职业生涯中的重要目标。通过系统的教师培训管理，教师可以不断提高自己的专业素质和教学能力，实现自我价值，增强职业满意度和工作积极性。

首先，教师培训管理可以提高教师的专业素质。通过专业素质培训，教师可以不断更新和拓展自己的专业知识，提高教学技能和教育水平，增强职业满意度和工作积极性。专业素质培训的内容应包括教育理论培训、学科知识培训、教学技能培训等，帮助教师提高专业素质和教学能力。其次，教师培训管理可以实现教师的自我价值。通过自我价值实现培训，教师可以不断提高自己的专业素质和

教学能力，实现自我价值，增强职业满意度和工作积极性。自我价值实现培训的内容应包括职业生涯规划、职业

（四）为学生提供更优质的教育资源，促进学生的全面发展

1.提供更好的教学环境和教育资源

（1）更新教学设备

通过教师培训和管理，学校得以及时更新教学设备，这一举措对于提升教学质量和促进学生学习至关重要。教学设备的更新包括但不限于投影仪、电脑、智能白板等现代化教学工具，这些设备的引入使得教学过程更加生动、直观，并且能够更好地满足现代学生的学习需求。一是，更新教学设备可以丰富教学手段，提升教学效果。现代教学设备的引入使得教师可以利用多媒体资源进行教学，例如通过投影仪展示图片、视频等多媒体资料，使得抽象的知识更加具体形象化，让学生更加容易理解和接受。同时，电脑等设备也为教师提供了更广阔的教学资源和工具，可以更加便捷地准备课堂教学内容，提升课堂效率。二是，更新教学设备能够提升学校的教育教学水平，增强学校的竞争力。随着科技的不断进步，现代教学设备的运用已成为提升教育教学水平的必然趋势。拥有先进的教学设备不仅可以吸引优秀的教师加盟，还能够吸引更多的优秀学生前来就读，提升学校的知名度和声誉，增加学校的竞争力。三是，通过教师培训和管理，学校能够更好地利用更新的教学设备，充分发挥其潜力。培训可以帮助教师熟练掌握现代教学设备的使用方法，教师们可以学习如何将这些设备融入自己的教学实践中，从而更好地实现教学目标，提升学生的学习效果。

（2）建设多媒体教室

多媒体教室的建设是现代教育发展的重要举措之一，它为教学提供了丰富多样的工具和资源，为学生提供了更加生动、直观的学习体验，进而激发了他们的学习兴趣和主动性。通过多媒体教室，教师可以借助各种数字化和互动化的设备和资源，将抽象的知识转化为具体的、可视化的呈现，从而更好地促进学生的理解和消化。一是，多媒体教室为教师提供了丰富的教学手段和资源。在多媒体教室中，教师可以利用投影仪、电脑、智能白板等设备展示各种教学资源，如图片、视频、动画等，使得课堂教学更加生动、直观。这种可视化的教学方式能够激发学生的视觉感知，提高他们的学习兴趣，从而更好地吸收知识。二是，多媒体教

室为学生提供了多样化的学习体验。通过多媒体设备，教师可以设计丰富多彩的教学活动，如在线游戏、虚拟实验、模拟场景等，使学生能够通过参与性的学习方式深入理解知识，增强学习的乐趣和效果。这种互动式的学习环境能够激发学生的学习兴趣和主动性，促进他们的自主学习和探究精神的培养。三是，多媒体教室的建设有助于提高教育教学质量。通过利用现代化的教学设备和资源，教师可以更加灵活地设计和实施教学方案，更好地满足学生的学习需求，提高教学效果。同时，多媒体教室也能够为学校打造先进的教学环境，提升学校的教育品牌形象，增强学校的吸引力和竞争力。

（3）丰富教学资源库

通过教师培训，教育管理者可以帮助教师充分了解如何利用丰富的教学资源，包括但不限于图书馆、网络资源等，为学生提供更广阔的学习空间和资源支持。这样的举措对于提升教育教学质量、促进学生全面发展具有重要意义。一是，丰富的教学资源库为教师提供了更多的教学工具和素材。通过培训，教师可以学习到如何有效地利用图书馆的纸质书籍、期刊等资源，以及如何搜索和筛选网络上的教学资源，从而为自己的教学活动提供更加丰富多样的素材和参考资料。这不仅有助于教师设计和实施教学方案，还能够提升课堂教学的灵活性和针对性，满足学生不同层次、不同需求的学习。二是，丰富的教学资源库为学生提供了更广阔的学习空间和资源支持。学生可以通过图书馆借阅各种与课程相关的书籍、参考资料，以及使用网络资源进行在线学习、查找资料等。这样的学习环境能够激发学生的学习兴趣和求知欲，培养他们的自主学习能力和信息素养，从而更好地适应未来社会的发展需求。三是，丰富的教学资源库还有助于促进教师之间的经验交流和资源共享。在教师培训中，教育管理者可以组织教师参观图书馆、网络资源中心等教学资源库，让教师亲身体验和了解这些资源的丰富性和重要性。同时，教育管理者还可以鼓励教师在教学实践中积极分享自己的教学资源和经验，促进教师之间的互动交流，共同提升教育教学水平。

2. 促进学生的个性化发展

（1）了解学生个性特点和学习需求

通过教师培训，教育管理者可以帮助教师更好地了解学生的个性特点和学习需求，从而更有针对性地制订教学计划和教学方法。这一举措对于提升教育教学质量、促进学生个性化发展具有重要意义。一是，了解学生的个性特点是教师开展个性化教学的前提。每个学生都是独特的个体，具有不同的性格、兴趣、学习方式和学习节奏。通过培训，教师可以学习到如何通过观察、交流和评估等方式，深入了解学生的个性特点，包括学习风格、学习动机、学习习惯等，从而有针对性地制订教学策略，满足不同学生的学习需求。二是，了解学生的学习需求是教师设计教学活动的重要依据。通过培训，教师可以学习到如何通过调查问卷、个别访谈、学习档案等方式，了解学生对知识、技能和情感方面的需求和期待。在了解学生的学习需求的基础上，教师可以有针对性地设计和实施教学计划，选取适合学生的教材、教具和教学方法，提供个性化的学习支持和指导，从而促进学生的学习成长和发展。三是，了解学生的个性特点和学习需求还有助于建立良好的师生关系。通过培训，教师可以学习到如何建立信任、尊重和关爱的教育关系，倾听学生的心声，关注他们的成长和进步，为他们提供个性化的学习指导和支持。这样的师生关系有利于激发学生的学习兴趣和动力，增强他们的学习自信心和学习成就感，促进他们全面发展。

（2）采用灵活多样的教学方法

教师培训和管理在教学方法的选择和运用上发挥着至关重要的作用。通过这些培训，教师可以学会采用灵活多样的教学方法，以满足不同学生的学习需求，提高教学效果和学生的学习体验。一方面，教师培训和管理可以教会教师如何运用小组讨论的教学方法。小组讨论是一种促进学生思维活跃、培养合作能力和解决问题能力的有效方式。在小组讨论中，学生可以通过交流和合作，共同探讨问题、分享观点、解决困难，从而加深对知识的理解和掌握。通过教师的指导和引导，小组讨论可以成为一个富有活力和交流的学习平台，激发学生的学习兴趣和动力。另一方面，教师培训和管理还可以教会教师如何运用案例分析的教学方法。案例分析是一种贴近实际、具有启发性和针对性的教学方式，通过分析真实或虚拟的案例，引导学生进行思考、分析和解决问题。在案例分析中，教师可以结合具体的教学内容和学生的实际情况，设计和选择适合的案例，引导学生进行深入思考和讨论，从而提高他们的问题解决能力和综合应用能力。除了小组讨论和案例分析，教师培训和管理还可以介绍和指导教师运用其他灵活多样的教学方法，如问题解决式教学、角色扮演、探究式学习等。这些教学方法都能够激发学生的学习兴趣、培养他们的综合能力，促进他们的全面发展。

3.解决教学中的问题

（1）及时发现和解决问题

在教学过程中，及时发现和解决问题是保证教学质量的重要环节。通过对教师的绩效考核和评价，可以系统地了解教师在教学中面临的各种问题，包括教学方法的有效性、学生的学习反馈、课堂管理等方面。绩效考核不仅包括定量的数据分析，如学生的考试成绩、出勤率等，还应结合定性的评估方法，如课堂观察、学生反馈、同事评议等，从而全面了解教师的教学情况。

例如，通过学生反馈，学校可以了解哪些教学方法或内容让学生感到困惑或难以理解，这样教师就可以及时调整教学内容和方法，提供更有针对性的辅导和支持。此外，定期的课堂观察和同行评议，可以帮助教师发现自己在教学中可能忽视的问题，例如课堂管理技巧的欠缺、教学语言的复杂性等，从而进行相应的改进。

学校还应建立有效的反馈机制，确保教师能够获得及时的反馈和支持。例如，学校可以组织定期的教学研讨会，邀请专家和优秀教师分享他们的教学经验和解决问题的方法，通过集思广益，共同提高教学质量。同时，学校管理层应积极与教师沟通，了解他们在教学中遇到的困难和挑战，提供必要的资源和支持，帮助教师解决问题。

（2）调整教学策略和方法

教师培训和管理是提高教学质量的关键环节。通过系统地培训，教师可以深入了解学生的学习需求，掌握最新的教学理论和方法，从而在教学实践中灵活运用，及时调整教学策略和方法。首先，教师应学会根据学生的不同学习风格和个性特点，采用多样化的教学方法，例如讲授法、讨论法、案例分析法、小组合作学习等，从而提高教学的针对性和有效性。其次，教师应注重培养学生的自主学习能力和创新思维，通过引导学生进行探究性学习、项目学习等方式，激发学生的学习兴趣和动力。例如，在科学课程中，教师可以设计一些实验项目，让学生通过动手操作和实验探究，亲身体验科学原理和方法，从而加深对知识的理解和应用能力。此外，教师应积极利用现代教育技术，如多媒体教学、在线课程平台等，丰富教学内容和形式，提高教学的互动性和趣味性。例如，通过使用多媒体教学软件，教师可以将复杂的知识点通过图像、动画、视频等形式直观地呈现出来，帮助学生更好地理解和记忆。同时，在线课程平台可以为学生提供更多的学习资源和个性化的学习路径，满足不同学生的学习需求。

（3）提高学生的学习动力

学生的学习动力是影响其学习效果的重要因素之一。通过有效的教师培训，教师可以学习如何激发学生的学习动力，培养其自主学习能力和创新精神。首先，教师应注重创设积极的学习环境，激发学生的学习兴趣。例如，教师可以通过设置有趣的问题情境、开展丰富的课堂活动等方式，引导学生主动参与学习，激发他们的学习热情。其次，教师应注重个性化教学，根据学生的不同兴趣和能力，设计有针对性的教学内容和活动。例如，对于数学成绩优异的学生，教师可以提供一些难度较高的题目和项目，挑战他们的思维能力和解决问题的能力；对于学习困难的学生，教师可以提供更多的辅导和支持，帮助他们克服学习中的困难，增强学习的自信心。此外，教师应注重培养学生的自主学习能力，教会他们如何进行有效的学习计划和时间管理，如何利用各种学习资源进行自学。例如，教师可以指导学生制订学习目标和计划，分阶段完成学习任务，逐步提高学习效率和效果。同时，教师应鼓励学生进行合作学习和探究性学习，培养他们的团队合作精神和创新能力。

第一章　教师培训管理的历史发展与现状

第一节　教师培训管理的历史发展

一、古代教育时期

（一）师徒传授和实践经验

1. 传统教育模式的演变

古代教育时期，师徒传授是主要的教育方式之一。在这个传统的教育模式下，教育的传承是通过师徒之间的亲密关系和交流完成的。年轻的教师不仅是学生，更是师者的学生，通过与资深教育者学习、亲近交往，逐步领悟并吸收他们的教学技能、教育理念和人生智慧。这种师徒传授的教育方式强调的不仅仅是知识的传授，更是一种精神上的传承和启发。在师徒之间的交往中，年轻的教育者不仅仅是被动地接受知识，更是通过观察、模仿和实践来获取经验和智慧。他们会在师者的指导下逐步掌握教学技巧、教育方法以及处世之道，同时也会感受到师者身上那种承担责任、尊师重道的精神风范。

师徒传授教育模式的核心是实践和体验。在这个过程中，年轻的教育者不仅学习到知识和技能，更重要的是感受到教育的真谛和内涵。他们会在实践中体会到教育的力量，明白教育的意义所在，从而深化对教育事业的热爱和执着。师徒传授教育模式注重的是对个体的关怀和培养，通过师者的悉心指导和呵护，年轻的教育者得以在温暖的教育氛围中茁壮成长，不仅学会了教书育人，更学会了尊师重道、感恩奉献的美德。

2. 实践经验的重要性

教师在师徒传授的过程中，实践经验的重要性不言而喻。这种实践经验的积累是教师成长和发展的关键因素之一。第一，实践经验使教师得以将理论知识转化为实际操作的能力。课堂教学是教师实践经验的主要来源之一。通过面对学生、教学资源、教学环境等方面的挑战，教师不断调整教学方法、改进教学策略，逐步形成适合自己的教学风格和方法论。这种由实践驱动的教学实践，使教师能够更加灵活地运用所学知识，更有效地引导学生学习，提高教学效果。第二，实践经验涵盖了教师在学校管理、与学生家长的交流等方面的经验积累。学校管理是教师工作的重要组成部分，教师需要处理各种行政事务、协调教学资源、参与学校决策等工作。通过参与学校管理，教师可以更好地了解学校运行的机制和规律，培养自己的管理能力和组织能力。与学生家长的交流是教师工作中不可或缺的一部分，通过与家长的沟通和交流，教师可以更深入地了解学生的家庭背景、学习情况和需求，从而更好地制订个性化的教学方案，促进学生的全面发展。第三，实践经验的积累使教师能够更好地理解教育的本质。教育不仅仅是知识的传授，更是对学生整体发展的关注和引导。通过实践经验的积累，教师可以深入了解学生的心理、情感、行为特点，更好地关注和支持学生的成长。同时，实践经验也使教师认识到教育的复杂性和多样性，促使教师不断反思和完善自己的教育理念和实践方法，不断提升教育水平和教学质量。

3. 师徒制度的特点

师徒制度作为古代教育体系中的核心组成部分，具有多重特点，既体现在教学方法的特色，也体现在文化和知识传承的方式上。第一，师徒制度是一种密切的师生关系。在这种关系中，师父不仅是教学者，更是学生的榜样和引导者。师父通过亲身示范和言传身教，引导学生在学问和道德上不断成长。这种密切的师生关系有助于加强师生之间的情感联系，促进学生的学习和成长。第二，师徒制度强调的是传统文化和知识的传承。在师徒关系中，师父会将自己所掌握的知识和经验传授给学生，使其能够继承和发扬传统文化。同时，师父还会教导学生做人处世的道理和原则，培养其良好的品德和行为习惯。通过这种方式，传统文化得以代代相传，知识得以源远流长。第三，师徒制度具有个性化和灵活性。在师徒关系中，师父会根据学生的特点和需求，量身定制教学内容和方法，帮助学生克服困难，提高学习效率。师父会根据学生的兴趣和天赋，开展个性化的指导和培养，促使学生在学问和技能上不断突破自我。第四，师徒制度还注重实践和经验的传承。师父会引导学生通过实践和体验，掌握知识和技能。在实践中，学生能够更加深入地理解和运用所学知识，培养自己的实践能力和创新意识。同时，师父会将自己的实践经验传授给学生，使其能够少走弯路，更快速地成长和进步。

（二）师德规范和传统制度

1. 师德的重要性

师德在古代教育中扮演着至关重要的角色，它不仅仅是教师个人修养的体现，更是整个教育体系的基石和灵魂。第一，师德的重要性体现在其对学生的影响上。作为教育者，教师不仅仅是知识的传授者，更是学生的榜样和引领者。教师的品德和言行举止会直接影响到学生的行为和态度，塑造着他们的人生观、价值观和行为习惯。良好的师德可以激励学生向上向善，树立正确的人生目标和价值追求，有利于学生的全面发展和健康成长。第二，师德的重要性还体现在对社会风气和道德观念的影响上。教师作为社会的一面镜子，其言行举止直接反映了社会的道德风貌和价值取向。良好的师德可以传递正能量，弘扬社会正气，促进社会和谐稳定。同时，教师的师德也对家庭和社会产生着潜移默化的影响，对培育良好的社会公民和建设和谐社会具有重要意义。第三，师德的重要性还体现在教育事业的可持续发展上。只有教师具备良好的师德，才能赢得学生、家长和社会的信任和尊重，才能更好地开展教育工作，推动教育事业的不断发展。良好的师德还可以促进师生之间的和谐关系，营造良好的教育氛围，有利于教学质量的提高和教育事业的可持续发展。

2. 传统制度的约束

传统制度在古代教育中扮演着重要的约束和规范作用。教育机构的管理主要依靠传统制度来约束教师的行为，其中包括学校内部的师长和教育主管部门。这些传统制度基于历史积淀和社会文化，对教师的行为和教学质量有着一定的约束作用。一是，传统制度强调了教师的师德师风。在古代教育中，尊师重道是一种重要的传统观念，教师被视为学生的楷模和榜样。因此，教师需要遵守一系列的师德规范，如言传身教、严谨治学、廉洁奉公等。这些师德规范不仅约束着教师的行为，更是教师道德修养的体现，有助于维护教育秩序和社会稳定。二是，传统制度强调了教师的教学水平和专业素养。古代教育中，教师的教学水平直接影响着学生的学习效果和成长。因此，教育主管部门会对教师的教学质量进行评估和监督，确保其符合教学要求和标准。教师需要不断提升自己的教育水平和教学技能，适应教育事业的发展需求。三是，传统制度还强调了教师的管理和纪律要求。在古代教育中，学校内部的师长负责管理和监督教师的工作，确保教学秩序和教育质量。同时，教育主管部门也会对学校进行督导和考核，推动教育事业的持续发展。这种管理方式虽然相对简单，但对教育机构的运行和教师的行为有着一定的约束和规范作用。

3. 价值观的传承

传统制度在教育中的作用不仅体现在约束教师行为方面，更重要的是其传承了社会的价值观念和文化传统。这种传承是通过教育实践中的言传身教、课堂教学中的言传以及教材和课外活动中的文化渗透等多种方式来实现的。其中，尊师重道和孝道敬老等传统观念在古代教育中尤为突出，成为学生行为准则的重要组成部分。一方面，尊师重道是中国传统文化中的重要价值观念之一。在古代教育中，师徒传授是主要的教育方式，师生关系非常密切。学生不仅要尊敬师长，更要向他们学习，以师为尊，认真听从师长的教导。这种尊师重道的观念通过教育得以传承，成为学生行为的一部分。他们在师长的示范和引领下，逐渐树立起尊敬师长、孝敬长辈的良好品德，形成了尊师重道的社会风尚。另一方面，孝道敬老也是中国传统文化中的核心价值观之一。在古代教育中，教师除了是学生的教育者，更是他们的榜样和引领者。教师不仅要传授知识，还要教导学生如何做人，如何孝敬父母和尊敬长辈。这种孝道敬老的观念通过教育得以传承，成为学生行为的一部分。他们在家庭和社会中，表现出对父母和长辈的孝顺和尊敬，继承了孝道敬老的传统美德。

（三）教育目标

1. 德育为主的教育目标

古代教育的核心目标是德育为主，即通过培养学生的品德和道德修养来实现全面发展。在这一教育理念下，教师不仅仅是知识的传授者，更是道德的榜样和引导者，扮演着至关重要的角色。他们通过言传身教的方式，影响着学生的思想、态度和行为，塑造着他们的良好品格和行为习惯。第一，古代教育注重培养学生的道德品质。在传统的教育体系中，道德被视为人格修养的核心，教育的最终目标是培养学生成为德智体全面发展的人才。因此，教师们不仅要在课堂上传授知识，更要通过自身的言行举止示范良好的道德品质，如诚实守信、勤奋好学、尊敬长辈等，引导学生树立正确的人生观和价值观。第二，古代教育强调培养学生的社会责任感和集体意识。教师们通过教学活动和课外实践引导学生关心集体、奉献社会，培养其良好的社会意识和责任感。学生们被教导要为人民服务、为国家建设贡献自己的力量，树立正确的社会观和人生价值观。第三，古代教育还注重培养学生的情感品质和心理素养。教师们通过亲情教育、同学之间的交流等方式，关心学生的心理健康，引导他们树立积极向上的人生态度，养成健康的情感表达方式，培养其良好的心理素质和情感管理能力。

2. 个性发展的关注

古代教育的德育导向并不意味着对个性发展的忽视，相反，教师在教学实践中注重发现和培养学生的个性，帮助他们实现个性化的成长和发展。虽然教学目标以培养学生的品德和道德修养为主，但同时也重视每个学生的独特性和个性特点。一是，古代教育尊重学生的个体差异。教师在教学实践中会发现，每个学生都有自己独特的兴趣、特长和潜能。因此，他们会尊重每个学生的个性，不强求所有学生都按照相同的标准发展，而是根据学生的特点和潜能，提供个性化的指导和支持，帮助他们实现自我价值的最大化。二是，古代教育注重培养学生的多元能力。除了注重学生的德育教育外，教师还会重视学生的智力、体能、艺术等方面的发展。他们会通过丰富多彩的教学活动和课外实践，为学生提供多样化的学习机会，激发他们的潜能，培养他们全面发展的能力。三是，古代教育还重视学生的个性特长的培养。教师会根据学生的兴趣和特长，为他们提供个性化的学习和发展路径。例如，如果某个学生对文学感兴趣，教师会鼓励他参加文学社团或组织文学活动，帮助他深入了解文学知识并发展自己的文学才华。

3. 社会责任意识的培养

教育的目标不仅仅是关注个体的成长和发展，更重要的是培养学生的社会责任意识。在古代教育中，教师通过教育活动和课堂教学，注重培养学生的公民意识和社会责任感，使他们成为具有责任心和担当精神的公民。第一，教育系统在古代社会起着传道授业解惑的作用，而其中的一项重要任务就是培养学生的社会责任意识。教师会在教学中引导学生认识到自己作为社会一员所承担的责任，强调每个人都应该为社会的进步和发展贡献自己的力量。他们会通过课堂教学、校园活动以及社会实践等形式，引导学生关注社会热点、参与公益活动，培养他们的社会责任感。第二，教师会通过教育活动引导学生思考社会问题，并鼓励他们积极参与社会实践。在古代教育中，教师不仅是知识的传授者，更是学生的引导者和启蒙者。他们会引导学生分析社会现实中存在的问题，如贫困、环境污染等，培养他们对社会问题的关注和思考能力。同时，教师会鼓励学生通过各种途径参与社会实践活动，如志愿服务、社区活动等，让他们亲身体验社会责任的重要性，培养其担当社会责任的意识和能力。第三，教师还会通过教学内容和课外活动，培养学生的团队合作精神和社会交往能力。在古代教育中，教师注重培养学生的集体意识和团队合作精神，强调个人的成长需要建立在集体的基础上。他们会组织学生参与团队活动，如班级合作、社团活动等，培养他们的协作能力和社会交往技巧，使他们能够更好地融入社会，发挥自己的作用。

二、工业革命时期

（一）建立专门的师范学校和教育学院

工业革命时期，工业化和城市化的迅速发展带来了对受过良好教育的劳动力的需求增加。为了满足这种需求，社会对教育的要求也发生了变化，需要更多受过专业培训的教师来承担教育任务。因此，建立专门的师范学校和教育学院成为当时的必然选择。

1. 师范学校的兴起

师范学校的兴起标志着教师培训开始走向制度化和专业化，这一历史进程在现代教育史上具有重要意义。师范学校的建立是为了应对教育体系的发展和社会对专业教师的需求。这些学校提供了系统化的教育培训课程，涵盖了教学方法、课程设计、教育心理学等多个方面的知识，为教师的专业发展提供了坚实的基础。第一，师范学校的兴起填补了传统师徒制度无法满足的教育需求。在古代，教师培训主要依靠师徒传授和实践经验，这种传统方式虽然有其优点，但在应对大规模教育需求和不断变化的社会背景下显得力不从心。师范学校的兴起弥补了这一缺失，为教师提供了系统化、专业化的培训机会。第二，师范学校的建立提高了教师培训的科学性和有效性。通过系统的教育培训课程，教师可以系统地学习教育理论和实践经验，提升自己的专业水平和教学能力。师范学校还为教师提供了实践机会和教学实习，使他们能够在真实的教学环境中锻炼和提升自己的教学技能。第三，师范学校的建立促进了教师队伍的规范化和专业化发展。通过统一的教育培训标准和课程设置，师范学校确保了教师培训的质量和水平，提高了教师队伍整体的专业素养。教师毕业于师范学校，拥有统一的教育背景和专业知识，为教育体系的稳定发展提供了可靠的保障。

2. 教育学院的建立

除了师范学校，工业革命时期还见证了教育学院的建立，这一举措对教育领域的发展产生了深远的影响。教育学院的建立标志着教育培训和教育研究的进一步专业化和学术化，为教育工作者提供了更高层次的教育学知识和专业技能培训。第一，教育学院提供了系统化的教育学知识和专业技能培训。在这些学院中，教育工作者可以接受系统化的教育学课程，深入学习教育学理论、教育心理学、课程设计等方面的知识。通过专业课程的学习，教育工作者可以更全面地了解教育领域的最新理论和实践，提升自己的专业水平和教育素养。第二，教育学院致力于培养优秀的教育工作者。除了教学技能的培训，教育学院还注重培养教育工作者的领导力、沟通能力和创新思维等综合素质。通过系统的培训和实践活动，教育学院培养出了一大批具有教育专业知识和实践经验的优秀教育工作者，为教育事业的发展和教育质量的提升作出了重要贡献。第三，教育学院也为教育管理者和教育研究人员提供了专业培训和学术支持。在这些学院中，教育管理者可以学习到管理理论和实践经验，提升管理水平和能力；教育研究人员则可以进行教育研究，探讨教育领域的前沿问题，促进教育理论和实践的创新和发展。

3. 推动教育的发展

建立专门的师范学校和教育学院标志着教育体系的现代化和专业化发展。这一举措在多个方面推动了教育的发展，对社会的文明进步和经济发展产生了深远影响。第一，师范学校和教育学院为培养专业教师提供了重要平台。通过系统化的教育学知识和专业技能培训，这些学校培养了大量优秀的教育工作者。这些教师不仅具备了扎实的专业知识和教学技能，还具备了良好的师德师风和教育情怀。他们的涌现提高了教育质量和水平，为学生的全面发展和个性成长提供了保障。第二，师范学校和教育学院为教育管理人员的培养提供了重要支持。教育管理是保障教育体系正常运行和提升教育质量的关键环节。这些学校培养了大量的教育管理人才，为学校管理、教育政策制订和教育改革提供了人才保障。他们的涌现推动了教育体系的现代化和管理水平的提升，为教育的持续发展奠定了基础。第三，师范学校和教育学院的建立也促进了教育研究和学术交流的开展。这些学校不仅是教育工作者的培训机构，也是教育理论研究和实践探索的重要场所。通过教育研究和学术交流，学者们可以共同探讨教育领域的前沿问题，推动教育理论和实践的创新和发展。这种学术交流和合作为教育体系的进步提供了智力支持和学术保障。

（二）多样化的培训内容和方法

1. 理论与实践相结合

工业革命时期的教师培训标志着教育理论与实践相结合的重要转变。传统的教育模式逐渐被现代化、科学化的教学方法所取代，教师培训的内容和方式开始多样化，注重理论知识与实践技能的有机结合。第一，工业革命时期的教师培训强调教育理论的学习。教师被赋予了更多深入的教育学理论知识，这些理论包括教学方法、课程设计、教育心理学等方面。通过系统的理论学习，教师能够更好地理解教育的本质和原理，为实践教学提供理论指导和支撑。第二，教师培训开始注重实践教学的训练。除了理论学习，教师们还需要进行大量的实践操作，包括课堂教学、教学设计、课程实施等方面的实践训练。这种实践训练使教师能够将理论知识转化为实际操作能力，提高教学的实效性和实践性。第三，教师培训的内容和方式开始多样化，强调个性化发展。教师们不再被一味灌输相同的教学方法，而是根据自身特点和教学需求进行个性化的培训。这种个性化培训促进了教师的专业发展和能力提升，有利于提高教育教学的质量和效果。

2. 教学技能的培养

教师培训的核心目标之一是培养教师的教学技能，这在工业革命时期的教育体系中变得尤为重要。教学技能的培养不仅是为了提高教学效果，更是为了适应不断变化的教育需求和学生群体的多样性。在教师培训中，教学技能的培养主要体现在以下几个方面。第一，课堂管理是教学技能中的重要组成部分。教师需要学会有效地组织课堂，管理学生的行为，营造良好的学习氛围。这包括合理安排课堂时间、管理学生的注意力、处理课堂纪律问题等。通过课堂管理的培训，教师能够更好地控制课堂，提高教学效率。第二，教学设计是教师培训中的重要环节。教师需要学会根据教学目标和学生特点设计教学内容和教学活动。教学设计不仅包括教案编写，还包括教学资源的选择和利用，教学活动的设计和组织等。通过系统的教学设计培训，教师能够更好地满足学生的学习需求，提高教学质量。第三，教学评估也是教学技能的重要方面。教师需要学会有效地评估学生的学习情况，了解他们的学习进度和学习困难，及时调整教学策略和教学方法。教学评估不仅包括考试和测验，还包括课堂观察、作业批改、学习反馈等多种形式。通过教学评估的培训，教师能够更好地了解学生的学习情况，指导学生进行有效地学习。

3. 实践教学的重要性

工业革命时期，教师培训的演变带来了对实践教学的更加重视。实践教学被视为教师培训中不可或缺的一部分，其重要性在于提供了直接、真实的教学经验，使教师能够更好地理解教育实践的本质，并掌握有效的教学策略和方法。第一，实践教学为教师提供了直接的教学体验。在实习实训等形式下，教师有机会亲身参与到真实的教学环境中，与学生进行互动，实践教学内容。通过亲身体验教学过程，教师能够深入了解学生的学习需求和行为特点，更好地掌握教学的实际情况，为教学提供更加针对性的指导。第二，实践教学促进了教师的专业成长。通过参与实践教学活动，教师不断地积累教学经验，逐步提升教学水平。实践教学使教师能够从实际操作中学习，发现教学中存在的问题并寻找解决方法，从而不断改进自己的教学策略和方法，提高教学效果。第三，实践教学也有助于教师培养反思和创新能力。在实践中，教师需要不断地反思自己的教学行为和教学效果，思考如何改进教学方法，以更好地满足学生的学习需求。这种反思实践的过程培养了教师的批判性思维和创新意识，使其能够不断地探索教育教学的新路径，推动教育事业的发展。

（三）建立教师管理机制

1. 学校领导与地方政府的责任

工业革命时期，学校领导和地方政府在教育监管方面承担了重要责任，推动了教育管理体系的建立和完善。学校领导和地方政府的责任主要体现在以下几个方面：第一，他们建立了教师管理机制。通过制订教师资格认证制度，确保教师具备必要的教育水平和专业技能。教师资格认证是对教师能力和素质的权威认定，有助于提升教师队伍的整体素质和水平。同时，他们还实施课程评估制度，对教学内容和教学质量进行评估，保障教育教学的质量和有效性。第二，学校领导和地方政府加强了教育监督和评估工作。他们建立了教育监管机构，负责监督学校教学活动和管理运行。通过开展定期的教育评估和检查，及时发现和解决教育领域存在的问题，提升教育质量和效率。此外，他们还督促学校加强师德师风建设，倡导教师遵守职业道德和教育规范，提升教师的专业素养和教学水平。第三，学校领导和地方政府推动了教育资源的合理配置和利用。他们根据教育需求和资源分布情况，制订合理的教育发展规划，优化教育资源布局，保障教育资源的均衡和充分利用。同时，他们还通过政策和资金支持，改善学校基础设施，提升教育教学条件，为教育事业的发展创造良好的环境和条件。第四，学校领导和地方政府积极推进教育改革和创新。他们鼓励学校探索教育教学的新模式和方法，促进教育教学的不断创新和发展。通过支持教育科研和教育技术应用，推动教育现代化和信息化进程，提升教育教学水平和质量。

2. 教师资格认证

工业革命时期的教师资格认证制度是教育领域的一项重要改革举措，旨在提高教师队伍的整体素质和专业水平，进而促进教育的发展和进步。教师资格认证制度的出现和实施，对教育事业产生了深远的影响，具有重要的学术价值和实践意义。第一，教师资格认证制度确保了教师的专业水平。通过一系列考试和评估程序，教师需要展现其所掌握的教育理论知识、教学技能以及教育实践能力。这种资格认证不仅是对教师个人能力的一种认可，更是对其在教育领域的专业水平的一种保障。教师资格认证制度的建立，使得教师在专业知识和技能上得到了更加系统和全面的培养，有助于提高其教学水平和能力。第二，教师资格认证制度提升了教育的整体质量和形象。通过对教师的资格认证，能够筛选出具有一定教育素养和专业技能的教师，从而有效提升教育的整体质量。优质的教师队伍不仅能够提供优质的教学服务，还能够为学生提供更好的教育体验，推动学生的全面发展。此外，教师资格认证也有助于树立教育的良好形象，提升社会对教育的认可度和信任度。第三，教师资格认证制度促进了教育改革和发展。通过对教师资格认证制度的实施，能够不断激励教师提升自身的教育水平和专业素养，推动教育教学的不断创新和发展。教师资格认证制度的建立，为教育改革提供了一种有

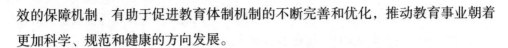

效的保障机制，有助于促进教育体制机制的不断完善和优化，推动教育事业朝着更加科学、规范和健康的方向发展。

（四）教育目标

1. 适应工业化社会的需求

工业革命时期，随着工业化社会的兴起和发展，教育目标逐渐调整，更加注重培养适应工业化社会需要的人才。这一时期的教育不再仅仅是传授知识，而是更加强调培养学生的实践能力、创新意识和团队合作精神，以满足工业化生产对人才的需求。第一，工业革命时期的教育目标突出了实践能力的培养。在工业化社会中，对实践能力的需求日益增长。因此，教育不仅注重学生对理论知识的掌握，更加强调学生的动手能力和实践操作能力。学生通过实践活动，如实验、实习等，不仅能够更深入地理解所学知识，还能够培养解决实际问题的能力，提升自身的竞争力。第二，工业革命时期的教育强调了创新意识的培养。工业化社会对创新能力的需求十分迫切，因此，教育将创新教育作为重要目标之一。教育机构通过创设有利于学生创新思维的教学环境，引导学生开展科学研究和创新实践，培养学生的创新精神和创造能力。这不仅有助于学生个人的成长，还能够推动社会的科技进步和经济发展。第三，工业革命时期的教育还注重培养学生的团队合作精神。在工业化生产中，团队合作是取得成功的关键因素之一。因此，教育倡导学生通过团队合作来解决问题、完成任务，培养学生的团队协作能力和沟通能力。通过与同学们的合作学习和共同实践，学生不仅能够学会如何有效地与他人合作，还能够培养集体荣誉感和责任感，为未来的工作和生活打下良好的基础。

2. 知识的传授和实用性

教育的目标在工业革命时期发生了显著的转变，强调了知识的传授和实用性。传统的教育模式注重的是学生对知识的接受和理解，而工业革命时期的教育则更加注重知识的实际运用和解决问题的能力。这一转变反映了工业化社会对人才的新需求，即除了掌握丰富的知识外，还需要具备应用这些知识解决实际问题的能力。

一方面，教育目标强调知识的传授。在工业革命时期，科学技术的进步对生产力和社会发展产生了巨大的推动作用。因此，教育将知识传授作为重要目标，致力于为学生提供广泛而深入的知识体系。教师们通过讲授课程、组织实验和引导学生进行科学研究等方式，向学生传授各种学科知识，为他们的综合发展打下坚实基础。

另一方面，教育目标注重知识的实用性。在工业化社会中，知识不再是一种抽象的学术概念，而是与生产、技术和社会实践密切相关的。因此，教育要求学生不仅要理解知识的内涵，更要能够将其运用到实际生活和工作中。学生需要通过解决实际问题、参与实践活动等方式，培养应用知识的能力和技能，提高解决现实问题的能力。这种注重知识实用性的教育模式有助于培养学生的创新意识和实际能力，为他们未来的职业发展和社会生活打下坚实的基础。

3. 提升教育质量和效果

工业革命时期的教育目标之一是提升教育质量和效果，这反映了对教育体系的现代化和专业化的追求。为了实现这一目标，采取了多项措施，包括建立专业的师范学校和教育学院、培养优秀的教师和教育管理人员、加强教师管理和教学评估等。一方面，建立专业的师范学校和教育学院是提升教育质量和效果的重要举措之一。这些学校提供了系统化的教师培训课程，包括教学方法、课程设计、教育心理学等方面的知识。通过系统的专业培训，教师能够更好地掌握教学技能和教育理论，提升教学水平和质量。另一方面，培养优秀的教师和教育管理人员对提升教育质量和效果至关重要。师范学校和教育学院通过严格的选拔和培训机制，选拔和培养了大量优秀的教师和教育管理人员。这些教育工作者具备扎实的专业知识和丰富的教学经验，能够有效地组织教学活动，促进学生的学习和成长。除此之外，加强教师管理和教学评估也是提升教育质量和效果的关键措施之一。通过建立完善的教师管理机制，监督教师的教学行为和教学质量，及时发现和解决教学中存在的问题。同时，加强教学评估，对教师的教学进行客观评价和反馈，促进其不断提升教学水平和能力。

三、20 世纪初到中期

（一）教师培训纳入大学体系

在 20 世纪初到中期，随着社会的发展和教育观念的变革，教师培训开始逐渐纳入大学体系。这一变革的背景包括对教师专业素养和教学质量的日益重视，以及对教育体系现代化的需求。这一过程中，教师培训的专业化程度、培训内容的系统化、高等教育的普及化以及教育体系的现代化得到了显著提升，推动了教育质量的全面提升。

1. 专业化程度提升

教师培训纳入大学体系是教育专业化程度提升的重要标志。教师专业培训不仅包括基础的教学技能培训，还涵盖了教育理论、心理学、课程设计等多个方面，使得教师的专业素养得到全面提升。教师在大学体系内接受系统的培训，可以更加深入地理解教育的本质和教学的艺术，从而在实际教学中运用更加科学和有效的方法。例如，在教育理论方面，教师可以学习不同教育学派的思想和观点，了解教育心理学的基本原理和学生心理发展的规律。这些理论知识不仅可以帮助教师更好地理解学生的学习行为和心理需求，还可以指导教师在教学中采用更加符合学生认知特点和发展规律的方法，提高教学效果。同时，课程设计能力也是教师专业化的重要内容。教师在大学体系内接受培训，可以学习如何设计符合教育目标和学生需求的课程内容，如何编写教学大纲和教学计划，如何选择和使用合适的教学资源和教学手段。通过系统地学习和实践，教师可以不断提升自己的课程设计能力，从而为学生提供更加优质的教育服务。此外，教师培训还包括教学技能的提升。通过模拟教学、教学实习等实践环节，教师可以将所学理论知识应用于实际教学中，不断积累教学经验，提升教学水平。大学提供的教学实习机会，可以让教师在真实的教学环境中锻炼自己，发现和解决教学中存在的问题，提高教学质量。

2. 培训内容的系统化

教师培训纳入大学体系后，培训内容变得更加系统和深入，不再局限于简单的知识传授，而是注重培养教师的教育思想、教学方法和课程设计能力。大学设置的教师培训课程体系逐渐完善，涵盖了从基础理论到实践应用的各个方面，成为教育专业的重要组成部分。首先，教师培训课程体系包括教育学、心理学、课程与教学论、教育技术等多个模块，每个模块都设有系统的课程和学习内容。例如，在教育学模块中，教师可以学习教育史、教育哲学、教育政策等课程，了解教育的基本理论和发展脉络；在心理学模块中，教师可以学习发展心理学、教育心理学、学习心理学等课程，了解学生的心理发展特点和学习规律；在课程与教学论模块中，教师可以学习课程设计、教学方法、教学评价等课程，掌握课程编写和教学实施的基本技能。其次，教师培训课程内容注重理论与实践相结合，通过案例分析、教学实验、课堂观察等方式，帮助教师将所学理论知识应用于实际教学中。大学提供的丰富教学资源和实践平台，可以让教师在真实的教学环境中进行教学实践，不断总结经验，提升教学水平。此外，教师培训课程体系还包括教师职业发展和教育科研能力的培养。教师在大学体系内接受培训，不仅可以提升自己的教学能力，还可以参与教育科研项目，提升自己的科研能力和学术水平。大学提供的科研平台和资源，可以帮助教师进行教育研究，探索教育规律，提升教育理论和实践水平。

3. 高等教育的普及化

20 世纪初到中期，高等教育逐渐普及，大学成为培养专业教师的主要场所。教师培训课程与大学其他专业相结合，教育学院成为培养优秀教师和教育管理者的重要平台。教师培训纳入大学体系，不仅提升了教师的专业素养，还推动了高等教育的普及和发展。首先，随着高等教育的普及，越来越多的教师有机会接受高等教育，提升自己的学历和专业素养。大学提供的系统培训和学习机会，可以帮助教师掌握最新的教育理论和教学方法，提升自己的教学水平和职业素养。同时，大学提供的学术交流平台，可以帮助教师与同行进行交流和合作，分享教学经验和教育成果，共同推动教育的发展。其次，教师培训课程与大学其他专业相结合，有利于教育专业的交叉和融合，提升教师的综合素养。教师在大学体系内接受培训，可以学习到其他学科的知识和方法，拓宽自己的视野和思维。例如，教师可以学习信息技术、管理学、社会学等课程，了解现代教育技术的应用方法，掌握教育管理和教育政策的基本知识，提升自己的综合素养和教学能力。此外，教育学院作为培养优秀教师和教育管理者的重要平台，提供了丰富的教学资源和实践机会，帮助教师不断提升自己的教学水平和职业素养。教育学院提供的教师培训课程，不仅包括理论学习，还包括教学实习、教育科研等实践环节，帮助教师将所学理论知识应用于实际教学中，提升教学效果。

4. 教育体系的现代化

教师培训纳入大学体系是教育体系现代化的重要标志之一。这一举措使得教育专业更加规范化和科学化，有利于提升教育水平和教学质量，推动教育体系的不断发展和完善。首先，教师培训纳入大学体系，使得教师培训更加规范化和科学化。大学提供的系统培训课程和学习资源，可以帮助教师掌握最新的教育理论和教学方法，提升自己的教学水平和职业素养。同时，大学提供的科研平台和资源，可以帮助教师进行教育研究，探索教育规律，提升教育理论和实践水平。其次，教师培训纳入大学体系，有利于提升教育水平和教学质量。通过系统地培训和学习，教师可以掌握最新的教育理论和教学方法，提升自己的教学水平和职业素养，从而提供更加优质的教育服务。同时，大学提供的教学资源和实践平台，可以帮助教师在真实的教学环境中进行教学实践，提升教学效果和教学质量。此外，教师培训纳入大学体系，有利于推动教育体系的不断发展和完善。大学提供的系统培训课程和学习资源，可以帮助教师不断提升自己的教学水平和职业素养，从而推动教育体系的不断发展和完善。同时，大学提供的科研平台和资源，可以帮助教师进行教育研究，探索教育规律，提升教育理论和实践水平，推动教育体系的不断发展和完善。

（二）多元化的培训内容和方法

多元化的教师培训内容和方法在当今教育领域变得日益重要。从全面的教育学知识到实践教学的重视，再到教学研究与创新，这些方面都构成了教师培训的关键内容。

1. 全面的教育学知识

教师在培训过程中需要获得全面的教育学知识，这不仅包括教学技能，还包括以下几个方面的内容：

（1）教育理论

教师需要了解各种教育理论，如行为主义、认知主义、建构主义等，以便能够理解教学背后的理论基础，并根据不同理论指导自己的教学实践。

（2）教育心理学

了解学生的心理特点、认知发展阶段以及学习动机等方面的知识，有助于教师更好地设计课程和教学活动，满足学生的学习需求。

（3）课程设计

教师需要学习如何设计符合教育目标和学生需求的课程，包括确定教学目标、选择教学内容、设计教学活动和评估学生学习效果等。

2. 实践教学的重视

实践教学在教师培训中占据着重要地位，通过以下方式进行：

（1）实习实训

实习实训为教师提供了在真实教学环境中积累经验的宝贵机会。通过参与实习实训，教师可以亲身体验教学过程中的挑战和难题，了解学生的实际需求和反应，从而更好地应对日后的教学工作。在实习实训中，教师可以通过模拟教学、实际授课等方式，不断锤炼和提升自己的教学技能，为未来的教学工作做好准备。

（2）教学观摩

教学观摩是一种常见且有效的实践教学方式，通过观摩优秀教师的课堂，教师可以借鉴他们的教学方法和策略，从而提高自己的教学水平。在观摩过程中，教师可以通过仔细观察和分析，了解优秀教师是如何设计课堂、引导学生、处理教学问题的，进而反思自己的教学实践，加深对教学原理和方法的理解。此外，教学观摩还可以通过与同行的交流和讨论，促进教师之间的共同成长和进步。

3. 教学研究与创新

教师培训还应该注重培养教师的教学研究能力和创新意识：

（1）教育研究参与

教育研究项目的参与为教师提供了一个深入理解教育问题、探索解决方案的机会。通过参与教育研究项目，教师可以从教学实践中发现问题，通过科学的研究方法进行探索和分析，并将研究成果应用到实际教学中，从而提高教学质量和效果。教育研究的参与不仅可以丰富教师的教育知识和经验，还能够培养其科学研究的能力和创新意识。

（2）教学方法改进

教师需要不断地反思和改进自己的教学方法，尝试新的教学策略，以适应不断变化的教育需求和学生特点。教学方法的改进需要教师具备批判性思维和创新意识，能够从教学实践中总结经验，发现问题并提出解决方案。通过不断地尝试和调整教学方法，教师可以提高教学效果和学生学习成效，推动教育教学的不断发展和进步。

（三）加强教师评估和监督机制

加强教师评估和监督机制对于教育体系的健康发展至关重要。这种机制不仅可以确保教师培训的质量和效果，还能够提高教师的专业素养和教学质量。下面将详细探讨教师评估制度的建立、监督机制的完善以及对教育质量的保障。

1. 教师评估制度的建立

教师评估制度的建立是确保教师培训质量的重要一环，其核心在于对教师的教学能力、教育水平和教学效果进行全面评估，并据此提出改进建议。

（1）多维度评估

评估应该从多个维度入手，全面了解教师的教学能力和综合素质。这包括教学技能、专业知识、师德师风等方面。通过教学观察、学生评价、同行评议等多种方式进行评估，确保评估结果客观全面。

（2）定期评估

建立定期的评估机制是教师评估制度的重要组成部分。例如，可以规定每学期或每年进行一次评估，以监测教师在教学实践中的表现，并及时发现问题。定期评估有助于教师在持续发展和改进中保持动力，并促进教师队伍的整体提升。

（3）个性化反馈

评估结果应该针对个体教师进行个性化反馈，指导教师针对自身的弱点进行改进，并鼓励其发挥优势。个性化反馈可以更有效地帮助教师认识到自己的优势和不足，促进其专业成长和提升。

（4）评估结果运用

评估结果应该被纳入教师培训和教师职称评定的考量范围中。通过将评估结果与教师培训和职称评定相结合，可以更好地激励教师不断提升自身的教学水平和专业素养，促进教师的持续专业发展。

2. 监督机制的完善

监督机制的完善是保障教师培训质量的重要保证，它需要从两个方面进行：对教师培训机构的监督和对教师个体的监督。

（1）教师培训机构监督：教育主管部门应该加强对教师培训机构的监管，确保其教学内容和教学质量符合相关法规和标准。这可以通过定期考核、评估和检查来实现。

（2）教师个体监督：对于已经从教的教师，应该建立起教师个体的监督机制。学校领导和教育管理部门可以通过教学评估、课堂观摩、教学督导等方式对教师进行监督，发现问题并及时给予帮助和指导。

3. 教育质量的保障

加强教师评估和监督机制有助于提升整体教育质量和教学效果。

（1）及时发现问题：通过评估和监督，可以及时发现教师培训中存在的问题，如教学方法不当、教学内容滞后等，以便及时加以改进。

（2）促进教师成长：评估和监督不仅是对教师的一种检验，更是一种促进成长的机制。通过指出问题并给予指导，可以帮助教师不断提升自身能力，提高教学水平。

（3）推动教育改革：教师培训的评估和监督结果可以为教育决策者提供重要参考，推动教育改革的深入进行，促进教育教学的不断发展和进步。

（四）教育目标

在 20 世纪初到中期，教育的目标逐渐转向个性发展和全面素质的培养。教师培训更加注重培养学生的综合能力和创新意识，旨在培养具有独立思考能力和创新精神的人才。

1. 适应社会变革的需求

教育目标更加注重培养学生适应社会变革的需求。教师培训强调培养学生的适应能力、创新能力和团队合作精神，使其能够适应社会的发展和变化。

2. 培养公民素质和社会责任感

教育目标包括培养学生的公民素质和社会责任感。教师培训注重培养学生的社会责任感和参与意识，使其成为具有良好道德品质和社会责任感的公民。

3. 提升教育水平和教学质量

教育目标还包括提升教育水平和教学质量。通过加强教师培训和教师评估机制，不断提升教师的专业水平和教学质量，促进教育教学的不断发展和进步。

4. 推动社会发展和文明进步

教育目标的最终目的是推动社会发展和文明进步。通过培养具有高素质、创新能力和社会责任感的人才，教育可以为社会的进步和发展做出重要贡献，推动社会朝着更加美好的方向发展。

四、当代数字化时代

（一）数字化教师培训平台的出现

1. 信息技术的发展

随着信息技术的迅速发展，互联网、移动互联网、大数据和人工智能等技术的应用成为数字化教师培训平台的技术基础。这些技术的运用使得教师培训更加高效、便捷，并且可以根据个体的需求进行定制化培训。

2. 在线培训的兴起

数字化时代出现了众多在线教育平台和学习资源，教师可以通过网络课程、在线研讨会、网络研修等形式进行培训，而不再受到地域和时间的限制。这为教师提供了更加灵活、个性化的学习体验。

3. 远程教育的普及

远程教育成为数字化教师培训的重要形式之一。通过视频会议、远程直播等技术手段，教师可以与国内外的教育专家和同行进行交流和学习，参与全球范围内的培训活动，从而拓展了学习的边界。

4. 自主学习和自我提升

数字化教师培训平台赋予教师更多的自主学习权利和机会。教师可以根据自己的兴趣和需求选择适合自己的培训课程和学习资源，自主安排学习时间和进度，实现自我提升，从而更好地适应教育领域的发展和变化。

5. 开放性和共享性

数字化时代的教师培训平台具有开放性和共享性，不仅为教师提供了丰富的学习资源，还鼓励教师之间的交流和合作。教师可以在平台上分享自己的教学经验、教学资源，与他人共同学习和进步，形成良好的学习社群。

（二）个性化的培训内容和方式

1. 个性化需求的考量

教师培训应该注重考虑到每位教师的个性化需求和发展方向。这包括但不限于以下几个方面：

（1）专业背景：教师的专业背景可能涵盖不同的学科领域，因此培训内容应该根据不同学科的特点进行定制。

（2）教学科目：不同学科的教学方法和内容存在差异，教师培训应该根据教学科目的特点提供相应的培训内容和支持。

（3）教学经验：初级教师可能需要更多关于基础教学技能的培训，而有经验的教师可能更需要专业领域的深度学习和研究。

（4）兴趣爱好：教师个体的兴趣爱好也会影响其学习的动力和方向，因此培训内容应该考虑到教师的兴趣所在，提供相关的学习资源和支持。

2. 定制化培训计划

数字化教师培训平台可以提供定制化的培训计划和课程设置，以满足教师个性化的学习需求。这包括：

（1）职业发展阶段：平台可以根据教师的职业发展阶段（如初级、中级、高级）提供相应的培训计划，帮助教师在不同阶段实现自我提升和职业发展。

（2）学习目标：教师可以设定自己的学习目标，并根据这些目标选择适合的培训课程和学习路径，有针对性地提升自己的教育水平和专业能力。

3. 个性化学习支持

数字化教师培训平台可以提供个性化的学习支持，包括智能化的学习推荐和个性化的学习辅导。这可以通过以下方式实现：

（1）学习推荐：平台可以根据教师的学习历史、兴趣爱好和学习目标，为其推荐符合个性化需求的学习资源和课程。

（2）学习辅导：平台可以提供在线导师或专家，为教师提供个性化的学习辅导和指导，帮助其解决学习中的问题和困惑。

4. 多样化的学习资源

数字化教师培训平台应该致力于提供丰富多样的学习资源，以满足教师个性化学习需求。在这些平台上，教师可以获得各种形式的教学资料，包括文字、图片、视频、音频等。这些多样化的学习资源不仅仅是为了满足教师的不同学习习惯和喜好，更重要的是为了提供更丰富、更生动的学习体验，从而促进教师的深度学习和专业提升。文字资料通常包括教学手册、教科书、教学大纲等，可以提供系统全面的知识内容和理论框架。图片资料则通过图像的直观表现方式，能够更加生动地展示教学实践和案例，帮助教师更好地理解和应用理论知识。视频资源则是教师培训平台上最为丰富和受欢迎的学习资料之一，它能够呈现真实的教学场景和操作过程，为教师提供直观的参考和启发。音频资源则常用于提供讲座、研讨会、访谈等内容，教师可以通过听力方式获取知识，方便随时随地进行学习。此外，数字化教师培训平台还可以提供在线课程、虚拟实验室、教学案例分析、专家讲座等多种形式的学习资源，以满足教师不同层次和领域的学习需求。通过这些丰富多样的学习资源，教师可以更加灵活地选择适合自己的学习内容和方式，实现个性化学习和专业提升。同时，这也为教育培训领域的数字化转型提供了有力支持，推动了教师教育的不断发展和进步。

（三）智能化管理工具的应用

1.教师绩效评价系统

教师绩效评价是教育管理中的重要环节，而智能化的教师绩效评价系统通过数据分析和反馈机制，为教师提供了更为客观和全面的评价。该系统可以收集教师的教学数据、学生评价、教学成绩等信息，进行综合分析和评估，帮助教师了解自己的教学效果，发现问题并提出改进建议。这样的系统不仅可以促进教师的职业发展和提升，还可以提高教学质量和效率。

2.教学资源管理平台

教学资源管理平台为教师提供了便捷的教学资源获取途径。通过该平台，教师可以获取丰富多样的教学资源，包括教学设计、课件制作、教学视频等。这些资源不仅可以帮助教师丰富教学内容，提升课堂教学效果，还可以支持教师的个性化和差异化教学。同时，教学资源管理平台还可以促进教师之间的资源共享和合作，提高教育资源的利用效率。

3.学生学习情况监测系统

学生学习情况监测系统能够实时监测学生的学习情况和学习进展，为教师提供及时有效的学生管理支持。该系统可以收集学生的学习数据、作业情况、考试成绩等信息，进行分析和反馈。教师可以根据学生的学习情况调整教学策略和教学方法，提供个性化的学习支持和指导，促进学生的学习效果和发展。这样的系统有助于教师更好地了解学生，因材施教，促进学生全面发展。

（四）在线社区和合作平台的兴起

1.教师交流平台

数字化时代的教师交流平台为教育工作者提供了一个便捷的交流和合作平台。教师可以通过这些在线社区分享自己的教学经验、交流教学方法，共同探讨

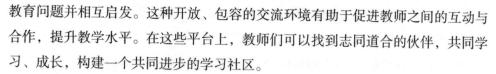

教育问题并相互启发。这种开放、包容的交流环境有助于促进教师之间的互动与合作，提升教学水平。在这些平台上，教师们可以找到志同道合的伙伴，共同学习、成长，构建一个共同进步的学习社区。

2. 专业学术平台

随着数字化时代的到来，专业学术平台的兴起为教师提供了一个重要的学术交流平台。在这些平台上，教师们可以分享自己的研究成果、发表学术观点，与同行进行深入的学术讨论。教育论坛、学术博客等平台汇聚了来自不同领域的专家和学者，为教师提供了一个拓宽学术视野、增进学识的重要渠道。通过参与这些平台，教师们可以及时了解最新的教育理论和研究成果，不断提升自己的专业水平。

3. 在线合作项目

在线合作项目为教师提供了一个跨地域、跨学科的合作平台，促进了教育资源的共享和流动。在这些项目中，教师可以与国内外的教育专家和同行共同开展教学研究、课程设计等活动，共同探讨教育问题、分享教学经验。通过在线合作项目，教师们可以汲取他人的智慧和经验，开阔自己的思维，提高教学水平。同时，这些项目也为教育创新和发展提供了重要支持，推动了教育领域的进步与发展。

第二节　教师培训管理现状

教师培训是教育体系中至关重要的一环，其管理水平直接关系到教师整体素质的提升和教育质量的提高。近年来，中国的教师培训管理工作取得了一定的进展。许多地方政府和教育部门纷纷出台政策，推动教师培训的制度化、规范化。例如，国家层面设立了专项基金，用于支持各级各类教师的培训。同时，许多高校和科研机构也参与到教师培训工作中，提供了丰富的课程和资源。然而，尽管取得了一些成就，但教师培训管理仍面临诸多挑战和问题。教师培训的现状可以概括为以下几个方面：

一、政策支持力度增强

随着社会的发展和教育改革的深化，教师素质的提升成为教育质量提高的关键因素。为了更好地应对这一挑战，政府逐渐重视教师培训工作，出台了一系列政策法规，明确了教师培训的重要性和具体要求。这些政策的出台不仅为教师培训提供了制度保障，也为其长远发展奠定了基础。

教育培训政策是指国家或地区政府为了促进教育培训事业的发展，提高国民素质和人力资源水平而制订的一系列政策措施。随着社会的快速发展和变革，教育培训政策也在不断地更新和完善。首先，教育培训政策强调了教育的普及和平等。政府通过制订相关政策，推动教育资源的均衡分配，确保每一个孩子都有接受教育的机会。同时，政府还鼓励开展多样化的教育形式，如在线教育、职业教育等，以满足不同人群的需求。其次，教育培训政策注重提高教育质量。政府加强了对教育机构的监管，推行了教育标准化制度，鼓励教育机构开展教育创新和改革。此外，政府还加大了对教育师资的培养和引进力度，提高教师的专业素质和教学水平。再次，教育培训政策强调了教育与产业的结合。政府鼓励教育机构与产业界合作，开展职业技能培训和实习实训，提高学生的实践能力和就业竞争力。同时，政府还加大了对职业教育和终身教育的投入，推动职业教育和成人教育的发展。最后，教育培训政策还关注了学生的个性化发展。政府鼓励教育机构开展个性化教育，关注学生的兴趣爱好和特长发展，培养学生的创新能力和综合素质。

二、专业化培训课程

（一）特殊教育领域的专业化培训课程

在特殊教育领域，针对认知障碍、孤独症等学生的教育需求日益凸显，特殊教育的专业化培训课程也随之增多。这些课程不仅是为了满足不同特殊教育需求学生的学习需求，更是为了培养教师在个性化教学和情感管理方面的专业技能，以更好地应对特殊学生的学习和情感需求。

特殊教育的专业化培训课程着重于教师的个性化教学技能。教师需要了解每个学生的特殊需求和学习风格，制订针对性的教学计划和教学策略。这意味着教师需要掌握多种教学方法和策略，以满足不同学生的个性化学习需求。例如，对于认知障碍学生，教师可能需要采用更直观、具体的教学方法，如图表、示范等，以帮助他们理解和掌握知识。而对于孤独症学生，教师可能需要更加注重情感交流和社交技能的培养，通过社交故事、角色扮演等方式促进其社交能力的发展。

除了个性化教学技能，情感管理也是特殊教育培训课程的重要内容之一。特殊学生常常面临着情绪波动、行为问题等挑战，教师需要具备有效的情感管理技能，以建立良好的师生关系，并有效地应对特殊学生的情绪和行为问题。培训课程通常包括情感管理理论的学习，以及实践中的案例分析和角色扮演等活动，帮助教师掌握有效的情感管理策略，并在实践中运用于教学实践中。

这些专业化培训课程的开设，不仅有助于提升教师在特殊教育领域的专业水平，更重要的是为特殊学生提供了更加个性化、专业化的教育服务。通过培养教师的个性化教学技能和情感管理能力，特殊教育领域能够更好地实现教育的公平与包容，让每个学生都能够得到他们所需的支持和关爱，实现其自身的学习目标和生活发展。

（二）STEM教育领域的专业化培训课程

在当今社会，STEM（科学、技术、工程和数学）教育被广泛认为是培养学生创新思维和实践能力的重要途径。因此，针对STEM教育领域的专业化培训课程受到了越来越多地关注。

这些专业化培训课程致力于帮助教师掌握跨学科的知识和技能，并将科学、技术、工程和数学融入课堂教学中。教师在这样的培训中不仅需要具备扎实的学科知识，还需要具备跨学科整合的能力，将不同学科之间的知识和技能进行有机地结合，形成丰富多彩的教学内容和方法。例如，教师可能需要将数学的概念应用到工程设计中，或者利用技术工具进行科学实验，并结合实际情境进行解决问题的实践。

培训课程还强调培养教师的创新思维和实践能力。在这样的课程中，教师将学习如何引导学生进行探究式学习、项目式学习等实践活动，激发学生的创造力和解决问题的能力。教师也将学习如何利用现代技术工具和资源，为学生提供更加丰富和具有挑战性的学习体验，从而培养学生的实践能力和创新精神。

这些专业化培训课程的开设，不仅有助于提升教师在STEM教育领域的专业水平，更重要的是为学生提供了更加丰富、深入的学习体验。通过培养教师的跨学科整合能力和创新意识，STEM教育能够更好地促进学生的全面发展，为他们未来的学习和职业发展奠定坚实的基础。

（三）心理健康教育领域的专业化培训课程

随着社会压力的增加和心理健康问题的日益突出，心理健康教育的重要性逐渐受到广泛关注。在这样的背景下，针对心理健康教育领域的专业化培训课程得到了加强，并逐渐成为教育领域的一个重要组成部分。

这些专业化培训课程的内容涵盖了多个方面，其中包括心理健康教育的理论基础、心理健康问题的识别与干预方法等。首先，教师需要了解心理健康教育的基本理论，包括心理健康的定义、影响因素、发展阶段等内容，以建立对心理健康教育工作的整体认识和理解。其次，培训课程还涉及心理健康问题的识别与干预方法，教师需要学习如何识别学生可能存在的心理健康问题，以及如何进行有效的干预和支持。这包括了解心理健康问题的常见类型，如焦虑、抑郁、孤独症等，以及相应的干预策略和支持方法，如心理咨询、心理疏导、心理治疗等。

这些培训课程的目标在于帮助教师更好地理解和支持学生的心理健康成长。通过专业化培训，教师可以提升自己在心理健康教育领域的专业水平和能力，从而更好地应对学生可能面临的心理健康问题，为他们提供及时有效的支持和帮助。此外，这些培训课程还有助于促进学校心理健康教育工作的开展，提升学校心理健康教育的质量和水平，为学生的身心健康成长提供更加全面的保障。

二、教育技术的应用

（一）在线教学工具的使用

在当今数字化时代，教育领域日益重视在线教学工具的使用，而教师培训课程则着重培养教师掌握各类在线教学工具的技能。这些工具包括但不限于视频会议软件、在线白板、教学管理系统等，它们为教师提供了丰富多样的教学资源和教学平台，极大地拓展了教学的边界，促进了教学的创新和提高。

第一，教师培训课程着重培养教师如何有效地利用在线视频会议软件进行远程教学。通过视频会议软件，教师可以与学生进行实时的互动和沟通，进行远程课堂教学，使教学不受时间和空间的限制，满足不同学习场景下的教学需求。同时，教师还可以利用视频会议软件进行线上会议、讨论和合作，促进教师之间的交流与合作，共同提高教学质量和效果。

第二，教师培训课程还注重培养教师运用在线白板等工具进行教学。在线白板是一种交互式的教学工具，教师可以在上面书写、绘画、演示教学内容，与学生进行互动和分享。通过在线白板，教师可以生动直观地呈现教学内容，激发学生的学习兴趣和积极性，提高教学效果和教学体验。

第三，教师还需要学习如何利用教学管理系统等工具进行课程管理和教学设计。教学管理系统可以帮助教师管理课程资料、发布作业、进行考试评估等教学活动，提高教学的组织性和系统性。同时，教师还可以利用教学管理系统进行学生档案管理、教学资源共享等工作，为教学提供更加便捷和高效的支持。

（二）教学设计与在线工具整合

教师培训在教学设计与在线工具整合方面的重要性日益凸显。除了教授教育技术的基本操作外，更加注重的是培养教师如何将这些技术与课程内容和教学方法相结合，以提高教学效果和学生学习体验。

教师培训课程强调了教师在教学设计中融入在线教学工具的重要性。这意味着教师需要深入理解课程内容和学生需求，结合在线教学工具的特点，设计出更具交互性和趣味性的教学活动。举例来说，教师可以利用在线投票工具进行课堂互动，让学生参与到问题解决和决策中来，增强他们的学习参与度和积极性。通过这种方式，不仅可以使教学内容更加生动活泼，还可以有效激发学生的学习兴趣，提高他们的学习动力和效果。

教师还可以通过使用多媒体资源丰富教学内容，提升教学的多样性和趣味性。比如，教师可以结合视频、音频、图片等多媒体资源，展示丰富的教学内容，帮助学生更好地理解和掌握知识。通过视听的结合，可以激发学生的感官体验，提高他们的学习效果和记忆力。

三、专业发展与实践

（一）实践能力培养

教师培训的重要目标之一是培养教师在实践中的能力，以使其能够在真实的教学环境中灵活应对各种教学挑战。为实现这一目标，教师培训课程注重将理论与实践相结合，通过多种形式的教学活动，如案例分析、模拟教学等，来培养教师的教学设计能力和实际操作能力。

第一，教师培训课程注重将理论知识与实际教学场景相结合。在课程设计中，教师们不仅学习教育理论和教学方法，还会通过具体的案例分析来深入理解理论知识在实践中的应用。通过分析真实的教学案例，教师们可以更好地了解教学中可能遇到的问题，并寻找相应的解决方案。这种理论与实践相结合的教学模式，有助于教师将抽象的理论知识转化为具体的教学行动，提高他们在实践中的教学水平和能力。

第二，教师培训课程强调通过模拟教学等形式来培养教师的实践能力。在模拟教学中，教师们可以扮演教学角色，模拟真实的教学场景，进行教学设计和教学实施。通过模拟教学活动，教师们可以在相对低压力的环境下尝试不同的教学方法和策略，发现自己的不足之处，并及时进行调整和改进。这种实践性强、反馈及时的培训方式，有助于教师们积累丰富的教学经验，提高他们在实践中的应对能力和自信心。

（二）教学设计能力的培养

教学设计能力的培养是教师培训课程中的重要内容之一。这一培训旨在帮助教师掌握设计符合学生需求和教育目标的有效教学方案的能力。通过理论学习、实践操作等多种方式，教师能够深入了解教学设计的基本原理和方法，从而提高教学设计的质量和效果。

教师培训课程重视教学设计能力的培养，这体现在以下几个方面：

第一，教师通过学习教学设计理论来建立理论基础。在教学设计课程中，教师将学习到各种教学设计模型、理论框架和方法论。这些理论知识包括但不限于课程设计原则、教学目标设定、学习活动设计、评估与反馈等方面。通过理论学习，教师能够深入了解教学设计的本质和要求，为后续的实践操作奠定坚实的理论基础。

第二，教师通过实践操作来提升教学设计能力。培训课程通常会安排实践性的教学设计任务，让教师们在实际操作中学以致用。这些实践任务可能包括设计课程大纲、教学计划、教学材料等，教师们需要根据具体的教学场景和学生需求，灵活运用所学的教学设计理论和方法，设计出符合实际情况的教学方案。通过实践操作，教师们能够逐步提升自己的教学设计能力，掌握设计有效教学方案的技能。

第三，教师培训课程还注重培养教师的反思能力。在教学设计过程中，教师需要不断地反思自己的设计方案，评估教学效果，并根据反馈信息进行调整和改进。这种反思性实践有助于教师发现教学中存在的问题和不足之处，进而加以改进，不断提升自己的教学设计水平。

四、终身学习观念

（一）不断学习更新教育理论、教学方法和教育技术

教师培训课程强调了教师应该保持开放的心态，不断学习和探索最新的教育理论、教学方法和教育技术。这一理念的重要性在于教育领域的不断发展和变革，要求教师具备持续学习的意识和能力，以保持教学的前沿性和有效性。

第一，教师需要不断了解和探索最新的教育理论。教育理论的发展是教育领域不断进步的动力之一，新的理论不断涌现，为教学实践提供了新的思路和方法。因此，教师应该积极关注教育理论的最新研究成果，深入思考其对教学实践的启示和指导作用，以不断丰富自己的教学理念和方法论。

第二，教师需要掌握先进的教学技术。随着科技的不断发展，教育技术在教学中的应用也日益广泛。教师应该学习并掌握最新的教学技术，如在线教学平台、虚拟现实技术、人工智能等，以提升教学的效率和质量。通过运用先进的教学技术，教师能够创造更加丰富多样的教学环境，激发学生的学习兴趣和积极性。

第三，教师还应该了解最新的课程设计理念。随着对教育目标和学生需求的不断认识，课程设计理念也在不断演变和更新。教师需要了解最新的课程设计理念，如项目化学习、跨学科整合等，以更好地设计和实施符合时代要求的教学方案。通过运用新的课程设计理念，教师能够更好地促进学生的综合能力和创新能力的发展。

（二）适应教育领域的不断变化和发展

教育领域作为一个动态变化的领域，不断涌现着新的教育政策、教学方法以及技术工具，这使得教师需要时刻保持警觉并建立终身学习的观念。只有通过不断地更新自己的知识和技能，教师才能够适应教育领域的变化和发展趋势，保持教学的活力和竞争力。

第一，新的教育政策的出台对教师提出了新的要求。政策的更新可能涉及教学内容、评估标准、教学方法等方面的变化。例如，教育改革的实施可能会引入

新的课程设置或者教学标准，教师需要及时了解并适应这些变化，调整自己的教学内容和方法，以保证教学质量和教学效果。

第二，新的教学方法的涌现给教师提供了更多的选择和可能性。随着教育理论的不断发展，各种新的教学方法和策略层出不穷，如项目化学习、合作学习、个性化教学等。教师需要不断学习和探索这些新的教学方法，并结合自己的实际情况进行尝试和应用，以提升教学效果和学生的学习体验。

第三，新的技术工具的应用也对教学提出了新的挑战和机遇。随着信息技术的飞速发展，各种教育技术工具如智能白板、在线教学平台、虚拟实验室等正在逐渐普及和应用于教学实践中。教师需要不断学习和掌握这些新的技术工具，将其有效地运用到教学中，以丰富教学手段，提高教学效率和质量。

第三节　教师培训管理存在的问题与挑战

一、教师培训的主要问题

（一）知识传递为主，难以解决实践难题

1. 传统培训模式的局限性

（1）知识传递的单一性

传统的教师培训模式，往往被批评为过于注重知识的单一传递，而忽视了教师个体的实际需求和实践经验的重要性。在这种模式下，培训往往聚焦于政策、理论、技能等方面的知识传授，培训内容可能显得枯燥和脱离实际，使得教师只是被动地接受这些知识，而难以将其应用到实际教学中。

这种单一的知识传递方式可能导致教师对培训内容的理解和掌握不足。因为教师参与培训的动机可能不仅仅是为了学习新知识，更可能是为了解决实际教学中遇到的问题、提升自己的教学技能、改善教学效果。然而，传统培训模式未能充分考虑到教师个体的需求，而是采用一刀切的方式，将相同的内容传授给所有参与培训的教师，忽视了他们在教学实践中的差异性和需求多样性。

此外，单一的知识传递方式也可能导致培训内容与实际教学场景脱节。教师在教学实践中面临的问题往往是复杂多样的，需要综合运用各种理论知识和教学技能来解决。然而，如果培训内容仅仅是简单地传授理论知识，而缺乏与实际教

64

学相结合的实践环节，教师很难将所学知识转化为实际教学中的有效行动，从而影响到培训的实际效果。

（2）实践问题的忽视

在传统的教师培训中，往往忽视了教师在实际教学中所面临的具体问题，这导致了培训内容与实际教学场景之间存在较大的脱节。教师在课堂上面对着多样化的学生需求和复杂的教学环境，需要灵活应对各种挑战，然而传统培训模式往往未能充分考虑到这些实践问题。

一方面，培训内容过于偏重理论知识的传授，而忽视了实际教学中的具体情境。教师在课堂上可能会遇到学生学习能力不同、学习风格各异等多样化的问题，但传统培训往往未能为教师提供针对性的指导和支持。教师可能在课堂上遇到的挑战，例如，如何区分学生的学习能力、如何根据学生的需求调整教学方法等，往往无法在培训中得到有效的解决方案。

另一方面，培训内容的设计往往缺乏与实际教学场景相结合的实践环节。虽然理论知识的传授对于教师的专业发展具有重要意义，但单纯的理论学习往往无法帮助教师真正解决实际教学中的问题。因此，培训应该更加注重实践性，通过案例分析、教学实践等方式，让教师在培训中有机会模拟真实的教学情境，思考并解决实际教学中可能遇到的问题。

培训的评估机制也往往未能充分考虑到教师的实际问题。传统培训往往只关注教师对理论知识的掌握程度，而忽视了教师在实际教学中的应用能力和解决问题的能力。因此，培训的评估应该更加注重教师的实际表现和教学效果，通过观察教师在实际教学中的表现、听取学生和同事的反馈等方式，全面评估教师的专业水平和实践能力。

（3）应对策略的缺乏

传统的教师培训模式往往强调知识的传授，而缺乏对实践问题的应对策略培养，这给教师在实际教学中应对挑战时带来了困难。培训内容的单一性使得教师无法获得有效的应对策略，从而影响了教学效果的提升。

第一，传统培训模式过于侧重于理论知识的传授，忽视了教师在实际教学中所面临的具体问题。在教学实践中，教师可能会遇到各种挑战，例如学生的学习障碍、课堂管理问题、教学资源不足等，但是传统培训往往未能提供针对性的解决方案。教师只是被 passively 接受知识，而缺乏实际应对问题的能力。

第二，培训内容的单一性也限制了教师获得应对挑战的策略。传统培训往往将培训内容局限于特定的理论、技能或方法，缺乏对于实际情境的灵活应对策略的培养。教师在实际教学中往往需要综合运用各种理论知识和教学技巧来解决问题，而单一性的培训内容无法满足这种需求。

第三，缺乏教师在实践中的反思和交流机制也是导致应对策略缺乏的原因之一。教师在实际教学中积累了丰富的经验和应对策略，然而由于缺乏与同行的交流和反思机制，这些宝贵的经验往往无法被有效地分享和传承。缺乏有效的反思和交流机制使得教师在应对挑战时无法借鉴他人的经验，也无法及时调整自己的教学策略。

2. 实践问题与培训内容的脱节

（1）培训内容的理论化倾向

传统的教师培训往往存在着培训内容理论化倾向的问题，这主要体现在培训过程中对理论知识的过度强调，而忽视了实践教学中的具体问题和挑战。培训内容过于理论化，缺乏与实际教学场景相结合的实践性内容，这给教师在实践中的灵活应对带来了困难，影响了教学效果的提升。

第一，传统培训模式往往将培训内容局限于理论知识的灌输，忽视了实践教学中的具体问题和挑战。培训课程可能主要包括教育学理论、心理学知识、教学方法等内容，而缺乏对于课堂管理、学生需求多样性、教学资源的合理利用等实际问题的探讨和解决方案的提供。这种理论化的培训内容使得教师在面对实际教学情境时感到无所适从，无法有效地应对各种挑战。

第二，培训内容过于理论化也反映在培训方法的选择上。传统培训往往采用讲授式、研讨式等传统教学方法，而忽视了实践性教学方法的运用。教师可能会在培训中被动接受各种理论知识，但缺乏实际操作的机会。因此，培训过程中缺乏对实践操作能力的培养，无法帮助教师将理论知识有效地转化为实际教学中的行动。

第三，培训内容理论化倾向的问题也反映在培训评估中。传统培训往往只关注教师对理论知识的掌握程度，而忽视了教师在实践中的应用能力和教学效果。因此，培训评估缺乏对教师实际应对挑战能力的考量，无法全面评估教师的专业水平和实践能力。

（2）实践问题的排斥

部分传统培训模式存在着对实践问题的排斥，将理论知识的传授视为解决一切教学难题的方法。这种偏向导致培训内容与实际教学场景存在较大的脱节，教师无法从培训中获得实际应用的指导和支持。

在传统的教师培训中，理论知识的传授往往被视为培训的核心内容。培训者可能认为，通过向教师传授教育学理论、心理学知识以及教学方法等，可以为教师提供解决教学难题的方法和思路。因此，培训往往聚焦于理论知识的传授，忽视了实践问题的重要性。培训内容可能偏重理论框架的介绍和分析，而缺乏对实际教学场景的具体分析和应对策略的讨论。

这种偏向导致了培训内容与实际教学场景之间的脱节。教师在实际教学中面临着各种复杂的问题和挑战，例如学生的学习特点、课堂管理、教学资源的利用等，而这些实践问题往往无法通过简单的理论知识解决。然而，由于传统培训模式对实践问题的排斥，教师无法从培训中获得对实际问题的指导和支持，导致在教学实践中感到无所适从。

对实践问题的排斥也影响了培训效果的提升。教师在参加培训后，可能仍然无法有效地解决实际教学中遇到的问题，因为培训内容未能提供针对性的指导和支持。教师可能感到培训内容与自身实际需求不符，从而对培训效果产生怀疑，影响了培训的实际效果。

（3）教学场景的模拟不足

传统培训模式往往存在着对真实教学场景模拟不足的问题，这导致教师在培训结束后难以将所学知识有效地运用到实际教学中。缺乏实践性的培训内容使得教师无法真正理解和掌握教学过程中的具体问题和挑战。

在传统的教师培训中，往往缺乏对真实教学场景的模拟和演练。培训往往聚焦于理论知识的传授和讲解，而忽视了实际教学中的具体情境。教师在实际教学中面临着各种复杂的问题和挑战，例如课堂管理、学生的学习特点、教学资源的利用等，但传统培训未能为教师提供与这些问题相匹配的实践性培训内容。

由于缺乏对真实教学场景的模拟，教师往往在培训结束后仍然感到困惑和不知所措。尽管他们可能已经掌握了一定的理论知识，但在实际教学中面对各种具体问题时，却无法灵活应对。这种情况可能会导致教师对培训效果产生怀疑，影响了培训的实际效果。

缺乏教学场景的模拟也影响了教师对教学过程的理解和掌握。教师可能对理论知识有所了解，但缺乏在真实教学环境中的实际操作经验，无法将理论知识有效地转化为实践能力。在教学过程中，教师可能会遇到各种意想不到的情况和挑战，而缺乏实践性的培训内容使得教师无法应对这些情况。

3. 缺乏个性化教学

（1）教师需求的忽视

传统的教师培训模式存在着忽视教师个性化需求的问题，主要表现在采取统一的教学内容和方法，而忽视了教师的实际需求和背景差异。教师作为教育实践者，其个性化需求和背景差异较大，需要针对性强的培训方案和教学策略，然而传统培训往往无法满足这一需求。

第一，传统培训模式往往将教师视为同质化的群体，忽视了其个体差异性。培训课程通常采取一刀切的方式，统一设计教学内容和方法，忽略了教师在教学实践中的个性化需求。然而，教师群体中存在着各种不同的教学风格、背景经验和专业素养，针对这些差异性进行个性化培训更为重要。

第二，传统培训往往缺乏对教师实际需求的深入了解和反馈机制。培训设计往往基于培训者对教育理论和教学方法的理解，而缺乏对教师个体需求的调查和分析。因此，培训内容可能与教师的实际需求不匹配，无法有效解决教师在教学实践中遇到的具体问题。

第三，传统培训模式还缺乏针对性强的个性化教学策略。教师在教学过程中面临着各种不同的挑战和问题，例如课堂管理、学生需求多样性、教学资源的利用等，而传统培训往往未能为教师提供针对性的解决方案。因此，教师在培训结束后可能仍然感到无所适从，无法将所学知识有效地运用到实际教学中。

（2）缺乏个性化辅导

传统的教师培训模式常常忽视了教师个体差异的存在，缺乏对不同教师特点和需求的个性化辅导。这种统一化的培训模式使得部分教师无法获得实际帮助和支持，从而影响了培训效果的提升。

第一，传统培训模式往往将教师视为同质化的群体，忽视了其个体差异性。

在培训设计和实施过程中，往往采取了一刀切的方式，统一设置培训课程和教学方法。然而，教师群体中存在着各种不同的教学风格、背景经验和专业素养，每位教师都有自己独特的教学需求和挑战。因此，缺乏个性化辅导的培训模式往往无法满足教师的实际需求，难以为不同教师提供针对性的支持和指导。

第二，传统培训模式缺乏对教师个体差异的深入了解和反馈机制。在培训设计过程中，往往缺乏对教师个体需求的调查和分析，无法充分了解不同教师的特点和需求。因此，培训内容和方法可能与教师的实际需求不匹配，无法有效解决教师在教学实践中遇到的具体问题。

第三，传统培训模式还缺乏个性化辅导的有效机制。培训往往以集体授课或讲座的形式进行，缺乏针对性强的个性化辅导和指导。教师可能在培训过程中无法针对自身的问题和困惑得到及时的解答和支持，从而影响了培训效果的提升。

（3）培训方案的单一性

传统的教师培训往往存在着培训方案的单一性问题，缺乏对不同教师群体的个性化培训方案的设计和实施。教师在不同的学科领域、教学阶段和教育背景下，面临的挑战和需求各不相同，需要有针对性的培训内容和方法。然而，传统培训往往采取一刀切的方式，缺乏个性化的考虑，使得部分教师无法获得适合自身情况的培训支持，培训效果难以达到预期。

教师群体的多样性是导致培训方案单一性的重要原因之一。在现实中，教师的学科背景、教学阶段、工作经验等各方面存在较大差异。例如，小学、初中、高中以及大学阶段的教师在教学方式、课程设置等方面有着不同的需求和挑战；同时，不同学科的教师也面临着各自独特的教学问题和困难。然而，传统培训往往忽视了这些差异性，将所有教师一概而论，设计统一的培训方案，使得部分教师无法获得针对性的支持和指导。

传统培训模式往往缺乏对教师个体需求的深入了解和反馈机制。在培训设计过程中，缺乏对教师个体需求的调查和分析，无法充分了解不同教师的特点和需求。因此，培训内容和方法可能与教师的实际需求不匹配，无法有效解决教师在教学实践中遇到的具体问题。

（4）缺乏反馈机制

传统的教师培训往往存在着缺乏对教师学习效果的及时反馈机制的问题。这一问题导致了培训过程的缺乏动态性和灵活性，使得难以及时了解教师的学习情况和需求变化，进而难以调整培训内容和方法，从而无法满足教师个性化的学习需求。

缺乏反馈机制意味着培训机构无法及时获取教师对培训内容和方法的反馈意见。在传统培训模式中，培训往往以一次性的讲座、研讨会等形式进行，教师在培训过程中很难提出问题、表达意见或者建议。因此，培训机构无法及时了解到教师对培训内容的理解程度、学习效果以及培训需求的变化情况，难以根据反馈信息对培训进行及时调整和改进。

缺乏反馈机制也使得教师在培训过程中缺乏参与感和归属感。教师往往无法在培训中与培训者和其他教师进行有效的互动和交流，难以分享经验、解决问题、共同探讨教学策略等。缺乏有效的反馈机制导致培训过程缺乏互动性和参与性，使得教师难以全身心投入到培训中，从而影响了培训效果。

（二）单向灌输为主，忽视学员的主体参与

1. 教师培训的教学模式单一

（1）传统培训的教学方式僵化

传统的教师培训往往采用了单一的教学模式，如讲座式、研讨会或研修班等，这种模式的教学方式呈现出了一定的僵化。在这种模式下，培训通常由培训专家或讲师为主导，向学员进行知识和经验的单向传授，学员往往只是被动接受知识，缺乏主动思考和参与讨论的机会。

第一，这种教学方式存在着知识传授的单向性。在讲座式或研讨会形式的培训中，培训专家或讲师通常扮演着知识传授者的角色，他们向学员传授自己的知识和经验。这种单向传授的教学模式使得学员缺乏积极参与的机会，只能被动地接受知识，难以充分发挥自身的学习主体性。

第二，这种教学模式缺乏互动和参与性。在传统培训中，学员往往只是听众和观众，缺乏与培训专家或其他学员之间的互动和交流。讲师通常是主导者，学员只能被动接受知识，难以与讲师和其他学员进行有效的讨论和交流。这种缺乏互动和参与性的教学模式不利于学员的主动学习和思考能力的培养。

第三，这种教学方式也容易导致学习效果的降低。学员在被动地接受知识的过程中，往往缺乏深入思考和理解。而且，由于缺乏互动和参与，学员的学习兴

趣和动力可能会下降，进而影响到学习效果的提升。

（2）学员的被动接受和主动

由于教学方式的单一性，学员往往处于被动接受的状态，缺乏对教学过程的主动参与。在传统的教师培训中，培训形式通常为讲座式或研讨会形式，由培训专家或讲师主导，向学员进行知识和经验的单向传授。在这样的教学模式下，学员往往只是听众和观众，缺乏与培训专家或其他学员之间的互动和交流机会。他们可能只是被动地接受培训内容，而没有机会提出问题、表达观点或者参与讨论。

这种被动的学习方式容易导致学员的学习兴趣降低，难以激发其学习的积极性和主动性。当学员缺乏参与和互动的机会时，他们可能会感到枯燥乏味，对培训内容缺乏兴趣和动力。同时，由于缺乏主动参与，学员也难以深入理解和消化所学知识，无法将知识转化为实际的教学能力。

另外，被动接受的学习方式还可能导致学员的学习效果不佳。在被动接受知识的过程中，学员往往缺乏深入思考和理解，只是机械地接受和记忆知识，而无法将其应用到实际教学中。这种情况下，学员很难达到培训的预期目标，培训效果难以达到预期。

（3）教学内容的单一性

传统培训的教学内容往往呈现出单一性的特点，这主要表现在教学内容的设计和传授方面。通常情况下，传统培训的教学内容由培训专家或讲师主导，他们可能局限于某一特定领域或者某一种教学方法，导致教学内容缺乏多样性和综合性。这种单一性的教学内容使得学员难以获得全面的知识和技能，无法满足其多样化的学习需求。

一方面，传统培训往往忽视了教学内容的多样性。培训专家或讲师可能仅专注于自己擅长的领域或者特定的教学方法，而忽视了其他领域或方法的重要性。例如，一些培训可能过于注重课堂教学技巧，而忽略了课程设计、评估方法等方面的内容。这导致了学员只能获得特定领域的知识和技能，而无法获得全面的教学能力。

另一方面，传统培训缺乏教学内容的综合性。教学内容往往分割成独立的模块或主题，学员只能接触到零散的知识点，缺乏对知识的系统性和整体性的理解。这种教学模式使得学员难以将所学知识进行整合和应用，无法形成系统化的教学思维和方法。

2. 学员参与度不高

（1）缺乏学员的主体参与

在传统培训中，学员的主体性和个性化需求往往被忽视，导致他们在培训过程中缺乏真正的参与感和归属感。这一现象主要表现在以下几个方面。

第一，传统培训缺乏对学员个性化需求的关注。培训内容通常由培训专家或讲师主导，而学员的个性化需求往往没有得到充分考虑。由于学员的教育背景、教学经验、职业发展目标等各不相同，他们对培训内容的需求也会有所差异。然而，传统培训往往采用一刀切的方式，缺乏针对性，使得部分学员可能觉得培训内容与自身实际需求不符，从而缺乏参与的动力。

第二，传统培训缺乏学员的主动参与机会。在传统的培训模式下，学员往往只是被动接受知识和信息，缺乏与培训专家或其他学员之间的互动和交流机会。他们可能觉得自己处于被动的角色，无法真正参与到培训过程中来，缺乏学习的主动性和积极性。

第三，传统培训缺乏学员参与决策的机会。在培训内容设计和实施过程中，学员往往没有参与决策的权利和机会，无法对培训内容进行反馈和调整。这种缺乏参与决策的机会可能会导致学员对培训的认同感降低，进而影响到他们的学习积极性和参与度。

（2）学员的学习动机不足

教学模式的单一性和培训内容的单一性可能导致学员的学习动机不足。在传统的培训模式下，学员往往面临着枯燥乏味的培训内容和缺乏趣味性的教学方式，这使得他们缺乏参与的动力和兴趣。

第一，教学模式的单一性限制了学员的学习体验。在传统的培训中，常见的教学模式包括讲座、研讨会等，学员往往只是被动接受知识，缺乏互动和参与的机会。这种单一的教学模式容易让学员感到枯燥和乏味，缺乏学习的动力和兴趣。

第二，培训内容的单一性也是学员学习动机不足的原因之一。传统培训往往局限于某一特定领域或者某一种教学方法，缺乏多样性和综合性。学员可能觉得培训内容与自身实际需求不符，或者已经掌握了相应的知识和技能，因此缺乏对培训内容的兴趣和动机。

第三，培训过程中缺乏实践性和趣味性的内容也会影响学员的学习动机。学员往往更愿意参与具有实践性和趣味性的学习活动，这样能够增加他们的参与度和投入感。然而，在传统培训中，由于缺乏实践性和趣味性的内容，学员可能只是机械地完成培训任务，而缺乏深入思考和实践的动力。

　　（3）培训环境的局限性

　　培训环境的局限性对学员的参与度确实有着重要的影响。如果培训环境缺乏活动性和互动性，学员可能会感到单调乏味，从而减少了他们的参与欲望和动力。因此，培训机构有责任创造积极、活跃的培训氛围，以激发学员的参与欲望和学习动力。

　　第一，培训环境的物理条件对学员的学习体验至关重要。一个舒适、明亮、宽敞的培训场所能够提高学员的学习舒适度，增强他们的学习动力。相反，拥挤、嘈杂或者不舒适的环境可能会影响学员的专注力和参与度，降低了他们的学习体验。

　　第二，培训环境的氛围也对学员的学习参与度产生影响。一个积极、活跃的培训氛围能够激发学员的学习兴趣和动力，增加他们的参与度。培训机构可以通过组织各种互动性的活动、激励机制和认可制度，营造积极向上的学习氛围，从而提高学员的参与度和投入感。

　　第三，培训环境中的教学设施和技术设备也会对学员的参与度产生影响。现代化的教学设施和技术设备能够提供更多元化的教学方式和互动方式，增强学员的参与感和投入度。例如，通过使用互动式的投影设备、网络平台和在线学习工具，可以促进学员之间的互动和合作，提高他们的学习参与度。

　　3.忽视学员的反馈和需求

　　（1）缺乏对学员反馈的重视

　　传统培训往往在对学员反馈的重视上存在不足，这可能导致培训效果的降低和学员参与度的减弱。缺乏对学员反馈的及时了解和反馈，使得培训机构难以调整和改进培训内容和方法，从而无法满足学员的学习需求和增强培训效果。

　　第一，传统培训通常缺乏建立有效的反馈机制。在许多培训机构中，学员的反馈往往是被动的或者是以间接的方式收集的，比如填写问卷调查或者简单的口头反馈。这种被动和间接的反馈方式可能导致学员的真实需求无法被及时和准确地捕捉到，从而限制了培训机构对学员学习过程的全面了解。

第二，传统培训对学员反馈的重视程度不够。即使收集到了学员的反馈信息，但在实际操作中往往缺乏对这些反馈的及时分析和有效利用。培训机构可能缺乏专门的人员负责对学员反馈进行分析和总结，以及制订相应的改进措施。这导致了反馈信息无法被有效地转化为实际的培训改进，从而影响了培训效果的提升。

第三，传统培训往往缺乏与学员建立良好沟通和互动的机制。学员可能会在培训过程中遇到各种问题或者困难，但由于缺乏有效的沟通渠道，他们无法及时地向培训机构反馈并寻求帮助。这种情况可能会导致学员的学习积极性下降，从而影响了培训效果。

（2）学员需求与培训内容不匹配

缺乏对学员反馈的重视会导致培训内容与学员实际需求不匹配的问题。举例来说，假设一个培训机构在进行教师培训时，设计了一套理论课程，重点讲解课堂管理的理论知识和技巧。然而，如果学员在实际教学中最迫切需要解决的问题是如何应对学生的多样化学习需求，或者如何利用新的教学技术来提高教学效果，那么这种理论课程可能无法满足学员的实际需求。

在这种情况下，培训内容和方法与学员的实际需求不匹配，导致学员缺乏对培训的认同感和满意度。学员可能会感到培训内容过于理论化，与实际教学场景脱节，无法解决他们在教学中面临的具体问题。因此，他们可能会对培训感到失望和不满，甚至产生抵触情绪，影响了培训效果。

（3）忽视学员的个性化需求

忽视学员的个性化需求是传统培训模式的一个显著问题，这会影响培训的有效性和学员的学习体验。例如，考虑一个企业为员工提供的销售技能培训课程。在这个课程中，培训内容可能主要包括销售技巧、客户沟通等方面的知识。然而，企业员工的销售经验、行业背景以及学习风格可能各不相同。有些员工可能已经具有丰富的销售经验，更需要进一步提升高级销售技巧；而另一些员工可能是新人，需要从基础知识开始学习。此外，有些员工可能更喜欢通过实践操作来学习，而另一些员工可能更倾向于理论学习或者小组讨论。然而，在传统培训模式下，往往采用一刀切的方式，为所有学员提供相同的培训内容和方式，忽视了他们的个性化需求和差异。

这种忽视个性化需求的情况可能导致学员的学习效果不佳，甚至可能造成他们对培训的抵触情绪。对于有经验的员工而言，如果培训内容过于基础或者不够挑战性，他们可能会感到浪费时间，对培训产生怀疑。而对于新人来说，如果培训内容过于复杂或者缺乏针对性，他们可能会感到困惑和沮丧，无法真正掌握所需的知识和技能。在培训过程中，学员可能会感到失去动力，减少学习的积极性，从而影响了培训的效果。

（三）内容简单拼盘，难以对学员的学习产生深刻影响

传统的教师培训往往存在内容简单拼盘的问题，即培训内容之间缺乏有机衔接，缺乏系统性和深度。培训课程的设计缺乏整体性的考量，难以对学员的学习产生深刻的影响和启发。

1. 缺乏课程整合与连贯性

传统的教师培训课程往往呈现出碎片化、缺乏组织性的特点，这种现象常常使得学员在学习过程中感到困惑和不适应。一方面，教师培训课程往往会涉及多个领域和主题，如教学方法、课堂管理、教育心理学等，但这些内容往往被拆分为不同的片段，没有形成一个有机的整体。学员可能需要在不同的课程中学习这些内容，却很难将它们有效地整合起来，形成一个连贯的认知结构。

例如，一次教师培训课程可能包括了关于课堂管理的培训内容，同时也包括了教学方法的介绍以及教育心理学的基础知识。然而，在这些课程中，缺乏对不同内容之间的关联性和连贯性的讲解和引导。学员可能在课堂管理的课程中学习了一些管理技巧，但却不清楚如何将这些技巧与实际的教学方法结合起来。因此，他们往往难以将所学内容有效地应用到实际教学中，导致学习效果不佳。

另一方面，缺乏课程整合与连贯性也可能导致学员的学习动机和兴趣下降。当学员感到学习内容杂乱无章、毫无头绪时，他们很可能会对学习失去兴趣，产生厌倦和抵触情绪。这种情况下，即便培训内容本身具有一定的质量和价值，学员也很难真正吸收和消化这些知识，从而影响了培训的效果。

2. 缺乏深度挖掘和专业探究

传统的教师培训往往存在着对知识的表面性介绍和缺乏深度挖掘的问题，这种现象使得培训的效果和学员的学习体验都受到了限制。教师培训课程通常会涉及各种教育理论、教学方法等知识，但往往只是简单地介绍相关概念和基本原理，

而缺乏对知识背后的深层次内涵和实践应用的探讨。

例如，考虑到教学方法的培训，传统培训往往只是简单地罗列了几种常用的教学方法，如讲授法、讨论法、示范法等，并简单介绍了它们的基本特点和适用场景。然而，这种介绍往往只是停留在表面，缺乏对这些教学方法的深入剖析和专业探究。学员可能会了解到这些方法的名称和基本原理，但缺乏对它们的深刻理解，不清楚其背后的教育理论支撑、实践应用效果以及适用范围等方面的内容。

这种缺乏深度挖掘和专业探究的情况导致了教师培训的局限性。学员在培训结束后往往只是对知识有一定的了解，而无法真正掌握并运用这些知识。他们可能会在实际教学中遇到问题，但由于缺乏对知识的深刻理解，往往无法灵活运用所学内容解决问题，影响了教学效果和个人教学能力的提升。

3.缺乏案例分析和实践应用

传统的教师培训常常存在着缺乏案例分析和实践应用的问题，这使得学员在培训过程中难以将所学知识与实际教学场景相结合，从而影响了培训的实效性和学员的学习体验。缺乏真实的案例分析和实践应用使得学员对教学知识的掌握程度仅停留在理论层面，而无法真正理解和应用到实际教学中去。

例如，考虑到课堂管理的培训课程，传统的培训往往只是简单介绍了各种管理策略，如奖励制度、惩罚措施等，以及其在理论上的优缺点。然而，这些理论性的讲解往往无法满足学员对于实际操作的需求。学员需要的不仅仅是理论上的认知，更需要的是具体的案例分析和实践操作，以便能够理解并掌握这些管理策略在实际课堂中的运用方法和效果。

如果培训课程能够结合真实的教学案例，分析其中的问题和挑战，并提供具体的解决方案和操作指导，那么学员将能够更加深入地理解和掌握所学知识。例如，通过分析某一位老师在课堂管理中遇到的实际问题，如学生纪律不佳或者课堂秩序混乱等，然后针对这些问题提出具体的管理策略和解决方案，再通过模拟或者实际操作让学员亲身体验，将大幅提升学员的学习效果和能力。

二、问题产生的深层原因

（一）滞后的培训观

1. 传统教师培训观

（1）教师培训作为知识传递

在传统观念中，教师培训往往被视为一种知识传递的过程，其中教师被视为知识的接收者，而培训机构或专家则被视为知识的提供者。这种单向传递的模式使得教师处于被动接受的状态，缺乏对自身发展的主动性和控制权。教师被视为知识的空白容器，需要通过培训来获取所需的知识和技能，以满足教学工作的要求。然而，这种观念忽视了教师个体的丰富经验和专业素养，将其简单地视为知识的消费者，而非知识的创造者和应用者。

例如，许多传统的教师培训课程主要侧重于向教师传授理论知识、教学技巧和管理方法，往往缺乏对教师个体经验和专业素养的充分尊重和挖掘。这种课程往往采用讲座、演示和研讨会等形式，由培训专家或学术权威主导，教师则被动地当作知识的接收者。教师往往被告知应该如何去做，而不是被鼓励去反思和创新。这种教学模式忽视了教师个体的差异性和专业发展的多样性，无法满足教师的个性化需求和专业成长的需要。

因此，需要转变这种传统观念，将教师视为教育领域的主体和实践者，赋予其更多的主动权和控制权。教师培训应该以教师的实际需求和专业发展为导向，提供多样化和个性化的学习机会和资源，激发教师的创造力和专业素养。培训课程应该强调教师的反思和实践能力，鼓励教师参与课程设计和内容制订的过程，以确保培训内容的贴近实际教学场景和教师个体需求。

（2）教师被动接受知识

在传统培训模式下，教师往往被视为知识的被动接受者，而不是自己发展的主体。这种被动接受知识的状态可能会限制教师的学习和成长，影响其在实际教学中的表现。举例来说，许多教师参加培训课程时可能只是机械地完成课程要求，而缺乏对所学知识的深入思考和理解。他们可能会感到培训内容与自己的实际教学需求不匹配，或者觉得培训内容过于理论化，缺乏实际操作指导。

此外，由于培训内容往往是统一设计的，未能考虑到教师个体差异和实际需求的多样性，因此可能无法满足所有教师的学习需求。例如，一些教师可能对某些特定教学技能或领域有更深入的兴趣和需求，但传统培训模式可能无法提供针对性的培训内容，导致这些教师的学习效果不佳。

这种被动接受知识的模式也可能削弱教师的自主学习能力和反思能力。教师习惯于被动接受知识，缺乏对所学知识的主动探索和应用，从而影响了其在教学实践中的创新能力和适应能力。

（3）未充分利用教师的专业经验和实践知识

在传统的教师培训模式中，教师的专业经验和实践知识往往未能得到充分利用，这导致了培训的实效性和针对性不足的问题。一方面，培训往往过分注重理论知识的传授，而忽视了教师在实际教学过程中积累的宝贵经验和实践知识。例如，一位经验丰富的教师可能在课堂管理、学生互动、课程设计等方面有着独到的见解和有效的实践经验，但在传统培训中，这些经验往往被忽视，而培训内容更多地侧重于抽象的教育理论和学术研究。

另一方面，由于培训内容未能与教师的实际需求和经验相结合，教师参与培训的积极性和投入度可能会降低。教师可能会感到培训课程与自己的实际教学工作脱节，难以产生共鸣和认同，从而影响了培训的实效性。例如，一位教学经验丰富的老师可能希望在培训中获得更多实用性的教学技巧和策略，以解决自己在课堂教学中遇到的实际问题，但传统培训往往未能提供针对性的帮助和指导。

2. 挑战来自学习理论和专业发展研究

（1）教师发展是主动、持续的过程

教师发展的主动性和持续性是当今教育领域的重要议题之一，它对传统的教师培训观提出了挑战，并且在教育实践中产生了深远的影响。教师的专业发展不再被简单地视为知识的传授和技能的培养，而是被认为是一个涉及认知、情感和行为层面的复杂过程。

一方面，教师的专业发展是一个主动的过程。这意味着教师不仅仅是知识的接受者，而且是自己发展的主体。在这个过程中，教师需要积极地参与学习活动、探索教学实践、反思自身经验，并不断地寻求改进和提升。例如，一位教师可能会通过参加专业发展课程、研讨会或研究小组，来不断地扩展自己的知识和技能，并将其应用到实际的教学中去。

另一方面，教师的专业发展是一个持续的过程。这意味着教师的发展不会在一段时间内结束，而是需要持续不断地进行。教师需要不断地更新自己的知识、适应新的教学方法和技术，以应对不断变化的教育环境和学生需求。例如，随着科技的发展和社会的变迁，教师可能需要不断地学习和掌握新的教学工具和教学方法，以提高自己的教学效果和适应教学环境的变化。

（2）教师需要积极参与和反思

新的教师培训观对教师的积极参与和反思提出了更高的要求，这是一个重要的转变，从传统的知识传授转向了更加注重个体教师的发展和需求。教师不再被简单地视为知识的接受者，而是被视为教育实践中至关重要的主体，具有独特的经验和需求。

积极参与教师的专业发展意味着教师需要主动参与各种学习活动，如参加培训课程、研讨会、教学实践小组等，以不断地扩展自己的知识和技能。例如，一位教师可能会利用学校或机构提供的培训资源，参加针对性的教师培训课程，学习最新的教学方法和教育理论，以提高自己的教学水平。

另一方面，通过反思实践，教师可以从自己的教学经验中获取宝贵的教训和启示，不断改进自己的教学实践。例如，教师可以定期回顾自己的教学过程，分析教学中遇到的问题和挑战，并思考如何通过调整教学方法或策略来改善教学效果。这种反思实践的过程有助于教师深入理解自己的教学实践，发现问题的根源，并提出有效的解决方案。

（3）培训需要考虑教师的专业经验和实践知识

新的培训观念强调了教师的专业经验和实践知识在培训过程中的重要性。这种观念认为，教师已经在实际教学中积累了丰富的经验和知识，这些经验和知识应该被充分利用，成为培训的重要资源。因此，培训应该建立在教师已有的基础之上，以个性化和实践导向的方式进行，促进教师的专业发展和提升。

通过结合教师的实际教学经验，培训可以更加贴近教师的实际需求，更有针对性地提供知识和技能。例如，一位具有丰富教学经验的教师可能在课堂管理方面有自己独特的方法和策略，培训可以通过与这位教师的交流和分享，帮助其他教师学习和借鉴他的经验，从而提升整体的课堂管理水平。

此外，个性化和实践导向的培训模式能够更好地激发教师的学习兴趣和动机，增强其学习的积极性。通过与实际教学经验的结合，培训可以使教师更加深入地理解和掌握所学内容，并将其有效地应用于实际教学中。例如，一位教师通过参与针对性的教学方法培训，学习了新的教学策略，并成功地将其运用到自己的课堂实践中，取得了显著的教学效果，从而增强了对培训的认同感和满意度。

（二）受到效率至上观念的影响

1. 教师培训任务的繁重：

（1）课程教学改革的推进

课程教学改革的推进是教育领域的重要议题，其影响涵盖教学内容、教学方法、评估体系等多个方面。在当前社会发展和教育理念更新的背景下，课程教学改革成为教育体制和教学实践中的重要议题之一。随着社会的不断进步和知识的不断更新，传统的教学模式和教学内容已经不能满足当今学生的需求和社会的发展要求，因此，推进课程教学改革已成为当前教育领域的紧迫任务之一。

第一，课程教学改革需要关注教学内容的更新与优化。随着社会发展的不断变化和科技进步的加速，知识更新的速度日益加快，旧有的教学内容可能已经无法满足学生的学习需求和未来的发展要求。因此，教育部门需要及时对课程进行审查和更新，将新的科技、文化、社会等方面的知识内容纳入教学中，以提高课程的时效性和实用性。

第二，课程教学改革也需要关注教学方法和手段的创新。传统的教学模式往往是以教师为中心，注重知识的传授和学生的接受，而忽视了学生的主体性和个性发展。因此，需要引入多样化的教学方法和手段，如问题导向的学习、合作学习、项目学习等，以激发学生的学习兴趣和主动性，提高其学习的积极性和创造性。

第三，课程教学改革还需要关注教学评价体系的完善。传统的教学评价往往以考试成绩为主要依据，而忽视了学生的综合素养和能力培养。因此，需要建立多元化的评价体系，包括课堂表现、作业完成、课外活动参与等多个方面，以全面评价学生的学习情况和发展水平。

（2）规模化的培训方式

规模化的培训方式在满足大量教师培训需求的同时，往往存在一些挑战和限制。第一，集中式培训通常是在短时间内集中大量教师进行培训，例如举办大型研讨会或研修班。这种方式虽然可以迅速覆盖大量教师，但往往缺乏个性化和深度，无法满足不同教师的具体需求。教师可能因为培训内容的广泛性而感到内容过于泛化，无法针对自己的特定教学场景和问题进行深入学习和探讨。

第二，网络培训作为一种规模化的培训方式，也面临着类似的问题。尽管网络培训具有灵活性和便利性，能够让教师在任何时间、任何地点进行学习，但由于缺乏实时互动和面对面的交流，往往无法满足教师对于实践问题的深入讨论和反思需求。教师可能会感到在网络培训中缺乏与其他教师交流的机会，无法分享经验和获取反馈。

第三，规模化的培训方式也存在着培训资源的分配不均衡和培训质量参差不齐的问题。在大规模培训中，教育部门往往需要投入大量资源，包括人力、物力和财力，以确保培训的顺利进行。然而，由于资源的有限性和管理的复杂性，可能导致一些培训项目的质量无法得到保障，影响教师的培训效果和满意度。

（3）个体化、深度化需求的忽视

教师培训的个体化和深度化需求被忽视，这在当今教育领域是一个普遍存在的问题。教育部门和培训机构常常为了提高效率和降低成本而采取规模化的培训方式，然而，这种模式往往无法满足教师个体化和深度化的培训需求。

第一，个体化的培训需求被忽视。每位教师都有自己独特的教学背景、专业知识和教学风格，因此，他们面临的教学挑战和需求也会各不相同。然而，规模化的培训往往采取统一的教学内容和方式，忽视了教师的个体差异，导致部分教师无法获得针对性的培训支持。例如，一位中学教师和一位幼儿园教师所需要的培训内容和方法可能完全不同，但规模化培训往往无法区分这些不同。

第二，深度化的培训需求也常常被忽视。教师培训往往停留在知识的表面，缺乏对知识背后原理和深层次内涵的探讨。教师在培训结束后可能只是对知识有一定的了解，而缺乏对知识的深刻理解和运用能力。例如，教师可能在培训中学习到一种新的教学方法，但他们可能并不了解该方法的理论基础和适用范围，导致在实际教学中无法有效地运用。

因此，教师培训需要更加重视教师的个体化和深度化需求。培训机构应该根据教师的实际情况进行个性化设计，提供针对性的培训内容和方法。同时，培训内容应该注重知识的深度挖掘和理论探讨，帮助教师建立起扎实的教学理论基础，从而提升其教学水平和专业素养。

2. 培训质量被忽视

（1）数量和速度优先

追求数量和速度优先的观念在教师培训领域确实存在，这种现象反映了对培训效果和质量的忽视，而将注意力集中在培训的覆盖率和培训人数的增长上。这种做法可能会导致培训的实际效果与教师的实际需求脱节，从而影响教师的专业发展和教育教学质量。

第一，追求数量和速度可能导致培训内容的肤浅和敷衍。在追求大规模培训的情况下，教育部门和培训机构可能会采取简化和泛化的培训内容，以适应快速的培训速度和大量的培训需求。这可能导致培训内容缺乏深度和实质性，无法真正满足教师的学习需求。

第二，忽视培训效果和教师实际需求的匹配可能导致培训的失效。培训内容和方法未能充分考虑教师的专业背景、实际工作情况和个人需求，导致培训无法真正帮助教师解决实际教学中遇到的问题，从而培训效果大打折扣。例如，一些教师可能需要针对特定学科的教学方法培训，而另一些教师可能更需要关于课堂管理或学生心理健康的培训，如果培训内容未能满足教师的实际需求，培训就会失去意义。

第三，过于追求数量和速度可能忽视了培训的持续性和跟进。教师的专业发展是一个持续性的过程，需要不断地学习和反思。如果培训仅仅注重一次性的大规模培训，而忽视了培训后的跟进和支持，教师可能很快就会忘记培训内容，丧失对培训的信心，从而影响了培训的实际效果。

（2）牺牲质量以换取数量

在追求数量的大规模培训活动中，往往存在着牺牲培训质量以换取数量增长的现象。这种做法可能会对教师的专业发展和教育教学质量产生负面影响。第一，简单化和表面化的培训内容可能无法真正满足教师的专业发展需求。举例来说，一些大规模的教师培训可能只涉及基础的教学理论和通用的教学技巧，而忽略了针对特定学科或特定教学场景的深入探讨。这样的培训内容往往缺乏足够的深度和专业性，无法真正帮助教师解决实际教学中遇到的问题。

第二，为了快速培训大量教师，培训者可能采取了单向灌输式的教学方法，缺乏与教师的互动和个性化需求匹配。这种教学模式可能会导致教师缺乏参与感和学习动力，难以将培训内容与实际教学场景相结合，从而影响了培训的实际效果。

第三，大规模培训活动往往注重培训人数的增长，而忽视了培训效果的评估和跟进。培训结束后，缺乏对培训效果的评估和反思，无法及时发现培训中存在的问题和不足之处，也无法为教师提供后续的支持和指导。这样一来，教师可能很快就会忘记培训内容，导致培训效果不尽如人意。

（3）缺乏有效评估机制

缺乏有效的评估机制是教育培训中的一个普遍问题，其影响不仅局限于教师培训，也涉及整个教育系统的发展。在教育部门追求培训数量和速度的过程中，往往会忽视对培训效果的充分评估，这会导致一系列问题。

第一，缺乏有效评估机制意味着无法及时发现培训存在的问题和不足之处。例如，一些教育培训可能存在着培训内容不符合实际需求、教学方法不够有效或者培训师资水平不够等问题，但由于缺乏有效评估机制，这些问题往往无法被及时发现和解决。长期以来，这种盲目追求数量的培训方式可能会导致教育资源的浪费，培训效果的低下，甚至适得其反。

第二，缺乏有效评估机制也意味着无法对培训质量进行有效监管和提升。在没有充分评估的情况下，教育部门难以了解到培训的实际效果和影响，也就无法根据评估结果对培训内容、方法和组织进行必要的调整和改进。这就可能导致培训质量的持续下降，影响到教师的专业发展和教育教学的质量。

第三，缺乏有效评估机制还会削弱教育培训的可持续性。只有通过持续的评估和反馈，教育部门才能不断改进培训内容和方法，以适应不断变化的教育需求和挑战。然而，如果评估机制不健全，就很难实现教育培训的持续改进和发展，从而影响到整个教育系统的发展进程。

（三）专业性不足

1. 培训者专业性的缺乏

（1）教师培训者的教育背景不足

教师培训者的教育背景不足是一个影响教育培训质量的重要因素，这种现象在许多教育体系中都存在。教育培训者通常是来自教育行业的一线教师、学校管理人员或是其他相关领域的从业者，而并非拥有系统教育学、心理学等专业背景的专业人士。这种情况在规模化培训中尤为常见，因为需要大量的培训者来满足教师培训的需求，而教育体系中专业背景的培训者数量有限。

教育培训者缺乏教育学和心理学等相关领域的专业知识会导致多方面的问题。第一，他们可能缺乏对教育理论的深刻理解，无法将理论知识应用于实际教学场景中。例如，在教学方法的培训中，缺乏系统的教育学知识可能导致培训者无法准确地理解不同教学方法背后的原理和效果，从而无法向教师提供有效的教学指导。

第二，缺乏心理学知识会影响培训者对教师个体差异的理解和应对能力。教师的教学风格、学习偏好、心理特点等因素都会影响培训效果，而缺乏心理学知识的培训者可能无法有效地应对这些差异，无法提供个性化的培训支持。

第三，依靠个人经验或简单的教学技巧进行培训可能会导致培训内容过于片面或局限。教师培训需要更多地考虑到教育学和心理学等学科的理论支撑，以及实践经验的结合，而仅仅依靠个人经验可能会使得培训内容缺乏科学性和系统性。

（2）缺乏理论支撑和专业指导

缺乏理论支撑和专业指导是教师培训面临的一个重要挑战，这种情况在许多培训项目中都普遍存在。教育培训者通常缺乏教育学等相关领域的专业知识，因此培训往往缺乏深度和理论支撑。这导致培训内容停留在表面性的教学技巧和操作层面，无法真正满足教师的专业发展需求。

第一，缺乏教育学等相关领域的专业知识会导致培训内容缺乏深度和系统性。教育学是研究教育现象、教育活动和教育规律的学科，具有丰富的理论体系和方法论。然而，缺乏教育学知识的培训者可能无法深入理解教育现象背后的原理和规律，也无法将教育理论与实践相结合，导致培训内容缺乏科学性和系统性。

第二，缺乏专业知识还会影响培训的针对性和个性化。教育培训应该根据教师的不同需求和背景进行个性化设计，但缺乏教育学知识的培训者往往无法有效地了解教师的实际情况和需求，也无法为他们提供针对性的培训指导。

第三，缺乏理论支撑和专业指导也会影响培训效果的评估和监控。培训的有效性应该通过科学的评估方法进行评价，但缺乏专业知识的培训者可能无法准确评估培训效果，也无法及时发现和解决培训中存在的问题和不足之处。

2. 教师学习和培训理论的不足

（1）培训理论基础薄弱

教师培训领域的理论基础薄弱是当前教育界普遍关注的问题。尽管教师培训在实践中取得了一定成就，但其理论支撑却相对薄弱，这影响了培训的深度和效果。

第一，现有培训理论缺乏对教育学、成人学习理论等相关领域的深入探讨和研究。教育学作为研究教育现象和规律的学科，具有丰富的理论体系和方法论，可以为教师培训提供重要的理论支撑。然而，在许多培训项目中，教育学理论往往只是被简单地引用，而缺乏对其深入理解和运用。同样，成人学习理论对于了解成年人学习行为和需求也至关重要，但在教师培训中的应用相对较少，导致培训内容无法充分满足教师的学习需求。

第二，由于缺乏理论指导，教师培训往往停留在经验主义的阶段。许多培训项目主要依靠培训者个人的经验和惯例来设计培训内容，缺乏科学的理论支撑和系统的方法论。这种情况导致培训内容缺乏系统性和针对性，无法真正满足教师的专业发展需求。

第三，缺乏理论基础也影响了培训效果的评估和监控。培训的有效性应该通过科学的评估方法进行评价，但由于缺乏理论指导，教师培训往往无法建立科学的评估体系，无法准确评估培训效果，也无法及时发现和解决培训中存在的问题和不足之处。

（2）无法为教师的专业发展提供有效支持

教师培训无法为教师的专业发展提供有效支持的问题是当前教育领域的一大挑战。这主要源于教师培训存在的一系列问题，包括培训内容的单一性、培训方式的机械化，以及缺乏个性化和深度化的培训方法等。这些问题限制了教师在培训过程中的学习效果，进而影响了其专业发展的质量和效果。

第一，现有教师培训往往缺乏对培训理论的深入研究。培训者可能缺乏教育学、心理学等领域的专业知识，导致培训内容缺乏系统性和科学性。例如，培训课程可能只涉及教学技巧和操作方法，而忽视了教育理论和成人学习理论等对教师发展的重要影响。缺乏理论支撑的培训往往无法提供深度的学习体验，也无法引导教师进行深入的反思和探索，从而限制了其专业发展的深度和广度。

第二，教师培训存在的单一性和机械化也是导致无法为教师专业发展提供有效支持的原因之一。许多培训项目过于注重培训内容的统一性和标准化，忽视了教师个体的差异和需求。例如，一些培训课程可能只注重基本的教学技能培养，而忽略了教师在教学实践中面临的复杂情境和挑战。这种单一性和机械化的培训方式往往无法满足教师的个性化学习需求，也无法提供与实际教学场景相匹配的支持和指导。

第三，教师培训缺乏个性化和深度化的培训方法也是影响其支持教师专业发展的关键问题。现有的培训往往停留在表面性的教学技巧培养，缺乏对教师专业知识和能力的深度挖掘和培养。例如，培训课程可能只涉及一些基本的教学方法和工具，而忽视了教师对学科知识、课程设计和评估方法等方面的深入了解和掌握。这种情况导致教师在培训结束后往往缺乏对教学的全面理解和掌握，无法应对教学中的复杂挑战和问题，从而影响了其专业发展的效果和质量。

第二章　教师培训规划与设计策略

第一节　教师培训目标的设定与分解

一、科学设定培训目标的方法

科学设定培训目标是教师培训规划与设计的首要任务。目标的设定需要考虑多方面的因素，以确保培训能够达到预期效果。以下是科学设定培训目标的方法：

（一）需求分析法

通过问卷调查、访谈和观察等方式，了解教师的实际需求和期望，从而设定符合实际需求的培训目标。需求分析不仅能够明确教师的学习需求，还能帮助设计出更具针对性的培训内容。

1. 问卷调查

问卷调查是需求分析中常用的方法之一。通过设计科学的问卷，可以收集大量教师的意见和建议。问卷内容应涵盖教师在教学实践中遇到的问题、对培训内容的期望、对现有培训方式的评价等方面。问卷调查的结果可以为培训目标的设定提供直接的数据支持。例如，在问卷设计时，可以设置开放式问题，让教师详细描述他们在教学过程中遇到的具体困难，或者选择一些选项来量化教师对某些培训内容的期望程度。此外，问卷调查还可以通过数据统计分析的方法，识别出教师普遍关注的共性问题和个性需求，进一步为培训目标的细化提供依据。

2. 访谈

访谈是一种深入了解教师需求的方法。通过与教师进行面对面的交流，可以获取更加详尽和具体的信息。访谈对象可以包括各类教师代表、教研组长、教学管理人员等。通过访谈，可以了解教师的具体困惑和需求，为培训目标的设定提供有力的参考。例如，在访谈过程中，可以设计半结构化的访谈提纲，既包括开放式问题，也包括封闭式问题，以确保访谈的深度和广度。访谈过程中，可以记录教师的具体表述，特别是他们在教学实践中遇到的典型案例和具体困惑，从而为培训目标的设定提供真实的案例支持和经验借鉴。

3. 观察

观察是需求分析中不可忽视的方法。通过对教师日常教学活动的观察，可以发现教师在教学过程中存在的问题和不足。这种方法可以获取第一手资料，为培训目标的设定提供直观的依据。例如，可以通过课堂观察记录教师在教学活动中的具体表现，如课堂管理、教学方法的运用、师生互动等方面的情况。此外，还可以通过录像分析等手段，进一步分析教师在教学实践中的优点和不足，从而为培训目标的科学设定提供可靠的数据支持和直观的参考。

（二）SMART 原则

培训目标的设定应遵循 SMART 原则，即目标应具体（Specific）、可衡量（Measurable）、可实现（Achievable）、相关（Relevant）和有时间限制（Time-bound）。这样设定的目标更加清晰明确，便于评估和实现。

1. 具体（Specific）

目标应明确具体，避免模糊不清。例如，"提高教师的信息技术应用能力"比"提高教师的能力"更加具体明确。在设定目标时，需要详细描述具体的培训内容和预期的培训效果，如"通过培训，教师能够熟练运用多媒体教学软件，设计和制作高质量的课件"。

2. 可衡量（Measurable）

目标应具有可衡量性，便于评估培训效果。例如，可以通过考核、测试等方式评估教师的信息技术应用能力的提升情况。具体可以设计量化指标，如通过课堂观察和学生反馈评估教师在实际教学中运用信息技术的频率和效果，或者通过技能测试评估教师对相关软件的掌握程度。

3. 可实现（Achievable）

目标应切实可行，避免过于理想化或难以实现。例如，对于新教师，目标可以设定为掌握基本的教学技能，而不是立即成为教学专家。在设定目标时，应考虑到教师的现有水平和培训资源的实际情况，确保目标在合理的时间内可以实现。

4. 相关（Relevant）

目标应与教师的实际工作和发展需求相关，避免与实际需求脱节。例如，信息技术的应用能力是现代教学中必不可少的技能，应列为培训目标之一。目标的设定应紧密结合教育改革的发展方向和学校的实际需求，确保培训内容具有实际应用价值和前瞻性。

5. 有时间限制（Time-bound）

目标应有明确的时间限制，便于规划和实施。例如，可以设定在一个学期内达到某个具体的培训目标。明确的时间限制有助于培训工作的计划和组织，也便于对培训效果进行及时评估和反馈。

（三）利益相关者参与法

邀请校领导、教学管理人员、优秀教师和学生代表等利益相关者参与培训目标的设定过程，确保目标的全面性和可行性。多方参与有助于兼顾各方利益，提高目标设定的科学性和合理性。

1. 校领导参与

校领导的参与能够确保培训目标与学校的整体发展战略相一致。校领导可以提供政策支持和资源保障，为培训目标的实现提供有力支持。通过校领导的参与，可以将培训目标与学校的发展规划和教育改革的方向紧密结合，确保培训工作的顺利实施和长远发展。

2. 教学管理人员参与

教学管理人员对教师的教学情况和培训需求有较深入地了解。他们的参与可以帮助设定更加符合实际情况的培训目标。教学管理人员可以根据日常教学管理工作中的实际情况，提供具体的建议和指导，确保培训目标的科学性和可操作性。

3. 优秀教师参与

优秀教师在教学实践中积累了丰富的经验和智慧。他们的参与可以为培训目标的设定提供宝贵的实践经验和建议。通过优秀教师的参与，可以将成功的教学经验和有效的教学方法纳入培训目标，帮助其他教师提高教学水平和能力。

4. 学生代表参与

学生是教学活动的直接受益者，他们的意见和建议对培训目标的设定具有重要参考价值。通过学生代表的参与，可以了解学生对教师教学的期望和建议，为设定更加全面的培训目标提供参考。学生代表的参与可以提供第一手的反馈信息，帮助设定更加符合学生需求和期望的培训目标，提升培训效果。

二、培训目标的层次与分解

（一）总体目标

总体目标是教师培训的宏观目标，通常是提升教师的整体素质和教学能力。例如，提高教师的专业知识水平、教学技能和科研能力，增强教师的职业道德和综合素质。

1. 提升专业知识水平

通过系统地培训，帮助教师掌握最新的学科知识和教育理论，提高其专业素养。例如，可以邀请专家学者进行专题讲座，开展学科前沿问题研讨，帮助教师了解和掌握最新的学科发展动态。这类培训应包括对学科最新研究成果、教学方法创新和学科交叉应用的深入讲解，使教师能够在教学中融入最新的科学知识和技术手段。此外，还可以通过组织教师参与专业学术会议和研讨会，拓宽其学术视野，促进教师之间的学术交流与合作。这不仅有助于提升教师的专业水平，还能激发教师的研究兴趣，推动学科的发展和创新。

2. 提高教学技能

通过实践操作和案例分析等方式，帮助教师提高教学技能。例如，可以组织模拟教学活动，邀请资深教师进行现场指导，帮助教师提升课堂教学的组织和管理能力。模拟教学活动可以设置不同的教学情境，要求教师进行教学设计和实施，并通过同伴评议和专家点评，找出教学中的优点和不足，提出改进意见。此外，还可以开展教学观摩活动，组织教师观摩优秀教师的课堂教学，学习其先进的教学方法和技巧。通过观摩和讨论，教师可以反思自己的教学实践，借鉴他人的成功经验，提高教学效果。

3. 增强科研能力

通过科研方法和技术的培训，帮助教师提升科研能力。例如，可以开设科研方法培训班，邀请科研专家举办讲座，帮助教师掌握科研选题、文献查阅、数据分析等基本技能，提高其科研水平。科研方法培训应包括定性和定量研究方法的介绍，数据收集和分析技术的应用，以及科研论文写作和发表的技巧。此外，可以鼓励教师参与科研项目，提供研究经费和平台支持，帮助教师在实际科研中积累经验，提高科研能力。通过科研活动，教师不仅可以提升学术水平，还能将研究成果应用于教学实践，提高教学质量。

（二）阶段目标

阶段目标是为了实现总体目标而设定的中期目标，通常根据培训的不同阶段进行设定。例如，初级阶段的目标是帮助新教师适应教学工作，中级阶段的目标是提高教师的教学水平和专业能力，高级阶段的目标是培养专家型教师和教学骨干。

1.初级阶段目标

帮助新教师适应教学工作，掌握基本的教学技能。例如，可以设定在一年内帮助新教师掌握基本的课堂管理和教学组织技巧，提高其教学信心和能力。初级阶段的培训应包括新教师岗前培训、教学实习和跟岗学习等内容，通过一对一指导和集体培训相结合的方式，帮助新教师尽快适应教学工作。此外，还可以设立新教师辅导计划，由经验丰富的教师担任导师，提供教学指导和心理支持，帮助新教师解决在教学和生活中遇到的问题，促进其职业成长。

2.中级阶段目标

提高教师的教学水平和专业能力。例如，可以设定在三年内帮助教师掌握学科前沿知识，提升教学设计和教学实施能力，提高其教学质量和效果。中级阶段的培训应包括学科知识的深度学习、教学方法的创新应用和教学研究能力的培养。此外，可以通过组织学科教学研讨会、教学比赛和教学观摩等活动，促进教师之间的交流与合作，提升其专业素养和教学水平。通过不断地学习和实践，教师可以不断改进教学方法，提高教学效果。

3.高级阶段目标

培养专家型教师和教学骨干。例如，可以设定在五年内帮助教师在某一领域内成为专家，提升其科研能力和学术水平，成为学校的教学骨干和学科带头人。高级阶段的培训应包括高级别的学术研讨和科研项目的参与，通过高水平的学术交流和科研实践，提升教师的学术影响力和专业权威。此外，可以提供海外培训和交流的机会，帮助教师了解国际前沿的教学和科研动态，拓宽其学术视野，提高其国际化水平。通过培养专家型教师和教学骨干，学校可以形成一支高水平的教师团队，推动教育质量的提升和学校的发展。

（三）具体目标

具体目标是为了实现阶段目标而设定的短期目标，通常针对具体的培训内容和活动进行设定。例如，通过某次培训，教师能够掌握某项教学技能、应用某种教学方法或解决某个教学难题。

1. 技能培训目标

通过技能培训，帮助教师掌握具体的教学技能。例如，通过信息技术应用培训，帮助教师掌握多媒体课件制作和网络教学平台的使用，提高其信息化教学能力。技能培训应包括具体的操作步骤和技巧讲解，通过实践操作和案例分析，帮助教师掌握和应用新技能。此外，可以通过教学技能比赛和教学示范活动，展示和交流教师在技能培训中的成果，激发教师的学习热情和进取精神，增强培训效果。

2. 方法培训目标

通过方法培训，帮助教师掌握有效的教学方法。例如，通过案例教学法培训，帮助教师掌握案例教学的设计和实施方法，提高其教学效果。方法培训应包括教学方法的理论讲解和实践应用，通过模拟教学和教学反思，帮助教师熟练掌握和灵活运用新方法。此外，可以通过教学方法研讨会和教学观摩活动，分享和交流教学方法的应用经验，促进教师的教学方法创新和改进，提高教学质量。

3. 问题解决目标

通过问题解决培训，帮助教师解决实际教学中的难题。例如，通过教学管理培训，帮助教师掌握课堂管理和学生行为管理的方法，解决课堂管理中的实际问题。问题解决培训应包括具体问题的案例分析和解决策略，通过模拟情境和角色扮演，帮助教师掌握和应用问题解决的技巧。此外，可以通过教学问题讨论会和教学案例分享活动，交流和借鉴教师在教学实践中遇到的问题和解决策略，提高教师解决实际问题的能力和水平。

第二节　教师培训内容的选择与组织

一、培训内容选择的原则

（一）实用性原则

培训内容应具有实际应用价值，能够帮助教师解决教学中的实际问题。例如，针对课堂管理问题，可以设计相关的培训课程，提供实用的管理技巧和方法。

1. 实际需求分析

实用性原则要求培训内容必须紧密结合教师的实际需求。通过问卷调查、访谈和课堂观察等方式，了解教师在教学中遇到的具体问题和困惑。例如，教师可能在课堂管理、学生心理辅导、教学方法选择等方面存在问题。根据这些实际需求，设计相应的培训内容，以解决教师在教学实践中遇到的实际问题。

问卷调查是了解教师需求的一种有效方法。通过精心设计的问卷，可以收集到大量教师在教学实践中遇到的问题和挑战。问卷内容应涵盖课堂管理、教学方法、学生心理辅导、教学评估等方面，确保能够全面了解教师的实际需求。问卷结果可以通过统计分析，识别出共性问题和个性需求，为培训内容的设计提供数据支持。

访谈是一种更深入了解教师需求的方法。通过与教师进行一对一的访谈，可以获取更加详尽和具体的信息。访谈对象应包括不同年级、不同学科的教师代表，确保所获取的信息具有广泛的代表性。访谈内容应涵盖教师在教学实践中的具体困惑和需求，以及他们对培训内容的期望和建议。

课堂观察是一种直观了解教师需求的方法。通过观察教师的课堂教学活动，可以发现教师在实际教学中存在的问题和不足。例如，可以通过观察教师的课堂管理方式、教学方法的应用情况、师生互动情况等，了解教师在实际教学中遇到的挑战和困惑。课堂观察的结果可以为培训内容的设计提供直接的参考。

2. 案例教学法

为了增强培训内容的实用性，可以采用案例教学法。通过分析和讨论具体的教学案例，帮助教师理解和应用所学知识。例如，可以设计课堂管理的案例，展示不同情况下的管理策略和方法，通过案例分析和讨论，帮助教师掌握课堂管理的实际技巧。

案例教学法是一种基于实际教学情境的教学方法。通过具体的案例分析和讨论，教师可以更好地理解和应用所学知识。案例教学法的优势在于，它能够将理论知识与实际教学情境紧密结合，使教师能够在具体情境中应用所学知识，解决实际问题。

例如，可以设计一系列课堂管理的案例，展示不同情况下的管理策略和方法。每个案例应包括具体的教学情境描述、问题陈述、解决策略和结果分析。通过案例分析和讨论，教师可以了解不同情况下的管理策略，掌握实际的管理技巧。

案例教学法的实施应包括以下几个步骤：首先，选择和设计合适的教学案例；其次，组织教师进行案例分析和讨论；再次，通过角色扮演和模拟情境，帮助教师在实际操作中应用所学知识；最后，通过总结和反思，提升教师的案例分析和解决问题的能力。

3. 实践操作

实用性原则还要求培训内容注重实践操作。理论知识只有通过实践操作才能真正转化为教学能力。因此，培训课程应安排足够的实践操作环节，例如模拟教学、课堂演练等，帮助教师在实际操作中掌握和应用所学知识。

实践操作是将理论知识转化为教学能力的关键环节。通过实际操作，教师可以在实践中应用所学知识，提升教学技能。实践操作的内容应包括模拟教学、课堂演练、教学实验等，通过实际操作，帮助教师掌握和应用所学知识。

模拟教学是一种常见的实践操作形式。通过模拟真实的课堂情境，教师可以在实际操作中应用所学知识，提升教学技能。模拟教学应包括教学设计、课堂组织、师生互动、教学评估等环节，通过实际操作，帮助教师掌握和应用所学知识。

课堂演练是一种基于实际教学情境的实践操作形式。通过课堂演练，教师可以在实际操作中应用所学知识，解决实际教学问题。课堂演练应包括教学设计、课堂组织、师生互动、教学评估等环节，通过实际操作，帮助教师掌握和应用所学知识。

教学实验是一种基于科学实验方法的实践操作形式。通过教学实验，教师可以在实际操作中应用所学知识，提升教学技能。教学实验应包括实验设计、实验实施、数据分析、结果总结等环节，通过实际操作，帮助教师掌握和应用所学知识。

（二）前瞻性原则

培训内容应具有前瞻性，紧跟教育改革的方向和教育技术的发展趋势。例如，随着信息技术的发展，可以将信息化教学方法和工具纳入培训内容，帮助教师掌握最新的教学技术。

1.教育技术的引入

前瞻性原则要求培训内容要与时俱进，及时引入最新的教育技术。例如，近年来，信息技术在教育中的应用越来越广泛，教师需要掌握各种信息化教学工具和平台，如在线教学平台、多媒体课件制作软件等。培训内容应包括这些最新的教育技术，帮助教师掌握并应用于教学实践。

引入教育技术的培训内容应涵盖多个方面，首先是在线教学平台的使用。随着互联网的普及和远程教育的发展，在线教学平台成为教师进行远程授课和学生自主学习的重要工具。例如，培训可以包括对MOOCs（大规模开放在线课程）平台、教育应用程序的使用培训，帮助教师掌握在线课程设计、学生管理和教学评估的方法。其次，多媒体课件制作软件的培训也是必不可少的。多媒体课件能够通过文字、图像、音频和视频等多种形式，丰富教学内容，提高课堂的互动性和学生的学习兴趣。例如，培训可以教授教师如何使用PowerPoint、Prezi等软件制作生动有趣的多媒体课件，以及如何利用视频编辑软件制作教学视频，提高教学效果。此外，信息技术在教学评估中的应用也是培训内容的一个重要方面。例如，可以通过培训教会教师使用数据分析工具和软件（如Excel、SPSS）进行学生成绩分析，帮助教师更好地了解学生的学习情况，及时调整教学策略，提高教学质量。

2.教育理论的更新

前瞻性原则还要求培训内容要及时更新教育理论。随着教育研究的不断深入，新的教育理论和方法不断涌现。培训内容应包括最新的教育理论和研究成果，帮助教师更新知识结构，提升教学水平。例如，可以引入现代教育心理学、认知科学等最新的研究成果，帮助教师更好地理解学生的学习过程和心理特点，从而改进教学方法和策略。

现代教育心理学的培训内容可以包括多种学习理论，如建构主义学习理论、社会文化学习理论等。这些理论能够帮助教师理解学生如何建构知识、如何通过社会互动和文化背景进行学习，从而设计出更符合学生认知特点的教学活动。例如，建构主义学习理论强调学生在学习过程中主动建构知识，教师应创设有意义的学习情境，引导学生通过探究和合作学习实现知识建构。

认知科学的培训内容可以包括关于记忆、认知负荷、思维和问题解决的研究成果。例如，认知负荷理论指出，教学设计应考虑到学生的认知负荷，避免过多的信息干扰学生的学习。通过学习这些理论，教师可以设计出更高效的教学策略，帮助学生更好地理解和记忆学习内容。此外，培训内容还可以包括教育测量与评价的最新理论和方法。通过学习这些理论，教师可以设计出科学有效的评价工具和方法，全面评估学生的学习效果，及时发现教学中的问题，改进教学策略，提高教学质量。

3. 未来教育趋势

前瞻性原则还要求培训内容要关注未来教育的发展趋势。例如，随着人工智能和大数据技术的发展，未来的教育将更加个性化和智能化。培训内容应包括这些未来教育的发展趋势，帮助教师提前了解和适应未来的教育变革。例如，可以介绍人工智能在教育中的应用、大数据驱动的个性化学习等前沿话题，帮助教师拓宽视野，提升应对未来教育挑战的能力。

人工智能在教育中的应用是未来教育发展的一个重要方向。培训内容可以包括人工智能技术在教学中的具体应用，如智能辅导系统、个性化学习平台等。例如，智能辅导系统可以通过对学生学习行为的数据分析，提供个性化的学习建议和反馈，帮助学生更好地掌握学习内容。个性化学习平台可以根据学生的学习进度和兴趣，自动推荐学习资源和课程，满足学生个性化的学习需求。

大数据在教育中的应用也是一个重要的发展趋势。培训内容可以包括大数据技术在教育评估和管理中的应用，如学生学习行为数据的收集与分析、教学效果的评价与改进等。例如，通过对学生学习行为数据的分析，可以发现学生的学习习惯和知识薄弱点，教师可以根据这些数据，调整教学策略，提高教学效果。此外，培训内容还可以包括虚拟现实（VR）和增强现实（AR）技术在教育中的应用。VR 和 AR 技术能够提供沉浸式的学习体验，增强学生的学习兴趣和理解能力。例如，通过 VR 技术，学生可以在虚拟环境中进行科学实验、体验历史事件，学习效果将大幅提升。

（三）系统性原则

培训内容应具有系统性，涵盖教师专业发展的各个方面。例如，培训内容可以包括教育理论、教学方法、学科知识、心理学和信息技术等，帮助教师全面提升自身素质。

1. 全面性

系统性原则要求培训内容要全面，涵盖教师专业发展的各个方面。例如，教师不仅需要掌握学科知识，还需要了解教育理论、掌握教学方法、具备心理学知识和信息技术应用能力。培训内容应包括这些方面，帮助教师全面提升自身素质。

（1）教育理论

教育理论是教师专业发展的基础。通过学习教育理论，教师可以了解教育的基本概念、原理和发展趋势，掌握科学的教育理念和方法。例如，培训内容可以包括教育哲学、教育心理学、教育社会学等方面的内容，帮助教师从不同角度理解教育现象和教育实践。教育哲学可以帮助教师树立正确的教育观、教学观和学生观；教育心理学可以帮助教师了解学生的心理特点和学习规律，设计符合学生认知特点的教学活动；教育社会学可以帮助教师了解教育与社会发展的关系，理解教育在社会中的作用和价值。

（2）教学方法

教学方法是教师教学技能的重要组成部分。通过学习和掌握各种教学方法，教师可以提高课堂教学的效果和效率。例如，培训内容可以包括讲授法、讨论法、探究式教学法、合作学习法、案例教学法等。讲授法是教师传授知识的基本方法，讨论法可以激发学生的思维，探究式教学法可以培养学生的创新能力和问题解决能力，合作学习法可以促进学生的团队合作精神，案例教学法可以将理论知识与实际问题相结合，提高学生的实践能力。通过学习和应用这些教学方法，教师可以丰富课堂教学形式，提高教学效果。

（3）学科知识

学科知识是教师专业发展的核心内容。教师必须具备扎实的学科知识，才能胜任教学工作。例如，培训内容可以包括学科前沿知识、学科交叉知识和学科应用知识等。学科前沿知识可以帮助教师了解学科发展的最新动态和研究成果，学科交叉知识可以拓宽教师的知识视野，学科应用知识可以帮助教师将学科知识应用于实际教学中。通过不断更新和扩展学科知识，教师可以提高专业素养，提升教学水平。

（4）心理学知识

心理学知识是教师了解学生、改进教学的重要工具。通过学习心理学知识，教师可以更好地理解学生的心理特点和行为规律，设计有效的教学策略。例如，培训内容可以包括发展心理学、教育心理学、学习心理学等。发展心理学可以帮助教师了解学生在不同发展阶段的心理特点，教育心理学可以帮助教师了解学习动机、学习策略和学习评价，学习心理学可以帮助教师了解学习过程中的认知、情感和行为因素。通过学习和应用心理学知识，教师可以设计出更符合学生心理特点的教学活动，提高教学效果。

（5）信息技术

信息技术是现代教学的重要工具。通过学习和掌握信息技术，教师可以提高课堂教学的效率和效果。例如，培训内容可以包括多媒体课件制作、在线教学平台使用、教育软件应用等。多媒体课件制作可以帮助教师丰富教学内容，提高课堂的趣味性和吸引力，在线教学平台可以帮助教师进行远程授课和学生管理，教育软件可以帮助教师进行教学设计、教学评估和教学管理。通过学习和应用信息技术，教师可以提高信息化教学能力，提升教学水平。

2. 层次性

系统性原则还要求培训内容要具有层次性，按照教师的发展阶段和需求，设计不同层次的培训内容。例如，对于新教师，培训内容可以侧重于基础教学技能和课堂管理技巧；对于有经验的教师，培训内容可以侧重于教学方法创新和学术研究能力提升；对于骨干教师，培训内容可以侧重于教育领导力和管理能力的培养。

（1）新教师培训

新教师培训应侧重于基础教学技能和课堂管理技巧。新教师刚进入教学岗位，缺乏教学经验，需要通过培训掌握基本的教学技能和课堂管理技巧。例如，培训内容可以包括课堂组织与管理、教学设计与实施、教学评价与反馈等。课堂组织与管理可以帮助新教师掌握课堂管理的方法和策略，提高课堂纪律和教学效果；

教学设计与实施可以帮助新教师掌握教学目标的设定、教学内容的选择和教学方法的应用，提高教学设计和实施能力；教学评价与反馈可以帮助新教师掌握教学评价的方法和技术，提高教学效果和质量。

（2）有经验的教师培训

有经验教师培训应侧重于教学方法创新和学术研究能力提升。有经验的教师已经具备一定的教学技能和经验，需要通过培训提高教学方法的创新能力和学术研究的能力。例如，培训内容可以包括教学方法创新、教育科研方法、学术论文写作等。教学方法创新可以帮助有经验的教师掌握新的教学方法和技术，提高教学效果和学生的学习兴趣；教育科研方法可以帮助有经验的教师掌握教育科研的方法和技术，提高科研能力和水平；学术论文写作可以帮助有经验的教师掌握学术论文的写作规范和技巧，提高学术研究的成果转化能力。

（3）骨干教师培训

骨干教师培训应侧重于教育领导力和管理能力的培养。骨干教师在学校中扮演着重要的领导和管理角色，需要通过培训提高教育领导力和管理能力。例如，培训内容可以包括教育领导力、学校管理、教育政策与法规等。教育领导力可以帮助骨干教师掌握领导团队、组织教学和管理学生的能力，提高教育领导力和管理水平；学校管理可以帮助骨干教师掌握学校管理的方法和技术，提高学校管理的效率和效果；教育政策与法规可以帮助骨干教师了解教育政策和法规，提高教育管理的规范性和合法性。

3. 连贯性

系统性原则还要求培训内容要具有连贯性，不同模块的内容要相互衔接，形成一个有机的整体。例如，教育理论的培训内容应与教学方法的培训内容相结合，帮助教师将理论知识应用于教学实践；学科知识的培训内容应与信息技术的培训内容相结合，帮助教师将学科知识通过信息技术手段进行呈现和传授。

（1）教育理论与教学方法的结合

教育理论与教学方法的结合可以帮助教师将理论知识应用于教学实践，提高教学效果。例如，培训内容可以包括教育理论与教学方法的综合应用，帮助教师理解教育理论的基本概念和原理，掌握教学方法的基本步骤和技巧，通过理论与实践的结合，提高教学效果。教育理论与教学方法的结合还可以通过案例分析、模拟教学、教学反思等方式，帮助教师在实际教学中应用所学知识和技能，提高教学水平。

（2）学科知识与信息技术的结合

学科知识与信息技术的结合可以帮助教师将学科知识通过信息技术手段进行呈现和传授，提高教学效果。例如，培训内容可以包括学科知识与信息技术的综合应用，帮助教师掌握学科知识的基本概念和原理，掌握信息技术的基本操作和应用，通过学科知识与信息技术的结合，提高教学效果。学科知识与信息技术的结合还可以通过多媒体课件制作、在线教学平台使用、教育软件应用等方式，帮助教师在实际教学中应用所学知识和技能，提高教学水平。

（3）跨学科知识的结合

跨学科知识的结合可以帮助教师拓宽知识视野，提高综合素质和教学能力。例如，培训内容可以包括跨学科知识的综合应用，帮助教师了解不同学科的基本概念和原理，掌握跨学科知识的基本步骤和技巧，通过跨学科知识的结合，提高教学效果。跨学科知识的结合还可以通过跨学科项目设计、跨学科教学研讨、跨学科教学观摩等方式，帮助教师在实际教学中应用所学知识和技能，提高教学水平。

二、培训内容的组织与整合

培训内容的组织与整合是增强培训效果的重要环节，应注重以下几点：

（一）模块化设计

将培训内容设计为若干模块，每个模块围绕一个主题或技能展开。模块化设计便于教师根据自身需求选择学习内容，提高培训的灵活性和针对性。

1.主题明确

模块化设计的首要原则是每个培训模块都要有明确的主题。明确的主题有助于教师在短时间内集中精力学习某一方面的知识和技能，从而实现高效学习。具体而言，可以将培训内容划分为以下几个模块：

（1）教育理论与实践

该模块主要讲授现代教育理论和教育方法，包括教育心理学、教育社会学、教学设计等内容。通过系统学习这些理论，教师可以更好地理解学生的心理和行为，并能够设计出更有效的教学方案。这不仅有助于提升教师的教学能力，还能促进他们在教育领域的专业发展。

（2）信息技术应用

随着信息技术的飞速发展，掌握信息技术已成为教师必备的技能之一。该模块主要教授如何在教学中有效应用各种信息技术工具，如教育软件的使用、多媒体课件的制作、网络教学平台的应用等。通过这种培训，教师不仅可以提升自己的信息化教学能力，还能更好地适应现代教育技术的发展趋势。

（3）课堂管理技巧

课堂管理是教学活动中不可或缺的一部分。该模块通过案例分析、情景模拟等方式，帮助教师掌握有效的课堂管理策略，如学生行为管理、课堂秩序维护、冲突处理技巧等。这种培训能够提高教师的课堂管理能力，创造良好的教学环境，提高教学效果。

（4）学生心理辅导

关注学生的心理健康是现代教育的重要组成部分。该模块主要讲授学生心理问题的识别与处理方法，帮助教师在教学过程中关注学生的心理需求，提供必要的心理支持。通过这种培训，教师可以更好地关爱学生，促进学生的全面发展。

明确的主题设置，使得教师可以有针对性地选择和学习自己需要的内容，避免了培训内容的泛化和不集中，从而提高培训的有效性。

2. 独立性

模块化设计还要求每个培训模块都要具有一定的独立性，即每个模块可以独立开展，不依赖于其他模块的内容。这种设计方式使得教师可以根据自身的专业发展需求，自由选择适合自己的培训内容。

（1）专业发展需求

例如，一名信息技术水平较高但课堂管理经验不足的教师，可以选择参加"课堂管理技巧"模块的培训，以提升自己的课堂管理能力；相反，另一名在课堂管理方面经验丰富但信息技术应用能力较弱的教师，则可以选择"信息技术应用"模块的培训，以提高自己的信息化教学能力。这种独立性设计使得培训内容更加灵活和个性化，满足了教师多样化的专业发展需求。

（2）培训时间安排

由于每个模块的独立性，教师可以根据自己的时间安排和工作负担，选择适合自己的培训时间和节奏。例如，可以设计短期集中培训和长期分段培训两种形式，教师可以选择参加为期一周的集中培训，也可以选择在一个学期内分段参加多个模块的培训。这种灵活的时间安排，使得教师能够在工作和学习之间找到平衡，提高培训的参与度和效果。

独立性的设计不仅满足了教师个性化的培训需求，还提高了培训的实效性和参与度，确保每个教师都能从培训中获得最大收益。

3. 灵活性

模块化设计还强调培训内容的灵活性，即根据教师的实际需求和时间安排，灵活调整培训内容和形式。这种灵活性体现在以下几个方面：

（1）线上与线下相结合

可以设计线上和线下相结合的培训模式，教师可以根据自己的时间安排，选择参加线上培训或线下培训。线上培训可以利用网络平台进行视频教学、在线讨论和互动，方便教师在任何时间、任何地点进行学习；线下培训则可以安排集中授课、现场指导和实践操作，有助于教师更直观地掌握教学技能。通过这种线上线下结合的方式，教师可以灵活安排学习时间，提高培训的便利性和参与度。

（2）灵活调整学习内容和进度

根据教师的学习进度和实际需求，灵活调整培训内容和进度。例如，可以设计不同的学习路径和进度计划，教师可以根据自己的学习节奏，选择不同的学习模块和学习进度，灵活调整学习内容和时间安排。通过这种灵活调整，教师可以在繁忙的教学工作中找到合适的学习时间，从而不断提升自己的专业水平。

（3）个性化学习方案

灵活性还体现在为教师提供个性化的学习方案。根据教师的不同背景和需求，设计不同的学习方案和培训内容。例如，对于新入职的教师，可以设计基础性培训模块，帮助他们快速适应教学工作；对于有一定教学经验的教师，可以设计高级培训模块，提升他们的专业技能和教学水平。通过这种个性化学习方案，教师可以根据自己的实际情况选择最适合自己的培训内容和形式，从而提高培训的效果。

（二）理论与实践相结合

1. 案例分析

案例分析是将理论与实践相结合的重要方法之一。通过分析和讨论具体的教学案例，教师能够更好地理解和应用所学的理论知识，提高其教学效果和专业素养。

（1）具体案例展示

案例分析的第一步是展示具体的教学案例。通过选取一线教师在实际教学中遇到的典型案例，展示他们在教学中遇到的问题和解决方案。这些案例可以涵盖各种教学情境和问题，例如课堂管理、学生行为、教学方法等。通过对这些真实案例的分析，教师可以看到理论在实际教学中的具体应用，增强对理论知识的理解和掌握。

（2）情景模拟案例

除了展示真实案例，还可以设计一些虚拟的情境案例。这些案例可以根据培训的主题和目标进行设计，模拟不同的教学情境和问题。例如，可以设计一个课堂管理的案例，模拟学生在课堂上出现的问题行为，要求教师根据所学的课堂管理理论和策略，提出解决方案并进行讨论。通过这种方式，教师可以在模拟情境中应用理论知识，提升解决实际问题的能力。

（3）案例讨论与反思

在案例分析过程中，通过小组讨论、教师之间的互动和专家点评等方式，对案例进行深入分析和反思。教师可以分享自己的经验和见解，互相学习和借鉴，提高自己的教学能力。通过案例讨论，教师不仅能够更好地理解和应用所学的理论知识，还能提高分析问题和解决问题的能力。

2. 模拟教学

模拟教学是将理论与实践相结合的另一种有效方式。通过模拟教学，教师可以在实际操作中应用所学的理论知识和技能，提升教学能力和教学效果。

（1）教学设计与实施

在模拟教学中，首先需要进行教学设计与实施。例如，可以设计一个主题为"如何利用多媒体技术进行课堂教学"的模拟课堂，让教师进行教学设计和实际操作。通过这种方式，教师可以在实际操作中应用所学的多媒体技术，提高自己的教学能力。同时，教学设计还可以根据不同的教学目标和学生需求，设计出多样化的教学活动和方法，提高教学的针对性和实效性。

（2）同伴评议与专家指导

在模拟教学过程中，可以邀请同伴教师和专家进行评议和指导。教师在进行模拟教学后，可以通过同伴评议和专家指导，了解自己的优点和不足，进一步改进自己的教学方法和策略。例如，专家可以对教师的教学设计、课堂管理、教学方法等方面提出具体的建议和意见，帮助教师提升教学能力和水平。

（3）视频回放与反思

通过视频录制和回放，教师可以观看自己的模拟教学过程，进行反思和总结。例如，可以录制教师在模拟课堂中的教学过程，回放后进行反思和总结，发现自己的教学优点和不足，进一步提升自己的教学能力和水平。通过视频回放，教师可以更加客观地审视自己的教学行为和方法，找出改进的方向和措施。

3. 实践操作

实践操作是将理论与实践相结合的重要环节。通过实践操作，教师可以在实际操作中掌握和应用所学的知识和技能，进一步提高自己的教学能力和水平。

（1）实验教学

实验教学是实践操作的一种重要方式。通过设计实验教学环节，教师可以在实际操作中应用所学的知识和技能。例如，可以设计一个实验教学环节，让教师进行科学实验和操作，通过这种方式，教师可以在实际操作中掌握和应用所学的科学知识和实验技能。实验教学不仅提高了教师的操作能力，还增强了他们对理论知识的理解和应用能力。

（2）课堂演练

课堂演练是另一种有效的实践操作方式。通过设计一些课堂演练环节，教师可以在实际教学中应用所学的理论知识和技能。例如，可以设计一个模拟课堂情境，让教师进行教学设计和实施，通过这种方式，教师可以在实际操作中提升自己的教学能力和水平。课堂演练不仅提高了教师的教学能力，还增强了他们的课堂管理能力和教学效果。

（3）教学反思与总结

通过教学反思与总结，教师可以在实际操作中发现和改进自己的教学方法和策略。例如，可以通过教学反思与总结，发现自己的教学优点和不足，进一步提高自己的教学能力和水平。教学反思与总结不仅有助于教师自我提升，还可以通过分享和交流，互相学习和借鉴，提高整体教学水平。

第三节　教师培训方法与形式的创新设计

一、五心管理在教师培训中的创新应用

我国高度重视教师培训工作，已经将教师队伍建设提高到"一项重大政治任务和根本性民生工程"的重要地位。教师培训是一种成人教育、继续教育，与学校教育有着显著的区别，如何遵循教师培训规律，提高培训效益，需要从用心策划、细心准备、精心组织、暖心服务、诚心评价五个方面下功夫。

（一）用心策划

项目策划就是项目的顶层设计。培训项目的策划主要包括需求调研、主题确定、课程设计、专家聘请、组织实施、效果评价等方面。在项目启动之前做好策划设计，对于增强培训效果十分重要。中小学教师培训项目的策划，需要坚持"三个导向"。

1. 坚持需求导向

在进行教师培训时，应始终坚持需求导向的原则，确保培训内容真正符合教育改革发展、教育教学实际和教师个人成长的需要。这一原则是为了有效促进教师的专业发展、推进课程教学改革、提高教育教学质量而开展的继续教育的关键所在。

第一，教育改革对教师的要求是培训需求的重要参考。组织者应该密切关注国家教育改革的政策文件和理论，明确教育改革的方向和要求，将这些要求纳入培训课程中。例如，当前教育改革强调五育并举、实践育人、"双减"等理念，培训内容应该紧密围绕这些主题展开，引领教师专业成长。

第二，学校教育教学特色也是培训需求的重要考量因素。教师培训组织者应该了解参培教师所在学校的办学特色和正在实施的改革项目，将这些特色和项目纳入培训内容中。这样可以更好地满足教师们的实际需求，提高培训的针对性和

实效性。

第三，学员自身的发展需求也应该被充分考虑。组织者可以通过问卷调查、座谈沟通等方式了解每个学员的专业优势、个人兴趣、发展方向等信息，从而为他们量身定制个性化的培训计划。这样可以更好地满足不同学员的个性化需求，提高培训的质量和参与度。

坚持需求导向是教师培训工作的重要原则。只有将教育改革的要求、学校特色和个人发展需求有机结合起来，才能真正满足教师的学习需求，推动教育教学的不断发展和进步。

2. 坚持能力导向

教师培训的核心在于提升教师的实际能力，使其能够在课堂上灵活应对各种教学情境，创造出有益于学生学习的教学氛围。因此，我们应当坚持能力导向的原则，确保培训内容更加贴近教师的实际需求，提高培训的实效性和实用性。

在设计培训内容时，我们应当注重提升教师的教学实践能力。这意味着要压缩那些倾向于理论性和抽象性的课程，而增加与教学实践直接相关的内容。例如，可以增加关于单元整体教学、情境化教学、教学组织、学法指导、教学评价等实操方面的内容，让教师们在培训中学到的知识和技能能够直接应用到自己的教学实践中去。

此外，培训方式也需要更加注重参与体验。传统的专家讲座虽然可以传授理论知识，但缺乏互动和实践性，容易让学员产生疲劳感。因此，我们应该增加跟岗实践、课例观摩、案例研讨、主题研修、互动交流、学员互评等形式的课程，让学员们能够积极参与到培训中，通过实际操作和交流互动来提升自己的能力。

最后，专家邀请也应该更加多元化和多样化。不应该只邀请理论或实践型的专家，而应该构建由教研电教师训专家、学校一线优秀教师、高校科研部门专家共同组成的"三位一体"的专家团队。这样能够从不同角度和层面为教师提供指导和支持，使培训更加贴近实际、更具针对性和实效性。

3. 坚持实践导向

教师培训的重要性在于提升教师的实际能力，使其能够在教学实践中应对各种挑战和问题。因此，我们应该坚持实践导向的原则，确保培训内容紧密结合教师的实际需求和工作场景，使其具有实用性和可操作性。

第一，针对不同教师群体的特点和需求，我们应该设计有针对性的培训内容。不同教师在教学实践中所面临的问题和挑战是不同的，他们的工作场景和背景也会有所不同。因此，在设计培训内容时，需要考虑到不同教师群体的身份特点，充分满足他们的学习需求。比如，新入职的教师可能需要更多基础的教学方法和技巧，而骨干教师则可能需要更深入的教学理论和实践经验分享。

第二，培训方式应该注重参与、体验和实践。传统的讲授式培训虽然能够传授理论知识，但缺乏互动和实践性，难以引发学员的兴趣和参与度。因此，我们应该增加跟岗实践、课例观摩、案例研讨、主题研修等实践性的培训方式，让学员们能够在实际操作中学习和成长。只有通过实践操作，才能真正理解和掌握教学理论和方法。

第三，培训过程中要注重学员的总结和反思。培训不仅仅是传授知识，更重要的是引导学员进行思考和反思，总结经验，形成自己的教学理念和方法。因此，在培训过程中，我们应该鼓励学员们积极参与到问题解决和经验总结中，促进他们的专业成长和提升。

（二）细心准备

培训管理者要在全面、客观掌握和分析培训相关情况的基础上，对培训的主题、时间、地点、对象以及培训内容和方式进行认真准备，对可能出现的各种问题进行预判。为做到万无一失，在项目筹备阶段要坚持落实好项目论证、方案审批、组织协调三个环节，明确相关要求，确保不出差错。

1. 项目论证厘清细节

教师培训项目的管理方式通常采用项目负责制，其中项目负责人负责制订培训方案。然而，由单一负责人制订的方案可能存在不科学、不完善的情况，因此需要在管理制度上设计一个项目论证的环节，以确保培训方案的科学性和规范性。

一个成功的项目论证机制可以有效提高培训方案的质量和实施效果。以 SC 教育学院自 2016 年开始施行的"项目论证会"制度为例，其要求项目负责人在立项前首先进行需求调研，然后根据调研情况撰写培训方案。接着，学院组织相关专家对培训方案进行论证，通过论证的项目方可正式实施。

在项目论证会上，项目负责人需对多个方面进行详细汇报，包括需求调研情况、培训方案内容、支持需求等。特别是需要详细阐述培训主题的确立背景、培训目标的定位与依据、核心课程的设置与内容、授课专家的情况介绍、培训方式与实施过程、培训创新点与预期成效、培训资源建设与预期成果等方面。在论证会后，专家们对方案进行点评和把关，项目负责人则根据专家建议修改和完善方案。

同时，项目负责人还需组建项目实施团队，确保培训项目的细节得以落实和执行。这包括对培训方案的详细调整和完善，以及相关工作的上报和审批等。通过项目论证机制，可以有效地提高培训方案的科学性和实用性，确保培训项目能够达到预期的效果并得到有效实施。

2. 方案审批明确要求

通过论证并修改完善的培训方案，在项目实施之前需要按照程序办理正式报批手续。审批的内容主要涵盖实施方案、经费预算、相关合同以及知名专家邀请等四个方面。每个方面的审批都有严格的流程和规范的要求，这样做有助于明确整个培训项目各个细节的要求，特别是规范各项经费开支的标准和流程，以确保资金使用安全，并充分发挥资金使用效益。

在审批流程中，每个方面都需要严格遵循规定的程序，并确保相关文件的合法性和完整性。实施方案的审批要求明确规定培训的目标、内容、方法、时间安排等，以及相关的责任人和监督机制。经费预算的审批需要详细列出各项支出和预算金额，并注明经费来源和使用规定。合同审批需要确保合同的合法性和有效性，包括合同的签订方式、内容、期限、履行义务等。知名专家邀请的审批则需要明确专家的身份、职称、专业领域以及待遇和责任等。

完成审批后，项目负责人需要提前与授课专家充分沟通，了解培训对象的相关情况和需求，并对培训内容进行调整和指导，以增强课程的针对性和实用性。此外，还需要提前联系每一位学员，指导他们完成前置作业等准备工作，以确保培训的顺利进行和有效实施。通过严格的审批流程和前期准备工作，可以确保培训项目的质量和效果，提高培训的实效性和可持续性。

3. 组织协调落实责任

一个培训项目的成功实施通常需要涉及行政、业务、财务、后勤、宣传等多个方面的协调和配合。为了确保各项工作顺利进行，通常在项目实施前会召开专门的协调会议，以充分研判培训实施中可能出现的各种问题，并明确落实责任。

在这个过程中，需要从多个方面着手，确保每一个环节都能够得到有效的管理和支持。

第一，防疫要求是当前培训项目中必须重点关注和解决的问题之一。在疫情的影响下，需要制订有效的防控措施，确保参与培训的人员的健康和安全。

第二，开班仪式是培训项目的一个重要环节，需要精心策划和组织，以营造良好的学习氛围和团队凝聚力。

学习资料的准备和提供是培训过程中不可或缺的一部分，需要确保学员能够及时获得所需的学习资料和资源。

场地服务、技术支持、生活服务等方面的工作也需要做好充分的准备和安排，以保障培训活动的顺利进行和参与者的舒适体验。

同时，过程管理和结业要求也是培训项目中需要重点关注的方面。需要明确制订相关的管理规定和要求，确保培训过程中的各项工作能够有序进行，并最终顺利完成结业环节。

在落实责任的过程中，每一个环节都应该明确专人负责，并严格按照任务要求和质量标准进行执行。只有通过有序的组织和协调，才能确保培训项目的顺利实施和取得良好的效果。

（三）精心组织

培训项目的组织实施阶段要坚持标准化管理与生成性管理相结合。标准化管理包括培训全流程各个环节工作质量标准、每项工作规范要求、每个岗位职责要求等；生成性管理包括培训过程中各种偶然事件、突发事件的现场处置、信息上报等。只有做好标准化管理才能确保项目质量，也只有做好生成性管理才能确保项目的顺利实施。

1. 完善的管理制度

在教师培训项目的管理中，建立完善的管理制度是确保项目顺利实施的关键之一。这些管理制度涵盖了项目准备阶段、项目实施阶段以及项目评价阶段，旨在建立一个系统的管理体系，以确保培训项目的有效运行和达成预期目标。一般而言，针对培训项目的管理制度应包括多个方面，涵盖了需求调研、方案撰写、方案论证、专家接待、学员管理、经费预算、项目负责人基本职责与工作规范、班主任基本职责与工作规范、相关场馆设施使用管理办法、项目考核与评价办法等。

这些管理制度和操作指南的制订旨在用制度管人、用制度管事，以确保培训项目的正常运行和高效管理。每个制度都需要明确规定工程流程和质量标准，以确保项目的各项工作都能够按照规定的流程和标准进行。举例来说，针对项目论证会制度，其流程一般应包括项目负责人的汇报、专家的点评、方案的修改等环节。对于方案的点评，基本评价标准可能包括"六有"：即理论有高度、主题有准度、课程设计有深度、实践有厚度、专家选择有向度、特色创新有亮度。这些评价标准应通过制度的强化，成为项目负责人设计思路和执行标准的重要依据。

通过建立完善的管理制度，可以使各项工作有序进行，确保培训项目的质量和效果得到有效保障。这些制度的执行不仅能够提高培训项目的执行效率，还能够提升项目的管理水平和专业化程度，从而更好地满足教师培训项目的需求，推动教师的专业发展和教育教学的提升。

2. 规范的组织流程

项目实施的过程管理是确保培训项目顺利进行和取得预期效果的关键环节之一。在实施过程中，需要抓好五个关键环节，以规范的组织流程确保项目的有效执行。首先是项目立项阶段。在这一阶段，需要坚持上级安排与自主申报相结合的原则，汇总教育行政部门下达的项目、已经立项的国培省培项目以及培训机构自主设立的项目，组织专家对项目的必要性和可行性进行论证，最终以教育行政部门文件的形式印发，建立年度的项目库，确立培训任务并上升到教育行政行为的层面。

其次是方案论证阶段。在这个阶段，需要组建项目评审专家组，召开项目论证会，对每个项目的实施方案进行评审论证，通过讨论和专家建议，对培训方案进行修改和完善，确保方案的科学性和实施的可行性。

第三个关键环节是项目审定。在这一阶段，需要按照程序审批经过论证后的培训方案、经费预算、合作方案等，与合作机构签订协议书，明确目标任务与职责要求，确保项目实施的顺利进行和各项工作的顺畅协调。

接着是项目实施阶段。在这个阶段，需要按照培训方案的要求，有条不紊地完成培训任务，确保培训活动的顺利进行，同时及时上传培训产生的相关材料和资源，以便后续的监督和评价。

最后是项目评价阶段。在项目结束后，需要组织专家对每个项目进行评价，对培训活动的各个方面进行客观、全面的评估，对优秀项目进行表彰，同时对存在的问题提出改进建议，为今后的培训活动提供借鉴和改进的方向。

3.严格的学习要求

为了确保培训学员的学习效果和管理的严肃性，制订了严格的学习要求和管理制度。这些要求涵盖了政治纪律、学习纪律、生活纪律和安全纪律等方面。

第一，政治纪律要求学员在学习期间遵守相关的意识形态要求，包括新闻宣传、上网行为、研讨发言等方面，确保学员的学习行为符合党的教育方针，同时也要求学员掌握和理解党的教育方针等相关知识。

第二，学习纪律要求学员在培训期间严格遵守出勤考核、听课要求、跟岗实践、网络研修、学习心得与反思、学习作业、成果展示等方面的要求，确保学员积极参与培训活动，有效完成学习任务。

生活纪律方面，要求学员遵守餐饮、住宿、垃圾分类、饮水自助、节水节电、课间休闲、午休和晚上就寝等方面的规定，养成良好的生活习惯，保障学员身心健康。

安全纪律方面，要求学员严格遵守疫情防控、疾病预防、交通安全、饮食安全、运动安全等方面的要求，确保学员的安全和健康。

为了落实这些要求，组建了强有力的班委会，实行学院监督管理、班委会全面管理、学员自我管理相结合的管理模式，确保学习效果的实现。同时，采用现代信息技术手段，开发智能化的管理平台，将传统的纸质化管理转化为数字化智能化管理，实现了培训过程中的信息化管理和数据统计，以此确保培训项目的全过程数据记录和管理。每个培训班都配备了两位班主任，负责学科教学辅助和生活管理后勤工作，通过手机端填写培训实施过程中的情况，确保培训过程的实时监控和管理。

（四）暖心服务

一般教师平时工作任务繁重，学习期间往往还牵挂一些学校任务和家庭事务，这就要求我们给予更多的人性关怀，用心、用情、用爱为学员提供"暖心服务"，做到服务与管理并举、人文与纪律并重。

1. 实行最严格的服务标准

为了提供最严格的服务标准，我们强化了标准化服务，并实行了严格的首问责任制。根据这一制度，任何学员反映的困难和建议，首次受理的人员必须在10分钟内给予学员明确的答复。如果问题可以立即解决，我们将在现场解决；如果需要创造条件解决，我们将设定限时解决方案；对于无法立即解决的问题，我们将提供合理的解释，并积极寻求解决方案。

在餐饮管理方面，我们实施了严格的管理措施。项目管理相关负责人与食堂保持紧密联系，确保学员下课后的10分钟内可以享用到59度可口的热饭菜。这意味着我们要确保食堂的供餐质量和效率，以满足学员的需求，同时保证食品安全和卫生。

在住宿管理方面，我们采取了封闭式管理措施。学员的住宿情况将严格管理，晚上10点必须进行查寝，以确保所有学员按时归宿和就寝。这项措施旨在确保学员的安全和健康，以及良好的学习环境。

2. 提供可选择的学习任务

制度的作用不仅仅是约束和强制，更应该是让人心理认同和主动配合。考虑到每个学员的个体差异和学习需求的多样性，提供可选择的学习任务是非常重要的。这样的做法不仅能够确保培训目标的达成，还能够更好地满足学员的实际情况和期望。

在学员分组研讨时，我们可以考虑采用分层分类的设计，针对不同层次和兴趣爱好的学员，设置不同的讨论主题、讨论方式、作业内容和形式。这样一来，学员可以根据自己的兴趣和需求，选择适合自己的学习任务，并更加积极主动地参与到培训过程中来。

此外，我们也可以允许学员提供一些自主选题和自主作业，让他们在培训过程中有更多的自主权和参与度。这种灵活性和个性化的学习安排能够激发学员的学习热情，提高学习的效果和满意度。

在培训方式上，我们也应该考虑到学员们的实际情况。特别是对于一线教师来说，时间紧、任务重，他们往往需要在工作和家庭之间找到平衡。因此，我们可以设置一些网络研修课程，让教师们可以在学校或家里在线完成学习任务，灵活安排学习时间，提高学习的便利性和效率。

3. 增加人性化的生活关怀

人文关怀在教师培训中扮演着至关重要的角色，它超越了仅仅关注学员知识层面的收获，而是深入到学员的内心世界，用同理心和同情心去关照每一位学员。在教师培训中，考虑到每个学员的个体差异和特殊情况，提供人性化的生活关怀显得尤为重要。

对于一些特殊群体的学员，我们应该在政策允许的范围内提供相应的关怀服务。比如，针对少数民族学员，可以提供特殊的餐饮服务，考虑到他们的饮食习惯和需求，以确保他们能够得到足够的营养和舒适的用餐环境。对于孕妇和携带小孩的学员，可以提供母婴服务，例如提供哺乳室、更方便的母婴用品，以便她们更好地参与培训活动。对于有睡眠障碍或身体残疾的学员，可以提供单独的住宿安排，以保障他们的休息质量和舒适度。

除了以上特殊情况的考虑，还可以通过突出重点、针对性的服务来增加人性化的关怀。例如，安排专门的心理辅导员或医务人员，为学员提供心理咨询和健康指导；设置学习小组或学习伙伴制度，让学员之间相互扶持和交流经验；定期举办团建活动或文体比赛，增强学员之间的凝聚力和友情。

通过提供人性化的生活关怀，不仅能够增强学员的归属感和满意度，还能够促进学员的学习积极性和情感投入，提升培训的实效性和质量。这种关怀的举措，体现了培训者对学员的尊重和关爱，也是培训工作中不可或缺的一部分。

（五）诚信评价

项目评价是对项目准备、立项决策、项目实施和项目效益等各方面进行的全面而系统的分析和评估，包括对项目管理者、项目实施团队、授课专家和学员的评价。项目评价要坚持客观、公正、诚信、高效的原则。

1. 注重多元化评价

（1）项目实施团队的评价

在项目评价中，首先要对项目实施团队进行评价。这包括项目负责人的自我评价、专家对项目实施方案的评价以及项目实施团队对学员的出勤率、学习态度等方面的评价。通过多元主体的评价，可以全面了解项目实施团队在培训过程中的表现和效果。

（2）授课专家的评价

评价包括专家的专业水平、教学效果、与学员互动的能力等方面。专家的评价对于培训项目的质量和效果至关重要，因此需要通过客观的评价来确保授课专家的水平和质量。

（3）学员的评价

学员的评价是项目评价中至关重要的一部分。学员评价可以从多个角度来考察，包括对项目负责人、班主任、课程内容、专家授课、后勤服务等方面的评价。通过学员的反馈，可以了解到培训过程中存在的问题和不足，为今后的培训提供改进和优化的方向。

2.注重过程性评价

（1）设计评价方案

在进行过程性评价时，首先需要设计评价方案。评价方案应明确评价的主体、对象、目的、指标、权重和评价工具等内容，以确保评价的科学性和全面性。

（2）评价实施

接下来是评价的实施阶段。在培训过程中，负责评价的班主任根据评价方案收集数据信息，分析学员的表现，并与培训目标进行比对，最终得出评价结论。

（3）终结性测评

最后是终结性测评阶段。根据学员的反馈和评价结果，调整和改进评价方案，并将学员的情况纳入个人的"学分银行"，为下一次培训评价提供依据。

3.注重差异性评价

（1）关注项目之间的差异性和多样性

项目评价不仅要关注整体情况，还要注重项目之间的差异性和多样性。针对不同类型的项目，需要制订相应的评价标准和指标，以确保评价的准确性和科学性。

（2）综合评价与特色评价相结合

在进行评价时，应综合考虑项目的整体情况，并突出项目的特色和亮点。例如，针对与第三方合作的项目，评价应结合第三方在培训实施过程中的实际情况，突出项目的创新点和特色。

4.注重多样性评价

（1）建立评价体系

建立项目常态化评价网络信息平台及数据库，开展线上问卷调查，并结合实地调查、观察、访谈等方式，全面了解项目的实际情况。

（2）坚持原则

坚持全面调查、科学评价、及时反馈、兑现奖惩、总结反思的原则，确保评价的真实全面、科学有效。

二、体验式学习在教师培训中的创新实践

体验式教师培训是指通过具身体验的方式，打破理论知识世界和现实生活世界的界限，让被培训教师在真实情境中主动参与、对话交往、反思行动，培养其创造性解决实际问题的能力的一种教师培训的新视角。体验式教师培训的主要特征表现为目标的多元性、内容的综合性、方法的交互性、结果的生成性。体验式教师培训的实现可以重点围绕培训目标、培训内容、培训方法、培训过程、培训场域、培训评价等方面进行系统设计，进而在解决现实问题的过程中培养知、情、意、行完全发展全面发展的人。

（一）体验式教师培训的内涵

体验是人类学习最原初的方式，体验是古代人类认识客观世界，获取知识和传递知识的主要途径。体验是指为了能够了解事物的本来面目，突破中介直观地认识事物的一种方式。体验既有认知的生成，也有情感的产生，在体验的过程中，两者相互交融。教师培训就是培养整合的人，不断促进教师的知识、能力、情感、态度、兴趣、意志、价值观等方面的多维发展，最终指向解决真实问题。也就是说，教师的全面发展才是衡量教师培训内在价值的基本尺度。体验式教师培训表达出了体验活动与教师发展之间手段与目的的关系。

要准确全面理解体验式教师培训的内涵，应从以下几个方面着手。

1.体验式教师培训的开放性

（1）强调个体化的学习过程：

体验式教师培训着重强调每位教师个体的独特体验和理解，注重培训过程的开放性。相比于传统的封闭式培训，体验式教师培训更注重教师通过自我体验和

互动交流的方式，不断丰富个人的认知和情感。

（2）促进自我生成认知

在体验式教师培训中，教师不仅仅是被 passively 接受知识，而是通过体验和互动，自主生成认知。这种个体化的学习过程有助于教师更深入地理解所学知识，并将其运用到实际教学中。

2. 体验式教师培训的对话性

（1）强调教师之间的互动与交流

体验式教师培训不仅仅是教师单向传授知识，更强调教师之间的互动与交流。通过对话，教师可以共同探讨问题、分享经验，从而促进彼此的成长和学习。

（2）培养教师的批判性思维

通过对话，教师可以学会从多个角度思考问题，培养批判性思维能力。这种对话性的培训方式有助于激发教师的创新意识，提升教学质量。

3. 体验式教师培训的情境性

（1）创设真实的教学情境：

体验式教师培训强调在真实的教学情境中进行学习和实践。通过模拟真实的教学场景，教师可以更好地理解理论知识，并将其应用到实际教学中。

（2）提升教师的解决问题能力

在真实的情境中，教师不仅能够学习理论知识，还能够锻炼解决实际问题的能力。这种情境性的培训方式有助于提升教师的应变能力和创新能力。

4. 体验式教师培训的具身性

（1）注重身心投入

体验式教师培训强调教师的身心投入和参与。教师不仅要在理性上理解知识，还要在感性上体验和感受知识。这种全身心地参与有助于加深教师对知识的理解和体验。

（2）增强培训效果

教师身心投入的培训方式可以提高培训的效果和效率。教师在全身心地参与培训过程中，更容易融入学习氛围，从而更好地吸收和消化所学知识。

5. 体验式教师培训的反思性

（1）促进自我反思

体验式教师培训重视教师的自我反思和批判。通过反思，教师可以深入思考自己的教学实践和经验，发现问题并加以改进，从而不断提高自身的教学水平。

（2）持续提升教学质量

教师的反思性学习有助于持续提升教学质量。通过不断地反思和改进，教师可以不断完善自己的教学方法和策略，提高教学效果，促进学生的学习和成长。

（二）体验式教师培训的特征

体验式教师培训反映了教师培训过程的体验性，即通过体验性的培训方式凸显被培训教师的主体性和创造性，让教师培训从知识本位的理论世界走向问题解决的生活世界。通过体验式教师培训的方式，让教师培训回到现实生活世界之中，在多元真实的生活化问题情境中，将理论知识和生活问题结合起来，并将理论迁移运用到教育教学复杂化的问题解决之中，让理论在体验式教师培训过程中持续活化，进而让整合的人这一培养目标不断在体验式教师培训过程中得以落实。体验式教师培训的特点主要表现为培训目标的多元性、培训内容的综合性、培训方法的交互性、培训结果的生成性。

1. 培训目标的多元性

体验式教师培训目标的多元性凸显了教育领域中对教师培养的全面性认识和需求。这种多元性指的不仅仅是培训目标的数量多样化，更体现在目标的内涵与广度上。传统的教师培训目标往往侧重于专业知识和技能的传授，而体验式教师培训则更为关注教师个体的全面发展和成长。

在体验式教师培训中，培训目标不再仅限于理论知识的简单积累，而是关注教师在培训过程中的情感、态度、意志以及精神方面的发展和变化。这意味着教师在培训中不仅要获取新的专业知识和技能，还要经历一种心灵上的触动和思想上的启迪。体验式教师培训的目标更加注重培养教师的情感认知和情感表达能力，以及对教育事业的热情和责任感。

此外，体验式教师培训目标的多元性还表现在对教师个体需求和期望的关照上。每位教师的成长需求和学习期待都是独特的，体验式教师培训注重根据教师个体的特点和背景，量身定制培训目标，使之更贴近实际需求、更有针对性和可操作性。

2. 培训内容的综合性

体验式教师培训内容的综合性体现了教师培训在内容设计上的全面性和多元

性。教师培训不仅仅是传授教育理论知识，更应该将教育理论与教师的原有经验以及现实生活实践有机地结合起来，形成一个完整的培训内容体系。

第一，教师培训内容应该包括教育理论知识。这些知识是教师专业发展的基石，包括教育心理学、教学设计、课程开发等方面的理论知识。通过学习这些理论知识，教师能够更好地理解教育事业的本质和规律，为自己的教学实践提供理论指导和支持。

第二，教师培训内容应该充分考虑教师的原有经验。每位教师都积累了丰富的教学经验，这些经验是宝贵的财富，可以为教师培训提供实践案例和教学实例。通过分享和交流经验，教师可以相互借鉴、共同成长，从而提升教学水平和专业素养。

第三，教师培训内容应该紧密联系现实生活实践。教师培训的最终目的是解决教育实践中的问题，因此培训内容应该紧密贴合实际教学场景，围绕解决实际问题展开。通过情境化的学习和体验式的培训活动，教师可以更好地理解和应用所学知识，提升解决问题的能力和水平。

3.培训方法的交互性

体验式教师培训方法的交互性是指在培训过程中重视教师和被培训教师之间的相互作用和互动，建立起民主平等的对话关系，使双方共同参与到培训活动中，实现多方位的交流和合作，从而促进教师的主体性发展和创造性思维。

当前的教师培训往往采用传统的一对多授课模式，教师作为知识的传授者，而被培训教师则被动接受知识，缺乏积极性和主动性。这种单向的传递方式忽视了被培训教师的主体性和个体需求，导致培训效果不佳。因此，体验式教师培训强调真实情境的创设，让培训活动更贴近实际教学场景，激发教师的主体意识和创造精神。

在体验式教师培训中，教师和被培训教师之间建立起平等对话的关系，共同参与到教学活动和讨论中。培训教师不仅是知识的传授者，更是引导者和促进者，通过与被培训教师的互动，共同探讨问题、解决困惑、分享经验，实现知识的共享和交流。

此外，体验式教师培训注重教师的自主性和参与性，尊重被培训教师的内心意愿和个体需求，突出其主体地位。培训活动设计应当灵活多样，充分考虑到被培训教师的背景和实际情况，引导他们积极参与、主动思考，从而提升培训效果。

4.培训结果的生成性

体验式教师培训结果的生成性体现在教师培训过程中的动态发展和变化。相较于传统的教师培训，体验式教师培训更注重教师个体的自我意识和独特性，在培训过程中通过多种情境体验和交互，共同探究解决真实问题，从而实现整体的人的发展。

当前教师培训往往将培训结果局限于知识和技能的获得，而忽视了培训过程中教师的情感体验、动机态度、兴趣意志等方面的发展变化。这种单一的结果评价方式未能充分反映教师培训的真正价值，即教师在培训过程中的个体成长和全面发展。

体验式教师培训的结果生成性体现在以下几个方面：

第一，教师培训的结果不是事先确定的，而是在培训过程中动态生成的。培训教师和被培训教师之间的互动和交流会促进新的思考和认识的产生，从而推动教师个体的发展和变化。

第二，体验式教师培训强调教师在培训过程中的自主学习和反思行动。通过参与情境体验和多元交互，教师可以灵活运用所学知识解决实际问题，并不断调整和完善自己的教学实践，实现个体的成长和发展。

第三，体验式教师培训的结果注重教师个体的情感体验和情感发展。在培训过程中，教师会通过情境体验和互动交流产生情感共鸣和情感体验，从而增强对教学事业的热爱和责任感，推动个体的价值观和意义感悟的提升。

第四，体验式教师培训的结果是教师个体的全面发展和成长。培训不仅仅关注教师的知识和技能，更重视教师的情感态度、价值观念等方面的发展，促进教师个体的整体成长和提升。

（三）体验式教师培训的实现

在进行体验式教师培训设计时，培训教师要根据体验式教师培训的内涵和特征对教师培训的目标、内容、方法、过程、场域和评价等方面进行整体设计，让教师在体验式教师培训过程中不断实现身心参与、主动学习、交互体验、反思行动、动态生成，使其成为一个知、情、意、行完全发展全面发展的人，为今后现实情境中的复杂问题解决提供基础。

1. 体验式教师培训目标

体验式教师培训的目标是从传统的知识主导转向培养整合的人。这意味着不仅关注教师在专业知识和技能方面的提升，还要关注其情感态度、意志品质、兴趣爱好等方面的全面发展。目标的设计应该以解决现实教育教学中的大问题为出发点，引导教师主动思考和反思，从而在体验式的培训过程中实现自我成长和发展。

第一，体验式教师培训的目标应该从实际教育教学中的大问题出发。举例来说，一个教师培训的目标可以是如何提高学生的学习兴趣和参与度。这个目标直接关联到教师在课堂教学中面临的挑战，能够激发教师的问题意识和思考能力。

第二，培训目标需要以活动式的问题解决为导向。这意味着在培训过程中，教师需要通过实际的活动和案例分析来解决现实问题。例如，可以设计一系列的教学活动，让教师在实践中体验到如何提高学生的参与度和学习效果。

在实践过程中，教师将掌握理论知识并将其应用到实际情境中。这种体验式的学习方式能够促进教师的主动学习和参与，增强其解决问题的能力和创造性思维。

第三，体验式教师培训的目标设计还应该关注教师个体的全面发展。除了专业知识和技能外，还要培养教师的情感态度、价值观念等方面的素养。例如，在培训过程中可以通过情感体验和团队合作活动来增强教师的情感沟通能力和团队意识。

第四，培训目标的实现需要教师在体验式培训中将前置性问题和理论知识建立联系。这就需要培训设计者精心设计培训活动，引导教师将理论知识应用到实际情境中，并在实践中不断反思和调整。

2. 体验式教师培训内容

体验式教师培训的内容设计是实现培训目标的关键一环，它不仅要基于现实生活问题，更需要关注被培训教师的需求和特点，将理性知识与实践问题相结合，提供丰富而有针对性的培训内容。

第一，体验式教师培训内容应该紧密围绕现实生活中的教育教学问题展开。例如，教师在课堂教学中可能面临的挑战包括学生的学习兴趣不高、课堂管理不善等。培训内容可以以这些问题为导向，设计相应的案例分析、讨论活动，帮助教师理解问题的本质并提出解决方案。

第二，体验式教师培训内容应该注重理论知识与实践问题的融合。传统的教师培训往往只注重理论知识的传授，而忽视了理论知识与实际应用的联系。因此，在体验式教师培训中，理论知识不仅仅是为了提高教师的认知水平，更应该是为了帮助教师解决实际问题。例如，教师在培训中学习到的课堂管理理论可以直接应用到实际教学中，从而提高教学效果。

第三，体验式教师培训内容的设计应该注重问题的梳理和递进。培训内容可以从简单到复杂、由表及深地展开，帮助教师逐步理解和解决实际问题。例如，一个关于课堂管理的培训内容可以分为识别问题、分析问题、制订解决方案等多个阶段，让教师在培训过程中逐步提升解决问题的能力。

第四，体验式教师培训内容的设计应该注重个性化和差异化。不同的教师可能面临不同的问题和挑战，因此培训内容应该根据教师的特点和需求进行定制化设计。例如，针对初级教师和资深教师的培训内容可以有所区别，以满足不同教师的学习需求。

3.体验式教师培训方法

体验式教师培训的方法变革是教育培训领域的一项重要举措，旨在从传统的单向灌输式教学模式转变为双向互动、身心参与的具身体验模式。这种变革不仅在理念上对教师培训提出了更高的要求，更直接地影响到了培训的实施方法和策略。体验式教师培训方法的变革旨在打破以往的思维定式，激发教师的主动性和创造性，使其在培训过程中真正体验到知识的活力和实践的价值。

（1）从专家讲座到双向互动

传统的教师培训方法通常采用专家讲座为主，培训教师将知识单向地传授给被培训教师，而被培训教师则被动地接受，缺乏实际参与和互动。这种单向的知识传递方式限制了被培训教师的主动性和参与度，也难以激发他们的学习兴趣和创造力。然而，体验式教师培训方法的变革强调双向互动，将培训过程转变为一种共同探究和共建知识的过程。

在体验式教师培训中，培训教师应该营造一个开放、包容的氛围，鼓励被培训教师积极参与到讨论和研讨中。这种互动的过程使得被培训教师不再是被动地接受知识，而是能够在交流和讨论中积极思考、提出问题、分享经验。例如，可以采用小组讨论、案例分析、角色扮演等方式，让被培训教师从不同的角度来思考问题，与他人交流讨论，共同探索解决方案。这种互动的过程不仅促进了知识的共享和交流，还能够增强被培训教师的学习动力和学习效果。

通过体验式教师培训方法的转变，被培训教师不再是被动地接受知识，而是成为知识的创造者和共享者。他们通过参与讨论和研讨，分享自己的经验和观点，从而丰富了培训过程的内容，提升了培训的效果。这种双向互动的教学方式不仅能够满足被培训教师的学习需求，还能够促进他们的个人成长和专业发展。因此，体验式教师培训方法的转变为教育培训注入了新的活力和动力，为教育培训的改革和发展提供了有力的支持。

（2）从知识输入到身心体验

传统的教师培训方法通常偏重知识的输入，而往往忽视了教师的身心体验和情感投入。在这种传统模式下，培训教师往往将知识以一种单向的方式传授给被培训教师，而被培训教师则被动地接受，缺乏深层次的参与和体验。然而，体验式教师培训方法的变革强调了身心体验的重要性，试图将培训过程转变为一种身心融合、情感共鸣的体验。

在体验式教师培训中，培训教师应该注重培训环境的营造，创设出丰富多彩的情境和场景，让被培训教师通过亲身体验和感受来理解知识和解决问题。这种身心体验的过程使得被培训教师不仅仅是被动地接受知识，而是能够在情感共鸣的氛围中深入思考、感受、体验。例如，通过角色扮演，被培训教师可以模拟真实的教学场景，扮演不同的角色，从而更加直观地感受到教学中可能出现的挑战和解决方案。情景模拟则可以让被培训教师置身于具体的情境中，通过实际操作和体验来理解知识的内涵和应用方法。而户外拓展则能够让被培训教师在自然环境中进行团队合作和挑战，从而增强团队意识和领导力。

通过这些身心体验的方式，被培训教师能够更加深入地理解知识的内涵和实践的意义，同时也能够增强其情感投入和参与度。这种身心融合、情感共鸣的体验不仅能够提升被培训教师的学习效果，还能够激发其对教育事业的热情和责任感。

（3）从知行合一到实践探究

传统的教师培训方法通常存在着知行脱节的问题，即培训过程中理论知识的输入与实际操作的实践探究之间存在一定的距离。在这种传统模式下，培训往往偏重理论知识的传授，而忽视了教师在实际教学中所面临的具体问题和挑战。这导致了被培训教师学到的知识往往无法直接转化为实际教学中的行动，从而影响了培训效果和实效性。

体验式教师培训方法的变革强调了知行合一的重要性，试图将培训过程转变为一种实践探究的过程。在这种变革中，培训教师需要注重培训内容的设计，将理论知识与实际问题相结合，通过实际操作和案例分析等方式，让被培训教师在实践中学习、在探究中成长。具体而言，可以通过教学实习、课堂观摩、项目研究等方式来实现知行合一的目标。

第一，教学实习是体验式教师培训中的重要环节之一。通过让被培训教师亲自参与到实际的教学活动中，他们能够直接感受到教学过程中的挑战和机遇，从而更加深入地理解理论知识的实际应用。在实习过程中，培训教师可以充分发挥指导和辅导的作用，帮助被培训教师解决实际教学中遇到的问题，促进其在实践中的成长和发展。

第二，课堂观摩也是体验式教师培训的重要组成部分。通过观摩其他教师的课堂教学，被培训教师可以从实际案例中学习到丰富的教学经验和有效的教学策略。观摩过程中，培训教师可以引导被培训教师进行深入思考和讨论，从而加深对教学实践的理解和认识。

第三，项目研究是体验式教师培训中的一种重要形式。通过参与具体的教育项目研究，被培训教师能够深入研究教育领域的具体问题，探索解决问题的有效途径和方法。在项目研究过程中，培训教师可以充当指导者和支持者的角色，帮助被培训教师将理论知识转化为实际行动，并不断优化和改进实践过程。

4.体验式教师培训过程

体验式教师培训过程的关键在于创设真实的问题和任务情境，这是实现交往生成的基础和支架。通过将培训置于真实的教育教学情境中，培训教师能够引导被培训教师积极参与、合作探究，从而激发其主动性和创造性。例如，一种常见的做法是在培训中设置真实的教学案例，让被培训教师通过角色扮演或小组合作等方式解决实际教学中遇到的问题。这样的情境化培训能够增强被培训教师的参与度和体验感，促进交往和生成的发生。

（1）对话交流与互动合作

体验式教师培训过程强调对话交流和互动合作，培训教师应该创造一个开放、包容的学习环境，鼓励被培训教师积极参与讨论和研讨。在这样的交流互动中，被培训教师能够分享自己的看法和经验，从而加深对知识的理解和应用。同时，培训教师也应该及时给予反馈和指导，引导被培训教师进行思考和反思。通过对话交流和互动合作，培训过程中的交往生成得以促进，被培训教师的主动性和创造性也得到了充分发挥。

（2）自我建构与生成变化

体验式教师培训过程旨在通过交往生成，促进被培训教师的自我建构和生成变化。在培训过程中，被培训教师不仅仅是知识的接收者，更是参与者和创造者。通过参与实践活动和探究研讨，被培训教师能够不断丰富自己的教育教学经验，增强专业素养和教学能力。同时，培训过程中的反思和分享也能够促进被培训教师的成长和发展。因此，体验式教师培训过程应该致力于营造一个有利于交往生成的学习环境，让被培训教师在交往和实践中不断进行自我建构，实现个体和整体的共同发展。

5.体验式教师培训场域

体验式教师培训场域的开放性是确保教师培训效果和质量的关键因素之一。传统的教师培训往往受制于封闭的课堂环境，限制了教师们的交流和互动，使得培训过程缺乏活力和实效性。因此，为了实现体验式教师培训的目标，需要将培训场域从传统的封闭式课堂延伸拓展到更开放的多元场所，提供更丰富的学习资源和交流机会。

第一，体验式教师培训场域的多元化体现在场地选择上。除了传统的报告厅和会议室，还可以利用博物馆、图书馆、展览馆等文化场所作为培训场地。例如，在博物馆举办教师培训活动，可以让教师们在真实的历史、艺术、科学等场景中进行学习和探索，激发其学习兴趣和创造力。在图书馆举办培训活动，可以让教师们接触到丰富的教育资源，拓宽其知识视野和思维广度。这样的多元场所选择为教师培训提供了更广阔的空间和更丰富的资源，有助于激发教师们的学习热情和创造潜能。

第二，体验式教师培训场域的自由化体现在物理空间的布置和利用上。与传统的课堂布局相比，体验式教师培训场域更加灵活多变，可以根据不同的培训目标和活动需求进行调整。例如，可以采用圆桌讨论的方式，让教师们坐在一起进行交流和合作；也可以设置小组活动区域，让教师们在小组中展开问题研讨和任务探究。这样的自由化布局可以促进教师们之间的平等对话和合作互动，激发其参与培训的热情和积极性。

6. 体验式教师培训评价

体验式教师培训的评价应该着眼于被培训教师的学习过程和表现，而非仅仅关注培训教师的讲授质量和输入知识的数量。这种评价方法旨在全面了解被培训教师在培训过程中的学习动机、学习态度、理论知识的迁移运用能力、合作能力、体验程度以及解决现实问题的能力等方面的表现，从而实现教师整体素质的提升。

第一，体验式教师培训评价应该注重被培训教师的学习过程。这包括激发教师的学习动机、引导教师积极参与培训活动、培养教师的问题意识和批判思维能力等。评价者可以通过观察教师的参与情况、记录教师的反馈意见、收集教师的学习日志等方式，全面了解教师在培训过程中的学习过程。

第二，体验式教师培训评价应该关注被培训教师的学习表现。这包括教师在培训过程中展现出的学习态度、合作能力、问题解决能力等方面的表现。评价者可以通过观察教师的行为举止、参与合作活动的表现、解决问题的能力等来评价教师的学习表现。

例如，一种常见的评价方式是 360 度评价法，即包括培训教师、被培训教师以及被培训教师的同事、学生等多个评价主体。培训教师可以通过观察被培训教师的参与情况、与其的交流互动等方式进行评价；被培训教师可以通过填写评价问卷、进行自我评价等方式参与评价；而被培训教师的同事、学生等也可以通过观察被培训教师的教学表现、与其的互动情况等方式参与评价。通过多个评价主体的参与，可以更全面地了解被培训教师的学习过程和表现，为教师的专业发展提供有力的支持和指导。

第三章　教师培训效果评估与反馈

第一节　教师培训效果评估指标体系构建

一、评估指标体系的概念与重要性

教师培训效果评估指标体系是为了科学、系统地评估教师培训的效果而设立的标准和框架。评估指标体系的构建有助于明确评估的标准和方向，从而更有效地了解培训效果，并为后续的培训改进提供科学依据。一个完善的评估指标体系可以从多个维度全面反映教师培训的实际效果，确保评估的全面性和准确性。

评估指标体系的概念不仅仅局限于简单的评估标准和框架，它还包含了评估内容的科学设计、评估方法的选择、评估过程的实施以及评估结果的分析和反馈等多个环节。通过建立科学、系统的评估指标体系，可以确保培训效果的客观性和准确性，有助于揭示教师培训的实际效果，从而为培训改进和优化提供可靠的依据。

在当今教育改革和发展的大背景下，教师培训的重要性日益凸显。通过系统的评估，可以全面了解教师培训的实际效果，找出存在的问题和不足，从而采取针对性的改进措施，提升教师的专业素质和教学能力，进而促进教育质量的全面提升。因此，构建科学、合理的教师培训效果评估指标体系具有重要的理论意义和实践价值。

二、评估指标体系的构成要素

（一）知识与技能提升

1. 专业知识的掌握

教师在培训后对专业知识的掌握程度是评估培训效果的重要指标之一。专业知识的掌握不仅包括理论知识的理解，还包括实践知识的应用能力。例如，教师对新课程标准的理解、教材内容的把握、学科前沿知识的更新等都属于专业知识掌握的范畴。通过评估教师在这些方面的提升情况，可以了解培训在知识传递和更新方面的效果。

为了全面评估教师对专业知识的掌握情况，培训评估可以采用多种方法。例如，通过知识测验和考试，可以评估教师对理论知识的掌握程度；通过课堂观察和教学展示，可以评估教师在实践中应用知识的能力。此外，还可以通过教师的教学计划和教学设计，了解他们如何将所学知识融入实际教学中。例如，教师是否能够根据新课程标准设计教学内容，是否能够在课堂中灵活运用教材，是否能够及时更新学科前沿知识，这些都是评估教师专业知识掌握的重要指标。

进一步来说，教师在培训后不仅应掌握现有的专业知识，还应具备持续学习和更新知识的能力。例如，教师能够通过自主学习、参加学术会议、阅读专业文献等方式，不断提升自己的专业水平。培训评估可以通过调查教师的学习态度和学习行为，了解他们在培训后的学习动力和学习效果。例如，教师是否主动参与继续教育，是否积极参加学术交流活动，是否经常查阅和学习最新的学科研究成果，这些都可以反映教师的专业发展状况。

2. 教学方法的改进

教学方法的改进是评估教师培训效果的另一个重要方面。现代教育理论强调教学方法的多样性和创新性，教师在培训后应能够掌握并应用多种教学方法，提高教学的有效性和趣味性。例如，教师能否在课堂中应用启发式教学、探究式教学、合作学习等新型教学方法，能否根据学生的实际情况调整教学策略，这些都是评估教学方法改进的重要指标。

评估教学方法的改进，可以通过课堂观察、学生反馈和教学评价等多种方式进行。课堂观察可以直接了解教师在教学中采用的方法和策略，例如，教师是否能够设计出吸引学生注意力的课堂活动，是否能够有效组织小组讨论和合作学习，是否能够通过提问和启发引导学生思考和探究。学生反馈可以反映学生对教学方法的接受程度和满意度，例如，学生是否对教师的教学方法感兴趣，是否认为这些方法有助于理解和掌握知识，是否愿意参与课堂活动和讨论。教学评价则可以通过问卷调查、访谈和评审等方式，综合评估教师的教学方法和效果，例如，教师是否能够根据学生的反馈和建议改进教学方法，是否能够灵活应对课堂中的各种情况和挑战，是否能够不断创新和优化教学策略。

此外，教师在培训后应具备反思和改进教学方法的能力。例如，教师应能够通过教学反思、同行交流、专业发展活动等方式，不断改进和提升自己的教学方法。培训评估可以通过调查教师的反思态度和行为，了解他们在培训后的专业发展情况。例如，教师是否经常进行教学反思，是否积极参与教学研究和探讨，是否主动寻求同行的建议和反馈，这些都可以反映教师在教学方法方面的改进和提升。

3. 技术应用能力

随着信息技术在教育中的广泛应用，教师的技术应用能力也成为评估培训效果的重要内容。教师在培训后能否熟练掌握并应用各类教育技术工具，如多媒体教学设备、在线教学平台、教育软件等，是评估其技术应用能力的重要指标。通过评估教师在这些方面的提升情况，可以了解培训在技术应用能力培养方面的效果。

评估教师的技术应用能力，可以通过实际操作测试、课堂观察和学生反馈等多种方式进行。实际操作测试可以直接评估教师对各类教育技术工具的掌握程度，例如，教师是否能够熟练使用多媒体教学设备，是否能够有效利用在线教学平台，是否能够灵活应用各种教育软件和工具。课堂观察可以了解教师在实际教学中应用技术的能力和效果，例如，教师是否能够通过多媒体教学提高课堂的互动性和趣味性，是否能够通过在线平台进行有效的教学管理和学生互动，是否能够利用教育软件进行个性化教学和学习支持。学生反馈可以反映学生对教师技术应用的接受程度和满意度，例如，学生是否认为教师的技术应用有助于理解和掌握知识，是否愿意参与技术支持的课堂活动和学习任务，是否对教师的技术应用感到满意和认可。

此外，教师在培训后应具备持续学习和更新技术的能力。例如，教师应能够通过自主学习、参加技术培训、阅读专业文献等方式，不断提升自己的技术应用能力。培训评估可以通过调查教师的学习态度和学习行为，了解他们在培训后的技术发展情况。例如，教师是否主动参与技术培训和继续教育，是否积极学习和应用新技术，是否经常查阅和学习最新的教育技术研究成果，这些都可以反映教师的技术应用能力和发展潜力。

（二）教学行为改变

1.教学设计的创新性

教学设计的创新性是评估教师培训效果的重要方面之一。教师在培训后能否在教学设计中体现出创新性和创造力，能否设计出符合学生实际需求、具有挑战性和趣味性的教学活动，是评估其教学设计能力的重要指标。例如，教师是否能够设计出基于问题解决的教学活动、跨学科的综合性教学活动、以学生为中心的自主学习活动等，这些都可以反映教师在教学设计方面的创新能力。

评估教师的教学设计创新性，可以通过教学计划、教学设计和课堂观察等多种方式进行。教学计划和教学设计可以直接了解教师在设计教学内容和活动时的创新性和创造力，例如，教师是否能够设计出与学生实际需求和兴趣相符合的教学内容，是否能够设计出具有挑战性和趣味性的教学活动，是否能够结合学科前沿知识和最新研究成果进行教学设计。课堂观察可以了解教师在实际教学中实施教学设计的效果，例如，教师是否能够通过创新的教学设计提高学生的学习兴趣和参与度，是否能够通过设计有趣和具有挑战性的学习任务激发学生的学习动力，是否能够通过多样化的教学活动促进学生的全面发展。

此外，教师在培训后应具备持续创新和改进教学设计的能力。例如，教师应能够通过教学反思、同行交流、专业发展活动等方式，不断改进和优化自己的教学设计。培训评估可以通过调查教师的反思态度和行为，了解他们在培训后的专业发展情况。例如，教师是否经常进行教学反思，是否积极参与教学研究和探讨，是否主动寻求同行的建议和反馈，是否能够通过不断学习和实践创新教学设计，这些都可以反映教师在教学设计方面的创新能力和发展潜力。

2.课堂管理能力的提升

课堂管理能力是教师教学行为的重要组成部分，良好的课堂管理能力可以提高教学效率，促进学生的积极参与。教师在培训后能否有效地管理课堂，能否营造出良好的课堂氛围，能否处理好课堂中的各种突发情况，都是评估其课堂管理能力的重要指标。通过评估教师在这些方面的提升情况，可以了解培训在课堂管理能力培养方面的效果。

评估教师的课堂管理能力，可以通过课堂观察、学生反馈和教师自评等多种方式进行。课堂观察可以直接了解教师在实际教学中的课堂管理情况，例如，教师是否能够通过有效的课堂管理策略维持良好的课堂秩序，是否能够通过积极的课堂氛围促进学生的参与和学习，是否能够通过灵活应对课堂中的突发情况保障教学的顺利进行。学生反馈可以反映学生对教师课堂管理的认可程度和满意度，例如，学生是否认为教师的课堂管理有效，是否对课堂氛围感到满意，是否认为教师能够公平、公正地处理课堂问题。教师自评可以帮助教师进行自我反思和改进，例如，教师是否能够通过自我评估发现和改进课堂管理中的问题，是否能够通过反思和学习不断提升自己的课堂管理能力。

此外，教师在培训后应具备持续改进和提升课堂管理能力的能力。例如，教师应能够通过教学反思、同行交流、专业发展活动等方式，不断改进和优化自己的课堂管理策略。培训评估可以通过调查教师的反思态度和行为，了解他们在培训后的专业发展情况。例如，教师是否经常进行课堂管理反思，是否积极参与课堂管理研究和探讨，是否主动寻求同行的建议和反馈，是否能够通过不断学习和实践提升课堂管理能力，这些都可以反映教师在课堂管理方面的提升和发展潜力。

3. 学生互动的增多

学生互动的增多是评估教师教学行为改变的一个重要指标。现代教育理论强调师生互动和生生互动的重要性，认为通过互动可以促进学生的深度学习和全面发展。教师在培训后能否在课堂中增加与学生的互动，能否设计出促进学生互动的教学活动，能否激发学生的主动性和参与感，这些都是评估其学生互动能力的重要指标。

评估教师的学生互动能力，可以通过课堂观察、学生反馈和教学评价等多种方式进行。课堂观察可以直接了解教师在教学中促进学生互动的情况，例如，教师是否能够通过提问、讨论、小组活动等方式促进学生之间的互动，是否能够通过启发式教学和探究式教学激发学生的思考和讨论，是否能够通过积极的课堂氛围鼓励学生的主动参与。学生反馈可以反映学生对课堂互动的满意度和参与度，例如，学生是否认为教师的互动方式有助于理解和掌握知识，是否愿意参与课堂活动和讨论，是否对教师的互动方式感到满意和认可。教学评价则可以通过问卷调查、访谈和评审等方式，综合评估教师的互动能力和效果，例如，教师是否能够根据学生的反馈和建议改进互动方式，是否能够灵活应对课堂中的各种互动情况和挑战，是否能够不断创新和优化互动策略。

此外，教师在培训后应具备持续提升学生互动能力的能力。例如，教师能够通过教学反思、同行交流、专业发展活动等方式，不断改进和提升自己的互动能力。培训评估可以通过调查教师的反思态度和行为，了解他们在培训后的专业发展情况。例如，教师是否经常进行互动反思，是否积极参与互动研究和探讨，是否主动寻求同行的建议和反馈，是否能够通过不断学习和实践提升互动能力，这些都可以反映教师在互动能力方面的提升和发展潜力。

（三）职业态度和素养

1. 职业道德的提升

职业道德是教师职业素养的重要组成部分，教师在培训后能否在职业道德方面有所提升，是评估培训效果的重要指标之一。职业道德的提升不仅包括教师对教育事业的热爱和奉献精神，还包括教师在日常教学工作中的责任感和使命感。例如，教师是否能够更加注重学生的全面发展，是否能够公平对待每一个学生，是否能够遵守教育法规和职业道德规范，这些都可以反映教师在职业道德方面的提升情况。

评估教师的职业道德，可以通过课堂观察、学生反馈、同行评议和教师自评等多种方式进行。课堂观察可以了解教师在日常教学中的职业道德表现，例如，教师是否能够尊重学生的个体差异，是否能够公平、公正地对待每一个学生，是否能够在教学中体现出高度的责任感和使命感。学生反馈可以反映学生对教师职业道德的认可程度，例如，学生是否认为教师关心他们的全面发展，是否认为教师公平对待每一个学生，是否对教师的职业道德表现感到满意和认可。同行评议可以通过同事和领导的评价，综合评估教师的职业道德水平，例如，教师是否能够与同事和谐相处，是否能够遵守学校的规章制度，是否能够积极参与学校的各项工作。教师自评可以帮助教师进行自我反思和改进，例如，教师是否能够通过自我评估发现和改进职业道德中的问题，是否能够通过反思和学习不断提升自己的职业道德水平。

2. 教学态度的改变

教学态度是教师职业素养的另一个重要方面，教师在培训后能否在教学态度方面有所改变，是评估培训效果的重要指标之一。教学态度的改变不仅包括教师对教学工作的热情和积极性，还包括教师在教学过程中是否能够关注学生的需求和感受。例如，教师是否能够更加耐心地解答学生的问题，是否能够更加细致地准备教学内容，是否能够更加灵活地调整教学策略，这些都可以反映教师在教学态度方面的改变情况。

评估教师的教学态度，可以通过课堂观察、学生反馈和教师自评等多种方式进行。课堂观察可以了解教师在教学中的态度表现，例如，教师是否能够热情投入到教学工作中，是否能够耐心细致地解答学生的问题，是否能够关注学生的需求和感受。学生反馈可以反映学生对教师教学态度的认可程度和满意度，例如，学生是否认为教师对教学工作充满热情，是否认为教师能够耐心细致地解答他们的问题，是否对教师的教学态度感到满意和认可。教师自评可以帮助教师进行自我反思和改进，例如，教师是否能够通过自我评估发现和改进教学态度中的问题，是否能够通过反思和学习不断提升自己的教学态度。

3. 教育理念的更新

教育理念是教师职业素养的重要组成部分，教师在培训后能否在教育理念方面有所更新，是评估培训效果的重要指标之一。教育理念的更新不仅包括教师对教育本质和目的的重新认识，还包括教师对教学方法和策略的重新思考。例如，教师是否能够更加注重学生的个性化发展，是否能够更加注重培养学生的创新能力和实践能力，是否能够更加注重学生的心理健康和全面发展，这些都可以反映教师在教育理念方面的更新情况。

评估教师的教育理念更新，可以通过教学计划、教学设计和课堂观察等多种方式进行。教学计划和教学设计可以直接了解教师在设计教学内容和活动时的教育理念，例如，教师是否能够设计出注重学生个性化发展的教学内容，是否能够设计出培养学生创新能力和实践能力的教学活动，是否能够设计出注重学生心理健康和全面发展的教学计划。课堂观察可以了解教师在实际教学中实施教育理念的效果，例如，教师是否能够通过创新的教育理念提高学生的学习兴趣和参与度，是否能够通过设计有趣和具有挑战性的学习任务激发学生的学习动力，是否能够通过多样化的教学活动促进学生的全面发展。

此外，教师在培训后应具备持续更新和提升教育理念的能力。例如，教师能够通过教学反思、同行交流、专业发展活动等方式，不断更新和提升自己的教育理念。培训评估可以通过调查教师的反思态度和行为，了解他们在培训后的专业发展情况。例如，教师是否经常进行教育理念反思，是否积极参与教育理念研究和探讨，是否主动寻求同行的建议和反馈，是否能够通过不断学习和实践提升教育理念，这些都可以反映教师在教育理念方面的更新和发展潜力。

第二节　教师培训效果评估方法与工具

一、评估方法的选择与应用

（一）问卷调查法

1. 问卷设计

（1）问卷的目的与内容

问卷调查法通过设计科学合理的问卷，调查教师对培训的满意度、知识技能提升情况、教学行为改变等方面的信息。问卷调查法具有操作简便、数据收集广泛等优点，是教师培训效果评估中常用的一种方法。为了确保问卷能够全面、准确地反映培训效果，问卷设计应包括封闭式题目和开放式题目，以便全面收集评估信息。

（2）封闭式题目的设计

封闭式题目通常采用选择题、评分题等形式，便于量化分析。例如，针对培训满意度，可以设置"您对本次培训的整体满意度如何？"的题目，并提供"非常满意""满意""一般""不满意""非常不满意"等选项。封闭式题目设计应注意题目的明确性和易于理解，避免歧义和复杂表达，以提高问卷的可操作性和数据的可靠性。

（3）开放式题目的设计

开放式题目可以获取更为详细和具体的信息，有助于深入了解教师的真实感受和具体建议。例如，针对培训内容，可以设置"请您简要描述本次培训中对您帮助最大的内容？"的题目，鼓励教师表达自己的看法和意见。开放式题目设计应注意题目的开放性和引导性，避免过于笼统或引导性强的问题，以获取更为丰富和真实的反馈。

（4）问卷的结构与逻辑

问卷的结构应逻辑清晰，题目排列顺序应合理安排，避免跳跃和重复。例如，可以按照培训满意度、知识技能提升、教学行为改变等模块进行分类，每个模块内的题目应按从总体到具体、从简单到复杂的顺序排列，以提高问卷的填答体验和数据的质量。

2. 问卷的实施与数据分析

（1）问卷的分发与收集

问卷的分发可以通过纸质问卷和电子问卷两种形式进行。纸质问卷适用于培训现场发放和回收，电子问卷则可以通过邮件、在线平台等方式分发，方便教师随时随地填写。为了提高问卷的回收率，可以采取匿名填写、设置填写激励等措施，鼓励教师积极参与问卷调查。

（2）数据的整理与分析

问卷数据收集后，需要进行整理和分析。封闭式题目的数据可以通过统计软件进行量化分析，例如计算平均值、标准差、频数分布等，揭示教师对培训的整体满意度和具体评价。开放式题目的数据可以通过内容分析法进行质性分析，提取主要主题和观点，了解教师的具体感受和建议。

（3）结果的反馈与应用

问卷调查结果应及时反馈给培训组织者和教师，作为改进培训方案和增强培训效果的重要依据。反馈形式可以包括书面报告、数据图表、口头汇报等，确保结果的清晰和易于理解。通过分析问卷结果，可以发现培训中的优势和不足，提出针对性的改进措施，提高未来培训的效果。

（二）访谈法

1. 访谈提纲的制订

（1）访谈目的与内容

访谈法通过与教师进行深度访谈，了解其对培训的真实感受和具体收获，获得详细、具体的评估信息。访谈法能够深入了解教师的培训体验和效果，是问卷调查法的重要补充。为了确保访谈能够全面、深入地反映培训效果，访谈提纲应涵盖培训满意度、知识技能提升、教学行为改变等多个方面。

（2）访谈对象的选择

访谈对象应具有代表性，包括不同学科、不同年级、不同教学经验的教师。可以根据问卷调查结果，选择一些典型教师进行访谈，了解他们在培训中的具体体验和感受。同时，可以选择一些对培训效果评价较高或较低的教师，深入了解他们的具体意见和建议。

（3）访谈问题的设计

访谈问题应开放、具体，引导教师详细表达自己的看法和感受。例如，针对培训满意度，可以设置"您对本次培训的整体感觉如何？""您认为本次培训有哪些地方做得比较好？""您对培训内容有哪些建议？"等问题。访谈问题设计应注意问题的开放性和引导性，避免过于笼统或引导性强的问题，以获取更为详细和真实的反馈。

2. 访谈的实施与数据分析

（1）访谈的实施

访谈可以采用面对面访谈、电话访谈和在线访谈等多种形式进行。面对面访谈适用于获取详细、深入的信息，电话访谈和在线访谈则适用于方便教师参与。访谈过程中，访谈者应注意倾听和引导，避免打断和引导教师的回答，确保访谈内容的真实性和完整性。

（2）数据的整理与分析

访谈数据整理可以通过记录和转录，将访谈内容整理成文字材料。数据分析可以采用内容分析法，通过阅读和分析访谈文本，提取主要主题和观点，了解教师的具体感受和建议。例如，可以通过分析教师对培训内容的评价，了解哪些内容对教师帮助最大，哪些内容需要改进。通过分析教师对培训方法的评价，了解哪些方法最有效，哪些方法需要优化。

（3）结果的反馈与应用

访谈结果应及时反馈给培训组织者和教师，作为改进培训方案和增强培训效果的重要依据。反馈形式可以包括书面报告、口头汇报、数据图表等，确保结果的清晰和易于理解。通过分析访谈结果，可以发现培训中的优势和不足，提出针对性的改进措施，提高未来培训的效果。

（三）课堂观察法

1. 课堂观察的目的与内容

（1）观察目的

课堂观察法通过对教师实际课堂教学的观察，评估其教学行为的改变和教学能力的提升情况。课堂观察法能够直接、客观地反映教师培训效果，是教师培训效果评估中的重要方法。为了确保课堂观察能够全面、准确地反映培训效果，观察内容应包括教学设计、教学方法、课堂管理、学生互动等多个维度。

（2）观察内容

课堂观察内容应全面、系统，涵盖教师在课堂中的各项教学行为。例如，教学设计方面，可以观察教师的教学目标是否明确，教学内容是否合理，教学过程是否有序；教学方法方面，可以观察教师是否采用多样化的教学方法，是否能够灵活调整教学策略；课堂管理方面，可以观察教师是否能够有效维持课堂秩序，是否能够处理课堂中的突发情况；学生互动方面，可以观察教师是否能够促进学生的互动，是否能够激发学生的学习兴趣和参与度。

2.课堂观察的实施与数据分析

（1）观察的实施

课堂观察可以采用参与观察和非参与观察两种方式进行。参与观察是指观察者在课堂中扮演学生的角色，与学生一起参与课堂活动，获取第一手的观察数据；非参与观察是指观察者在课堂外部进行观察，不干扰教师和学生的正常教学活动。观察过程中，观察者应注意观察记录的全面性和准确性，确保观察数据的真实性和可靠性。

（2）数据的整理与分析

课堂观察数据整理可以通过记录和转录，将观察内容整理成文字材料。数据分析可以采用量化分析和质性分析相结合的方法，通过阅读和分析观察记录，提取主要主题和观点，了解教师的教学行为改变和教学能力提升情况。例如，可以通过分析教师在课堂中的教学方法，了解哪些方法最有效，哪些方法需要优化；通过分析教师在课堂中的课堂管理，了解教师在维持课堂秩序和处理突发情况方面的能力；通过分析教师在课堂中的学生互动，了解教师在促进学生互动和激发学生学习兴趣方面的表现。

（3）结果的反馈与应用

课堂观察结果应及时反馈给培训组织者和教师，作为改进培训方案和增强培训效果的重要依据。反馈形式可以包括书面报告、数据图表、口头汇报等，确保结果的清晰和易于理解。通过分析课堂观察结果，可以发现培训中的优势和不足，提出针对性的改进措施，提高未来培训的效果。

二、评估工具的设计与使用

（一）问卷设计

1.问卷结构的设计

（1）问卷的模块划分

为了确保问卷设计的系统性和逻辑性，可以将问卷分为多个模块，每个模块涵盖一个评估维度。这种划分方式可以帮助受访者更有条理地思考和回答问题，同时也便于研究者在分析数据时进行分类和对比。

①培训满意度模块

培训满意度模块是问卷中不可或缺的一部分，用于评估受访者对培训整体效果的满意度。具体内容包括对培训内容、培训方法、培训组织等方面的满意度评价。例如：

a.培训内容：受访者对培训内容的深度和广度是否满意，是否符合其预期和需求。

b.培训方法：评估培训过程中使用的方法和工具是否有效，是否能够促进知识的吸收和技能的提升。

c.培训组织：对培训的组织管理、时间安排、场地设施等方面的满意度进行评价。

②知识技能提升模块

知识技能提升模块主要评估受访者在培训后专业知识、教学方法、技术应用能力等方面的提升情况。例如：

a.专业知识：受访者对培训过程中所学专业知识的掌握程度，是否能够应用于实际工作。

b.教学方法：受访者在培训后是否学到了新的教学方法，是否对其教学实践有所帮助。

c.技术应用能力：受访者在培训后对新技术的掌握情况，是否能够将其应用于教学和管理中。

③教学行为改变模块

教学行为改变模块用于评估受访者在培训后在教学设计、课堂管理、学生互动等方面的改变情况。例如：

a. 教学设计：受访者是否在培训后对教学设计有了新的认识，是否能够设计出更有效的教学方案。

b. 课堂管理：受访者在培训后是否改进了课堂管理的策略和方法，是否能够更有效地管理课堂。

c. 学生互动：受访者在培训后是否加强了与学生的互动，是否采用了新的互动方式来激发学生的学习兴趣。

这种模块化的设计不仅能够全面、系统地评估培训效果，还能够帮助研究者在数据分析过程中更好地理解和解释结果。

（2）题目排列顺序

问卷题目的排列顺序对问卷的流畅性和受访者的答题体验有重要影响。合理的题目排列顺序可以引导受访者逐步深入地思考和回答，提高问卷的填答质量。

①从总体到具体的排列顺序

题目的排列应遵循从总体到具体的原则。首先设置一些总体满意度的题目，让受访者对整体情况进行评价。例如：

a. "您对本次培训的整体满意度如何？"（非常满意、满意、一般、不满意、非常不满意）

接着，再设置一些具体的满意度题目，例如：

b. "您对本次培训内容的满意度如何？"

c. "您对本次培训方法的满意度如何？"

d. "您对本次培训组织的满意度如何？"

最后，设置一些具体的开放式题目，例如：

e. "请您简要描述本次培训中对您帮助最大的内容？"

f. "请您提出对本次培训的建议和意见。"

这种安排方式可以帮助受访者逐步聚焦具体问题，深入思考，提高回答的准确性和详细程度。

②从简单到复杂的排列顺序

题目的排列还应遵循从简单到复杂的原则。首先设置一些简单的封闭式题目，如选择题、评分题等，帮助受访者进入答题状态。例如：

a. "您是否参加了本次培训？"（是 / 否）

b. "您对本次培训的整体感觉如何？"（非常好、好、一般、差、非常差）

然后，再设置一些需要更多思考和描述的开放式题目，例如：

c. "请您描述本次培训中您最喜欢的部分是什么？"

"您认为本次培训在哪些方面还有改进的空间？"

这种由浅入深的题目排列方式，可以帮助受访者逐步进入状态，减少答题压力，提高答题的完整性和质量。

（3）题目的形式

问卷题目的形式应包括封闭式题目和开放式题目两种形式，便于量化分析和收集详细信息。

①封闭式题目

封闭式题目可以采用选择题、评分题等形式，便于量化分析。例如：

a. 选择题："您对本次培训内容的满意度如何？"（非常满意、满意、一般、不满意、非常不满意）

b. 评分题："请为本次培训的组织工作打分"（1—10 分）

封闭式题目能够快速、简洁地获取受访者的基本态度和意见，便于统计和分析数据。

②开放式题目

开放式题目可以采用简答题、描述题等形式，便于收集详细和具体的信息。例如：

a. 简答题："请您简要描述本次培训中对您帮助最大的内容？"

b. 描述题："请您详细说明您认为本次培训在哪些方面还有改进的空间？"

开放式题目能够深入了解受访者的真实想法和具体建议，为改进培训提供有价值的反馈信息。

③封闭式与开放式题目的结合

在设计问卷时，封闭式题目和开放式题目应结合使用，以全面获取受访者的意见和建议。例如：

a. 封闭式题目："您对本次培训内容的满意度如何？"（非常满意、满意、一般、不满意、非常不满意）

b. 开放式题目："请详细说明您对培训内容的意见和建议。"

这种结合使用的方式，既能通过封闭式题目快速获取量化数据，又能通过开放式题目收集详细的定性信息，为全面评估培训效果提供坚实的基础。

2. 问卷内容的设计

（1）培训满意度

培训满意度是评估教师培训效果的重要指标之一。通过评估教师对培训内容、培训方法、培训组织等方面的满意度，可以了解教师对培训的整体评价和具体感受。这不仅有助于识别培训的优点和不足，还能为今后的培训改进提供重要依据。

①培训内容的满意度

评估培训内容的满意度是了解培训效果的首要步骤。问卷可以设置以下题目:

a."您对本次培训内容的满意度如何？"（非常满意、满意、一般、不满意、非常不满意）

b."本次培训内容是否符合您的期望和需求？"（非常符合、符合、一般、不符合、非常不符合）

这些题目可以帮助评估培训内容是否与教师的实际需求相符，是否具有实际应用价值。例如，一次关于教育技术的培训，如果教师普遍认为内容新颖且实用，说明培训内容设计合理，达到了预期效果。

②培训方法的满意度

培训方法的有效性直接影响到培训效果。问卷可以设置以下题目:

a."您对本次培训方法的满意度如何？"（非常满意、满意、一般、不满意、非常不满意）

b."培训过程中使用的方法和工具是否有效？"（非常有效、有效、一般、无效、非常无效）

通过这些题目，可以了解教师对培训方法的评价，包括讲座、工作坊、小组讨论、案例分析等不同形式的培训活动是否有效。例如，如果教师普遍认为小组讨论环节非常有助于理解和应用培训内容，说明这种方法值得在今后的培训中推广。

③培训组织的满意度

培训组织的质量也是影响培训效果的重要因素。问卷可以设置以下题目:

a.“您对本次培训组织的满意度如何？”（非常满意、满意、一般、不满意、非常不满意）

b.“培训的时间安排和场地设施是否合理？”（非常合理、合理、一般、不合理、非常不合理）

这些题目可以帮助评估培训的组织管理、时间安排、场地设施等方面是否得当。例如，如果教师普遍反映培训时间安排合理、场地设施完备，说明培训组织得当，有助于增强培训效果。

（2）知识技能提升

知识技能提升是评估教师培训效果的核心内容。通过评估教师在专业知识、教学方法、技术应用能力等方面的提升情况，可以了解培训对教师专业发展的实际作用。

①专业知识的提升

评估教师在专业知识方面的提升情况是评估培训效果的重要内容。问卷可以设置以下题目：

a.“您在本次培训中对专业知识的掌握情况如何？”（非常好、好、一般、差、非常差）

b.“本次培训是否帮助您解决了工作中遇到的专业问题？”（非常解决、解决、一般、未解决、完全未解决）

这些题目可以帮助了解教师在培训过程中对专业知识的掌握程度，是否能够将所学知识应用于实际教学和工作中。例如，如果教师普遍认为培训中的专业知识非常实用，解决了他们在教学中遇到的问题，说明培训达到了预期效果。

②教学方法的提升

评估教师在教学方法方面的提升情况，可以了解培训对教师教学实践的影响。问卷可以设置以下题目：

a.“您在本次培训中对教学方法的提升情况如何？”（非常好、好、一般、差、非常差）

b.“本次培训是否帮助您掌握了新的教学方法？”（非常掌握、掌握、一般、未掌握、完全未掌握）

通过这些题目，可以了解教师在培训中是否学到了新的教学方法，是否能够在实际教学中应用。例如，如果教师普遍反映在培训中学到了新的互动教学法，并在课堂上得到了良好效果，说明培训在提升教师教学方法方面取得了成功。

③技术应用能力的提升

在现代教育中，技术应用能力是教师必须具备的核心能力之一。评估教师在技术应用能力方面的提升情况，可以了解培训在这方面的效果。问卷可以设置以下题目：

a."您在本次培训中对技术应用能力的提升情况如何？"（非常好、好、一般、差、非常差）

b."本次培训是否提高了您在教学中应用技术工具的能力？"（非常提高、提高、一般、未提高、完全未提高）

这些题目可以帮助了解教师在培训中是否掌握了新的技术工具和方法，是否能够在教学中有效应用。例如，如果教师普遍认为培训中学习的教育技术工具非常实用，并且能够提升课堂教学效果，说明培训在技术应用能力提升方面取得了良好效果。

（3）教学行为改变

教学行为改变是评估教师培训效果的重要方面。通过评估教师在教学设计、课堂管理、学生互动等方面的改变情况，可以了解培训对教师实际教学行为的影响。

①教学设计的创新性

评估教师在教学设计方面的创新性，可以了解培训对教师教学设计能力的提升情况。问卷可以设置以下题目：

a."您在本次培训后在教学设计中的创新性如何？"（非常高、高、一般、低、非常低）

b."本次培训是否帮助您设计出更有效的教学方案？"（非常有效、有效、一般、无效、完全无效）

通过这些题目，可以了解教师在培训后是否能够设计出更创新和有效的教学方案。例如，如果教师普遍反映培训后能够设计出更符合学生需求和学习规律的教学方案，说明培训在提升教学设计能力方面取得了成效。

②课堂管理能力的提升

评估教师在课堂管理能力方面的提升情况，可以了解培训对教师课堂管理策略的影响。问卷可以设置以下题目：

a."您在本次培训后在课堂管理能力方面的提升情况如何？"（非常高、高、一般、低、非常低）

b."本次培训是否帮助您改进了课堂管理的方法？"（非常有效、有效、一般、无效、完全无效）

这些题目可以帮助了解教师在培训后是否改进了课堂管理的方法，是否能够更有效地管理课堂。例如，如果教师普遍认为培训中的课堂管理策略非常实用，并且在实际教学中取得了良好效果，说明培训在提升课堂管理能力方面取得了成功。

③ 促进学生互动的能力

评估教师在促进学生互动方面的表现，可以了解培训对教师互动教学策略的影响。问卷可以设置以下题目：

a."您在本次培训后在促进学生互动方面的表现如何？"（非常高、高、一般、低、非常低）

b."本次培训是否帮助您采用了新的互动教学策略？"（非常有效、有效、一般、无效、完全无效）

通过这些题目，可以了解教师在培训后是否采用了新的互动教学策略，是否能够更有效地促进学生互动。例如，如果教师普遍反映培训中学习的互动教学策略非常有效，并且在课堂上增强了学生的参与度和互动性，说明培训在提升互动教学能力方面取得了成效。

（4）开放式题目

开放式题目可以获取更为详细和具体的信息，有助于深入了解教师的真实感受和具体建议。通过设置开放式题目，鼓励教师表达自己的看法和意见，为改进培训方案提供参考。

①获取详细反馈

开放式题目可以帮助获取教师对培训的详细反馈，了解他们的真实感受和具体建议。例如：

a. "请您简要描述本次培训中对您帮助最大的内容？"

b. "请您提出对本次培训的改进建议？"

通过这些题目，可以收集到教师的具体反馈和建议，为今后改进培训方案提供重要参考。例如，教师可能会详细描述培训中的某个环节对其教学实践的具体帮助，或提出某些培训内容的改进建议，这些信息都对改进培训具有重要价值。

②了解教师的个性化需求

开放式题目还可以帮助了解教师的个性化需求，制订更有针对性的培训方案。例如：

a. "请您描述您在教学中遇到的主要挑战？"

b. "请您提出希望在未来培训中学习的具体内容？"

通过这些题目，可以了解教师在教学中遇到的具体问题和挑战，以及他们对未来培训内容的需求。这些信息可以帮助培训组织者更好地了解教师的实际需求，制订更符合教师需求的培训方案。

③收集创新建议

开放式题目可以鼓励教师提出创新建议，为改进培训方案提供新的思路和方法。例如：

a. "请您分享一个您认为可以提升培训效果的创新建议？"

b. "请您提出一个关于培训方法的创新想法？"

通过这些题目，可以收集到教师对于培训方法和内容的创新建议，发现更多有助于提升培训效果的创意。例如，教师可能会提出引入更多互动环节、增加实践操作内容、采用多样化的培训形式等建议，这些创新思路可以帮助培训组织者不断优化培训方案，提升培训的吸引力和实际效果。

（二）访谈提纲

1. 访谈提纲的结构

（1）访谈的模块划分

访谈提纲应涵盖培训满意度、知识技能提升、教学行为改变等多个方面。可以将访谈提纲分为多个模块，每个模块包括若干个具体问题。例如，培训满意度模块可以包括"您对本次培训的整体感觉如何？""您对本次培训内容的评价如何？""您对本次培训方法的评价如何？"知识技能提升模块可以包括"您在本次培训中对专业知识的掌握情况如何？""您在本次培训中对教学方法的提升情况如何？"教学行为改变模块可以包括"您在本次培训后在教学设计中的创新性如何？""您在本次培训后在课堂管理能力方面的提升情况如何？"

（2）问题的排列顺序

访谈提纲中的问题排列顺序应按照从总体到具体、从简单到复杂的原则进行。例如，可以先问一些总体性的、开放性的问题，如"您对本次培训的整体感觉如何？"接着再问一些具体的、封闭性的问题，如"您在本次培训中对专业知识的掌握情况如何？"然后再问一些更深入的、开放性的问题，如"请您详细描述本次培训中对您帮助最大的内容？"这样安排问题，可以引导教师逐步深入地思考和回答，提高访谈的质量。

2. 访谈提纲的内容

（1）培训满意度

培训满意度是评估教师培训效果的重要指标之一。访谈提纲应设置相关问题，深入了解教师对培训内容、培训方法、培训组织等方面的评价。例如，"您对本次培训的整体感觉如何？""您认为本次培训有哪些地方做得比较好？""您对培训内容有哪些建议？"通过这些问题，可以了解教师对培训的整体评价和具体感受。

（2）知识技能提升

知识技能提升是评估教师培训效果的核心内容。访谈提纲应设置相关问题，深入了解教师在专业知识、教学方法、技术应用能力等方面的提升情况。例如，"您在本次培训中对专业知识的掌握情况如何？""您在本次培训中对教学方法的提升情况如何？""您在本次培训中对技术应用能力的提升情况如何？"通过这些问题，可以了解教师在知识技能方面的提升效果。

（3）教学行为改变

教学行为改变是评估教师培训效果的重要方面。访谈提纲应设置相关问题，深入了解教师在教学设计、课堂管理、学生互动等方面的改变情况。例如，"您在本次培训后在教学设计中的创新性如何？""您在本次培训后在课堂管理能力方面的提升情况如何？""您在本次培训后在促进学生互动方面的表现如何？"通过这些问题，可以了解教师在教学行为方面的改变效果。

（4）开放性问题

开放性问题可以获取更为详细和具体的信息，有助于深入了解教师的真实感受和具体建议。访谈提纲应设置一些开放性问题，鼓励教师详细表达自己的看法和意见。例如，"请您详细描述本次培训中对您帮助最大的内容？""请您提出对本次培训的改进建议？"通过这些问题，可以收集到教师的具体反馈和建议，为改进培训方案提供参考。

（三）课堂观察表

1.课堂观察表的结构

（1）观察的模块划分

课堂观察表应涵盖教学设计、教学方法、课堂管理、学生互动等多个维度。可以将课堂观察表分为多个模块，每个模块包括若干个具体观察项目。例如，教学设计模块可以包括教学目标、教学内容、教学过程等项目；教学方法模块可以包括教学方法的多样性、教学策略的灵活性等项目；课堂管理模块可以包括课堂秩序、课堂纪律、课堂氛围等项目；学生互动模块可以包括师生互动、生生互动、学生参与度等项目。

（2）观察项目的排列顺序

课堂观察表中的观察项目排列顺序应按照教学过程的逻辑顺序进行。例如，可以先观察教学设计的项目，如教学目标是否明确，教学内容是否合理，然后再观察教学方法的项目，如教学方法是否多样，教学策略是否灵活，接着观察课堂管理的项目，如课堂秩序是否良好，课堂纪律是否严明，最后观察学生互动的项目，如师生互动是否积极，生生互动是否频繁，学生参与度是否高涨。

2.课堂观察表的内容

（1）教学设计

教学设计是课堂教学的基础，课堂观察表应设置相关项目，评估教师在教学设计中的表现。例如，教学目标是否明确，教学内容是否合理，教学过程是否有序，教学活动是否具有创新性和挑战性等。通过这些项目，可以了解教师在教学设计方面的能力和水平。

（2）教学方法

教学方法是课堂教学的核心，课堂观察表应设置相关项目，评估教师在教学方法中的表现。例如，教学方法是否多样，教学策略是否灵活，教学活动是否具有吸引力和趣味性等。通过这些项目，可以了解教师在教学方法方面的能力和水平。

（3）课堂管理

课堂管理是课堂教学的保障，课堂观察表应设置相关项目，评估教师在课堂管理中的表现。例如，课堂秩序是否良好，课堂纪律是否严明，课堂氛围是否积极等。通过这些项目，可以了解教师在课堂管理方面的能力和水平。

（4）学生互动

学生互动是课堂教学的关键，课堂观察表应设置相关项目，评估教师在促进学生互动中的表现。例如，师生互动是否积极，生生互动是否频繁，学生参与度是否高涨等。通过这些项目，可以了解教师在促进学生互动方面的能力和水平。

第三节　基于评估结果的反馈与改进策略

一、反馈机制的建立与实施

（一）反馈渠道的多样化

1. 培训总结会

培训总结会作为教师培训管理的重要组成部分，具有反馈评估结果、总结经验教训、提出改进建议的重要作用。通过集体讨论和交流，培训总结会可以帮助教师和管理者全面了解培训效果，发现培训中的问题和不足，从而为改进培训提供科学依据。培训总结会的成功举办，对于提升教师培训的质量和效果，促进教师专业发展和教育质量的提升具有重要意义。

（1）培训总结会的意义与形式

培训总结会是反馈评估结果的重要渠道之一，其主要意义在于通过集体讨论和交流，总结培训中的经验和不足，为改进培训提供参考。培训总结会可以采取多种形式，如全体会议、小组讨论、专题研讨等，确保所有相关人员都能参与并分享自己的看法。

全体会议是最常见的培训总结会形式之一。全体会议通常由学校或培训机构的领导主持，参会人员包括所有参与培训的教师、培训专家和管理人员。在全体会议上，主持人会首先介绍培训的整体情况，展示评估结果的总结报告，然后邀请参会人员发表意见和建议，进行集体讨论和交流。全体会议的优势在于参会人员广泛，讨论内容全面，能够充分收集各方意见和建议，为改进培训提供全面的参考。

小组讨论是一种更为灵活和深入的总结会形式。小组讨论通常将参会人员分成若干个小组，每个小组由一名主持人负责，引导小组成员进行讨论。小组讨论的优势在于讨论内容更加具体和深入，参会人员能够更加自由地表达自己的看法和建议。通过小组讨论，可以深入了解教师在培训中的具体体验和感受，发现培训中的细节问题和改进点。

专题研讨是一种更为专业和针对性的总结会形式。专题研讨通常围绕某个具体主题或问题展开讨论，参会人员包括相关领域的专家、培训管理人员和部分教师代表。在专题研讨中，专家会首先介绍相关领域的最新研究和实践经验，然后邀请参会人员进行讨论和交流，提出具体的改进建议。专题研讨的优势在于讨论内容专业和针对性强，能够为培训改进提供具体和实用的建议。

（2）培训总结会的组织与实施

培训总结会的成功举办需要精心地组织和实施。总结会的组织与实施应包括以下几个步骤：首先，确定总结会的时间和地点，确保所有相关人员能够参加；其次，准备总结会的议程和材料，包括评估结果的总结报告、培训记录、教师反馈等；再次，邀请培训专家和管理人员参加会议，听取他们的意见和建议；最后，记录总结会的讨论内容和决议，形成总结报告，为后续的培训改进提供依据。

确定总结会的时间和地点是组织总结会的第一步。总结会的时间应尽量避开教师的教学和工作时间，选择在培训结束后的一个合适时间段，确保所有相关人员能够参加。总结会的地点应选择在一个宽敞、舒适的会议室，提供必要的会议设施和设备，如投影仪、白板、录音设备等，为总结会的顺利进行提供保障。

准备总结会的议程和材料是组织总结会的重要环节。议程应包括会议的主要议题、时间安排、发言顺序等，确保会议的有序进行。材料应包括评估结果的总结报告、培训记录、教师反馈等，为参会人员提供充分的信息支持。在准备材料时，应注意材料的准确性和完整性，确保评估结果和反馈信息的真实和客观。

邀请培训专家和管理人员参加会议是确保总结会质量的重要举措。培训专家和管理人员的参与可以为总结会提供专业的指导和支持，提高讨论的深度和广度。在邀请时，应选择具有丰富培训经验和专业知识的专家和管理人员，确保他们能够为总结会提供有价值的意见和建议。

记录总结会的讨论内容和决议是总结会的重要步骤。记录应详细、准确，涵盖所有讨论内容和决议，为后续的培训改进提供依据。记录可以通过录音、笔记等方式进行，确保所有重要信息都被记录下来。在记录时，应注意记录的完整性和系统性，避免遗漏和错误。

形成总结报告是总结会的最终环节。总结报告应包括评估结果的总结、讨论内容的记录、改进建议等，提供全面和详细的信息支持。总结报告应及时形成，并分发给所有相关人员，确保他们能够了解总结会的讨论和决议，为后续的培训改进提供参考。

（3）培训总结会的效果评估

总结会结束后，应对其效果进行评估，了解参会人员对总结会的满意度和参与度。可以通过问卷调查、访谈等方式，收集参会人员的反馈，了解总结会的实际效果和存在的问题，以便在今后的组织中不断改进。

问卷调查是一种常用的效果评估方法。通过设计科学合理的问卷，可以了解参会人员对总结会的整体满意度、讨论内容的满意度、会议组织的满意度等。问卷设计应包括封闭式题目和开放式题目，以便全面收集评估信息。封闭式题目可以采用评分题、选择题等形式，便于量化分析；开放式题目可以采用简答题、描述题等形式，便于收集详细和具体的反馈信息。

访谈是一种深入的效果评估方法。通过与参会人员进行深度访谈，可以了解他们对总结会的真实感受和具体建议，获得详细、具体的评估信息。访谈问题应开放、具体，引导参会人员详细表达自己的看法和建议。访谈结果应详细记录，并进行系统分析，为总结会的改进提供依据。

通过问卷调查和访谈，可以了解总结会的实际效果和存在的问题，为今后的组织提供参考。例如，可以了解参会人员对总结会的整体满意度，发现总结会的优点和不足；可以了解参会人员对讨论内容的满意度，发现讨论中的问题和改进点；可以了解参会人员对会议组织的满意度，发现组织中的问题和改进点。通过系统的效果评估，可以不断改进总结会的组织和实施，提高总结会的质量和效果。

2. 反馈座谈会

（1）反馈座谈会的目的与形式

反馈座谈会是教师培训效果评估的重要渠道之一，通过面对面地交流，了解教师对培训的真实感受和具体建议。座谈会的主要目的是收集教师对培训内容、方法、组织等方面的反馈，为改进培训提供科学依据。通过直接的互动和沟通，反馈座谈会能够获取更为详细和真实的信息，确保反馈信息的真实性和全面性。

反馈座谈会可以采取多种形式，以满足不同情境下的需求。小组座谈是最常见的一种形式，通常由几个教师组成一个小组，与培训管理人员或培训专家进行面对面的讨论。小组座谈的优势在于参与人员能够自由交流，分享各自的看法和建议，讨论氛围更加轻松和开放，能够收集到更为多样化和深入的反馈信息。

个别访谈是另一种常用的反馈形式，通常针对某些特定教师进行一对一的深入访谈。个别访谈的优势在于可以深入了解教师的个人体验和具体建议，获取更为详细和具体的反馈信息。个别访谈通常用于了解教师在培训中的具体问题和需求，为制订个性化的改进措施提供依据。

专题讨论是针对某些特定问题或主题进行的深入讨论，通常邀请相关领域的专家、培训管理人员和部分教师代表参加。专题讨论的优势在于讨论内容更加专业和针对性强，能够为特定问题提供具体和实用的解决方案。专题讨论通常用于解决培训中的关键问题或改进特定培训内容和方法。

（2）座谈会的组织与实施

成功组织反馈座谈会需要精心地准备和实施，确保座谈会能够高效进行并收集到有价值的反馈信息。座谈会的组织与实施应包括以下几个步骤：首先，确定座谈会的时间和地点，确保参会教师能够方便参与；其次，准备座谈会的提纲和材料，包括评估结果的初步分析、培训记录、教师反馈等；再次，邀请相关教师和管理人员参加座谈会，听取他们的意见和建议；最后，记录座谈会的讨论内容和决议，形成反馈报告，为后续的培训改进提供依据。

确定座谈会的时间和地点是组织座谈会的第一步。时间应选择在教师方便参与的时间段，如教学任务较少的时段或学校活动的空档期，确保教师能够专心参与座谈会。地点应选择在一个安静、舒适的会议室，提供必要的会议设施和设备，如投影仪、白板、录音设备等，为座谈会的顺利进行提供保障。

准备座谈会的提纲和材料是组织座谈会的重要环节。提纲应包括座谈会的主要议题、讨论顺序、时间安排等，确保座谈会的有序进行。材料应包括评估结果的初步分析、培训记录、教师反馈等，为参会人员提供充分的信息支持。在准备材料时，应注意材料的准确性和完整性，确保评估结果和反馈信息的真实和客观。

邀请相关教师和管理人员参加座谈会是确保座谈会质量的重要举措。教师代表的选择应具有代表性，包括不同学科、不同年级、不同教学经验的教师，确保反馈信息的多样性和全面性。管理人员和培训专家的参与可以为座谈会提供专业的指导和支持，提高讨论的深度和广度。在邀请时，应提前通知参会人员座谈会的时间、地点和议题，确保他们能够做好充分的准备。

记录座谈会的讨论内容和决议是座谈会的重要步骤。记录应详细、准确，涵盖所有讨论内容和决议，为后续的培训改进提供依据。记录可以通过录音、笔记等方式进行，确保所有重要信息都被记录下来。在记录时，应注意记录的完整性和系统性，避免遗漏和错误。

形成反馈报告是座谈会的最终环节。反馈报告应包括评估结果的总结、讨论内容的记录、改进建议等，提供全面和详细的信息支持。反馈报告应及时形成，并分发给所有相关人员，确保他们能够了解座谈会的讨论和决议，为后续的培训改进提供参考。

（3）座谈会的效果评估

座谈会结束后，应对其效果进行评估，了解参会人员对座谈会的满意度和参与度。可以通过问卷调查、访谈等方式，收集参会人员的反馈，了解座谈会的实际效果和存在的问题，以便在今后的组织中不断改进。

问卷调查是一种常用的效果评估方法。通过设计科学合理的问卷，可以了解参会人员对座谈会的整体满意度、讨论内容的满意度、会议组织的满意度等。问卷设计应包括封闭式题目和开放式题目，以便全面收集评估信息。封闭式题目可以采用评分题、选择题等形式，便于量化分析；开放式题目可以采用简答题、描述题等形式，便于收集详细和具体的反馈信息。

访谈是一种深入的效果评估方法。通过与参会人员进行深度访谈，可以了解他们对座谈会的真实感受和具体建议，获得详细、具体的评估信息。访谈问题应开放、具体，引导参会人员详细表达自己的看法和建议。访谈结果应详细记录，并进行系统分析，为座谈会的改进提供依据。

通过问卷调查和访谈，可以了解座谈会的实际效果和存在的问题，为今后的组织提供参考。例如，可以了解参会人员对座谈会的整体满意度，发现座谈会的优点和不足；可以了解参会人员对讨论内容的满意度，发现讨论中的问题和改进点；可以了解参会人员对会议组织的满意度，发现组织中的问题和改进点。通过系统的效果评估，可以不断改进座谈会的组织和实施，提高座谈会的质量和效果。

3.电子邮件与在线平台

（1）电子邮件的使用

电子邮件作为一种便捷、高效的反馈渠道，在教师培训评估中发挥着重要作用。通过电子邮件，可以及时、准确地将评估结果传递给相关人员，方便他们进行查阅和回复。电子邮件的使用应注意信息的清晰性和规范性，确保反馈内容的有效传递。

电子邮件的使用具有许多优势。首先，电子邮件可以快速传递信息，无须等待邮件的运输时间，使反馈信息能够及时到达接收者。其次，电子邮件可以附带文件和链接，便于传递详细的评估报告和相关资料。此外，电子邮件还可以记录发送和接收的时间，便于跟踪和管理反馈过程。

在使用电子邮件进行反馈时，首先要确保反馈信息的清晰性和规范性。反馈邮件的内容应简明扼要，重点突出，避免冗长和复杂的表达。邮件的主题应明确，概括邮件的主要内容，例如"培训评估结果反馈"。邮件的正文应包括评估结果的总结、具体的改进建议以及需要接收者回复的事项。邮件内容应使用正式的语言和格式，避免使用俚语和非正式地表达。

此外，反馈邮件应附带详细的评估报告和相关资料，便于接收者进行查阅和分析。评估报告可以采用 PDF 格式，确保文件的完整性和不可修改性。附件的命名应规范，便于识别和查找。邮件正文应简要说明附件的内容和查阅方法，引导接收者阅读和理解评估结果。

为了提高反馈邮件的阅读率和回复率，可以在邮件中设置明确的回复要求和截止日期。例如，可以在邮件中说明"请您在收到邮件后 5 个工作日内回复您的意见和建议"，并提供明确的回复方式和联系方式。此外，可以在邮件中表达对接收者反馈的重视和感谢，激励他们积极参与反馈过程。

（2）在线平台的应用

在线平台作为一种现代化的反馈渠道，适用于进行评估结果的发布和讨论。通过在线平台，可以创建专门的反馈区域，方便教师查看评估结果、发表意见和建议。在线平台的应用应注意平台的稳定性和安全性，确保反馈信息的保密性和完整性。

在线平台具有许多优势。首先，在线平台可以实现实时的反馈和互动，方便教师随时随地查看评估结果和发表意见。其次，在线平台可以记录所有的反馈和讨论内容，便于后续的查阅和分析。此外，在线平台可以设置不同的权限，确保反馈信息的保密性和完整性。

在应用在线平台进行反馈时，首先要选择一个稳定、安全的平台。平台应具备高效的处理能力和安全的保护措施，确保反馈信息的实时传输和数据的安全存储。常用的在线平台包括企业内部的反馈系统、专门的教育反馈平台以及一些通用的在线协作工具。其次，要创建一个专门的反馈区域，方便教师查看评估结果和发表意见。反馈区域应设置明确的分类和标签，便于教师查找和浏览相关内容。例如，可以按照培训内容、培训方法、培训组织等分类发布评估结果，并为每个分类设置相应的标签。反馈区域的界面设计应简洁、易用，提供清晰的导航和搜索功能，确保教师能够快速找到所需的信息。为了鼓励教师积极参与反馈，可以在平台上设置互动功能，如评论、点赞、回复等。教师可以在反馈区域发表自己的意见和建议，与其他教师和管理人员进行互动和讨论。平台还可以设置定期的反馈活动，如在线讨论会、专题研讨等，进一步激发教师的参与热情。此外，平台的管理员应定期检查和维护反馈区域，确保反馈信息的及时更新和准确性。管理员应及时处理教师的意见和建议，给予明确的回复和跟进。对于一些共性的问题和建议，管理员可以在平台上发布统一的答复和解决方案，提高反馈的效率和效果。

（3）电子反馈的效果评估

电子反馈的效果评估是确保反馈渠道有效性的关键步骤。通过对电子邮件和在线平台的使用情况进行分析，了解教师的参与度和反馈效果，可以不断改进反馈机制，提高反馈质量。

效果评估的第一步是数据收集。对于电子邮件反馈，可以通过统计发送和接收的邮件数量、回复率、回复时间等数据，了解教师的参与情况。例如，可以统计发送的反馈邮件数量和接收的回复邮件数量，计算回复率；可以记录邮件的发送时间和接收时间，计算平均回复时间。对于在线平台反馈，可以通过平台的数据统计功能，收集教师的访问量、评论量、互动次数等数据，了解教师的参与度和互动情况。

数据收集后，进行数据分析。可以通过数据分析工具，将收集的数据进行整理和分析，揭示反馈的总体情况和具体问题。例如，可以通过图表和报表的形式，直观地展示教师的参与情况和反馈效果；可以通过数据对比和趋势分析，发现反馈过程中的问题和改进点。

在数据分析的基础上，进行效果评估。效果评估应包括对反馈过程的全面评估和对反馈结果的具体评估。对于反馈过程，可以评估教师的参与度和互动情况，了解教师在反馈过程中的积极性和参与热情。例如，可以分析教师的回复率和回复时间，评估电子邮件反馈的及时性和有效性；可以分析教师的访问量和互动次数，评估在线平台反馈的活跃度和互动效果。对于反馈结果，可以评估反馈信息的质量和实际效果，了解反馈对培训改进的具体影响。例如，可以分析教师的具体意见和建议，评估反馈信息的深度和具体性；可以跟踪反馈后的改进措施，评估反馈对培训效果的提升情况。

效果评估结束后，应形成评估报告，并向相关人员反馈。评估报告应包括数据的整理和分析、评估结果的总结和具体改进建议。报告的内容应简明扼要，重点突出，通过图表和文字结合的方式，直观地展示评估结果。报告应及时分发给所有相关人员，确保他们能够了解反馈的具体情况和存在的问题，为改进反馈机制提供参考。

为了不断优化电子反馈的效果，可以根据评估结果采取具体的改进措施。例如，可以优化反馈邮件的内容和格式，提高教师的阅读率和回复率；可以改善在线平台的界面设计和互动功能，增强教师的参与度和互动效果；可以加强对教师的引导和激励，激发他们的反馈积极性和参与热情。通过不断优化和改进，确保电子反馈渠道的高效性和有效性，为教师培训的提升提供有力支持。

（二）反馈内容的全面性

1.评估结果的总结

（1）评估结果的分类与整理

评估结果的总结是教师培训评估的重要环节，需要对各项评估指标进行分类与整理，形成系统、全面的总结报告。分类与整理的过程包括以下几个步骤：

第一，确定评估指标的分类标准。评估指标通常包括培训满意度、知识技能提升、教学行为改变等。每个大类下还可以细分为更具体的指标。例如，培训满意度可以细分为对课程内容的满意度、对授课教师的满意度、对培训组织的满意度等；知识技能提升可以细分为理论知识的掌握、实践技能的提升、新技术的应用等；教学行为改变可以细分为教学设计的创新、课堂管理能力的提升、学生互动的增加等。

第二，收集和整理评估数据。评估数据可以通过问卷调查、访谈记录、课堂观察等方式收集。对这些数据进行整理和分类，确保每项数据都能准确归类。例如，通过问卷调查获得的满意度评分数据，可以按不同维度进行分类和整理，形成各维度的满意度评分报告；通过访谈记录获得的质性数据，可以进行内容分析和分类整理，提取教师对不同方面的具体意见和建议。

第三，形成系统、全面的总结报告。总结报告应包括各项评估指标的分类结果和整理情况。例如，在培训满意度部分，可以详细列出各个维度的满意度评分，分析不同维度的满意度情况；在知识技能提升部分，可以详细列出不同知识技能提升的具体数据和案例，分析教师在培训中的实际进步情况；在教学行为改变部分，可以详细列出教师在教学设计、课堂管理、学生互动等方面的具体变化和改进情况。

（2）评估结果的分析与解读

在完成评估结果的分类与整理后，需要对各项指标进行量化分析和质性分析，以揭示培训的实际效果和存在的问题。

①量化分析

量化分析主要通过统计方法对评估数据进行处理，揭示数据之间的关系和变化趋势。例如，可以计算培训满意度的平均值、标准差、频率分布等，了解教师对培训的整体评价和具体满意度情况；可以进行回归分析，揭示教师背景与培训效果之间的关系，找出影响培训效果的关键因素；可以进行差异分析，比较不同培训内容、方法的效果，发现哪些内容和方法更能提高教师的知识技能和教学能力。

②质性分析

质性分析主要通过对文本数据的内容分析，提取教师的具体意见和建议。例如，通过对访谈记录、开放性问卷回答等文本数据的编码和分类，分析教师对培训内容、方法、组织等方面的具体反馈，发现教师在培训过程中遇到的问题和需求。质性分析的结果可以补充量化分析的数据，提供更为详细和具体的信息。

通过量化分析和质性分析，可以形成综合性的评估报告，全面揭示培训的实际效果和存在的问题。综合性的评估报告不仅包括具体的量化数据，还应包括对这些数据的解释和总结，以及通过质性分析提取的具体意见和建议。

（3）评估结果的呈现与分享

评估结果的呈现与分享是确保反馈信息易读性和理解性的关键步骤。为了确保评估结果能够被相关人员快速、准确地理解，评估结果的呈现应采用图文并茂、简明扼要的形式。

①数据图表

数据图表是直观展示评估结果的重要工具。例如，可以使用柱状图、饼图、折线图等，展示教师对培训内容、方法、组织等方面的满意度；使用散点图、回归图等，展示教师背景与培训效果之间的关系；使用对比图表，展示培训前后教师知识技能提升的情况。通过数据图表，可以直观地展示评估数据的整体情况和变化趋势，帮助读者快速理解评估结果。

②文字说明

在数据图表的基础上，还应配以简明扼要的文字说明，对评估结果进行解释和总结。例如，可以简要说明每个图表的主要内容和结论，解释数据之间的关系和变化趋势；可以通过文字说明，突出评估结果中的关键点和亮点，帮助读者更好地理解评估信息。

③案例分析

为了进一步增强评估结果的可读性和理解性，还可以通过案例分析，展示具体的培训效果和问题。例如，可以选择几个典型的教师案例，展示他们在培训前后的变化，通过具体的事例，说明培训对教师知识技能提升和教学行为改变的实际效果；可以通过案例分析，揭示培训过程中存在的问题和改进的建议，为后续的培训提供参考。

通过数据图表、文字说明和案例分析的结合，可以形成一份图文并茂、简明扼要的评估报告。评估报告应及时分发给所有相关人员，确保他们能够快速、准确地理解评估信息，为后续的培训改进提供参考。

2. 分析与建议

（1）问题的发现与分析

在评估结果的基础上，应深入分析培训中存在的问题和不足，找出影响培训效果的关键因素。这一过程主要包括以下几个方面：

① 比较分析

通过比较不同培训内容、方法、组织形式的效果，发现优劣之处。例如，可以比较不同培训模块的满意度，发现哪些模块效果较好，哪些模块需要改进；可以比较不同培训方法的效果，发现哪些方法更能提高教师的知识技能，哪些方法需要优化。通过比较分析，可以找出培训中的优势和不足，为后续的改进提供依据。

② 关联分析

通过关联分析，揭示培训效果与教师背景、培训参与度等因素的关系。例如，可以分析教师的学历、教龄、专业背景等因素与培训效果之间的关系，发现哪些背景因素对培训效果有显著影响；可以分析教师的培训参与度与培训效果之间的关系，发现参与度高的教师是否在培训效果上有显著提升。通过关联分析，可以找出影响培训效果的关键因素，为后续的改进提供指导。

③ 问题提炼

在比较分析和关联分析的基础上，进一步提炼培训中的具体问题。例如，可以通过数据分析发现培训内容的不足，如某些内容过于理论化，缺乏实际操作；可以通过质性分析发现培训方法的问题，如互动性不强，教师参与度不高；可以通过综合分析发现培训组织形式的问题，如时间安排不合理，培训环境不佳。通过问题提炼，可以明确培训中需要改进的具体方面，为后续的改进措施提供参考。

（2）改进建议的提出

根据问题的分析，应提出具体、可行的改进建议，为后续的培训提供参考。

改进建议的提出主要包括以下几个方面：

①调整培训内容

根据教师的反馈和评估结果，调整培训内容，增加内容的实用性和针对性。例如，可以增加实际操作和案例分析的比例，增强培训内容的实用性；可以根据教师的专业背景和教学需求，调整培训内容的难度和深度，确保培训内容的针对性和适用性；可以增加跨学科和跨领域的培训内容，拓宽教师的知识面和视野。

②改进培训方法

根据评估结果，改进培训方法，增强互动性和参与度。例如，可以增加互动性和参与度较高的培训活动，如小组讨论、案例教学、角色扮演等，增强培训的趣味性和有效性；可以结合现代教育技术，采用混合式教学、在线教学等新型培训方法，提高培训的灵活性和便利性；可以根据教师的反馈，调整培训方法的节奏和方式，确保培训方法的多样性和适应性。

优化培训组织形式

根据评估结果，优化培训组织形式，提高培训的整体效果。例如，可以优化培训的时间安排，避免与教师的教学工作冲突，提高培训的参与度；可以改善培训的环境和条件，提供更加舒适和便利的学习环境；可以加强培训的后勤保障，确保培训的顺利进行和高效实施。

（3）建议的实施与反馈

改进建议提出后，应及时实施并进行反馈，确保建议的实际效果。建议的实施与反馈主要包括以下几个方面：

①试点实施

在全面实施改进建议前，可以选择部分班级或学科进行试点，观察其效果并收集反馈。例如，可以在一个班级内调整培训内容，增加实际操作和案例分析的比例，观察教师和学生的反应；可以在一个学科内改进培训方法，增加互动性和参与度较高的培训活动，观察其效果和教师的反馈。通过试点实施，可以验证改进建议的可行性和效果，为全面实施提供依据。

②阶段性总结和调整

在改进建议的实施过程中，应进行阶段性总结和调整。通过定期总结改进措施的实施情况，分析其效果和存在的问题，及时进行调整和优化。例如，可以每季度进行一次阶段性总结，记录改进措施的实施进度和效果，发现存在的问题和不足，并根据总结结果进行调整和优化。

（三）反馈方式的科学性

1. 口头反馈

（1）口头反馈的场合与形式

口头反馈适用于培训总结会、反馈座谈会、个别访谈等场合，通过面对面的交流，及时传递评估结果和反馈信息。口头反馈的形式应灵活多样，如汇报、讨论、访谈等，确保反馈信息的清晰、准确和全面。

（2）口头反馈的技巧与注意事项

口头反馈应注意反馈的技巧和沟通的艺术，确保反馈的效果。例如，反馈者应注意语言的简明扼要，避免冗长和重复；应注意语气的友好和建设性，避免指责和批评；应注意反馈的互动性，鼓励对方发表意见和建议，形成良好的沟通氛围。

2. 书面反馈

（1）书面反馈的内容与格式

书面反馈适用于正式的评估报告、总结报告、反馈意见书等，通过文字形式，详细记录评估结果和反馈信息。书面反馈的内容应包括评估结果的总结、分析和建议，格式应规范、清晰，确保反馈信息的完整和易读。

（2）书面反馈的编写与发送

书面反馈的编写应注意文字的准确性和逻辑性，确保反馈信息的严谨和科学。例如，可以通过段落分层、标题标注、数据图表等方式，增强报告的条理性和可读性。书面反馈的发送应注意及时性和保密性，确保反馈信息能够准确、及时地传递给相关人员。

3. 电子反馈

（1）电子反馈的形式与工具

电子反馈适用于通过电子邮件、在线平台等渠道，快速、高效地传递评估结果和反馈信息。电子反馈的形式应灵活多样，如邮件、在线报告、电子公告等，工具应选择稳定、安全、易用的电子平台，确保反馈信息的有效传递。

（2）电子反馈的实施与跟踪

电子反馈的实施应注意反馈信息的清晰性和完整性，确保反馈内容的准确传递。可以通过电子邮件发送评估报告，通过在线平台发布反馈信息，通过电子调查收集反馈意见等。电子反馈的跟踪应注意教师的参与度和反馈效果，可以通过在线调查、数据分析等方式，了解电子反馈的实际效果和存在的问题，不断优化电子反馈的实施策略。

二、改进策略的制订与实施

（一）改进策略的制订

1. 基于评估结果的策略分析

（1）评估结果的综合分析

在制订改进策略前，必须对评估结果进行全面的综合分析。这一过程涉及对培训的各个方面进行系统的评价，包括培训内容、培训方法、组织形式以及教师的反馈意见等。通过这种全面的分析，可以全面了解培训中的优势和不足，找出需要改进的关键点。

综合分析首先需要进行数据分析。通过统计分析培训期间收集的数据，可以了解培训内容的覆盖范围和深度、培训方法的有效性、组织形式的合理性等。例如，可以利用数据分析软件对问卷调查结果进行统计分析，计算出培训满意度的平均值、标准差等指标，了解教师对培训的整体评价。此外，还可以对不同培训模块的效果进行对比分析，找出哪些模块效果较好，哪些模块需要改进。

质性分析则主要用于提取教师的具体意见和建议。通过对教师访谈记录、开放性问卷回答等文本数据进行内容分析，可以了解教师在培训过程中遇到的具体问题和他们对培训改进的建议。例如，可以通过关键词分析找出教师普遍关注的问题，如培训内容的实用性、培训方法的互动性、培训环境的舒适性等，然后对这些问题进行深入分析，找出改进的方向。

通过综合分析，可以形成一份详细的改进策略报告。这份报告不仅要包括数据分析和质性分析的结果，还要对这些结果进行解释和总结，提出具体的改进建议。报告的撰写应注意逻辑清晰、内容全面、语言简明扼要，确保读者能够快速、准确地理解评估结果和改进建议。

（2）改进策略的科学制订

改进策略的制订必须科学、合理，确保策略的可行性和有效性。这要求在制订策略时，要充分考虑评估结果，结合实际情况，制订切实可行的改进方案。首先，可以根据教师的反馈调整培训内容，增加内容的实用性和针对性。例如，如果评估结果显示教师普遍认为培训内容过于理论化，缺乏实际操作，可以增加实际操作和案例分析的比例，增强培训内容的实用性。如果评估结果显示教师对某些学科前沿知识需求较大，可以增加相关内容，满足教师的学习需求。其次，可以根据评估结果改进培训方法，增强互动性和参与度。例如，如果评估结果显示教师对传统的讲座形式兴趣不大，可以增加互动性和参与度较高的培训方法，如小组讨论、案例教学、角色扮演等。这些方法可以激发教师的学习兴趣，增强培训的效果。此外，还可以根据分析结果优化培训组织形式，提高培训的整体效果。例如，如果评估结果显示教师在培训期间感到时间安排不合理，可以调整培训的时间安排，避免与教师的教学工作冲突，提高培训的参与度。如果评估结果显示培训环境和条件不够理想，可以改善培训的环境和条件，提供更加舒适和便利的学习环境。

（3）策略制订的参与性

在制订改进策略时，应鼓励相关人员参与，包括培训管理者、教师代表、培训专家等。通过集体讨论和头脑风暴，可以集思广益，提出更加全面和切实可行的改进建议。

组织专题研讨会是一种有效的策略制订方式。在专题研讨会上，邀请各方代表参与讨论，收集他们的意见和建议。例如，可以邀请培训管理者介绍培训的组织和管理情况，教师代表分享他们的培训体验和建议，培训专家提供专业的指导和建议。通过这样的讨论，可以全面了解各方的需求和期望，形成科学、合理地改进策略。

头脑风暴也是一种有效的策略制订方式。在头脑风暴过程中，鼓励所有参与者自由发表意见，不受任何限制。这种方式可以激发参与者的创造力，提出许多新颖和独特的改进建议。头脑风暴结束后，再对所有建议进行筛选和整理，形成可行的改进策略。

2. 针对性改进策略的制订

（1）内容改进策略

根据评估结果，制订针对性地内容改进策略。例如，可以增加实际操作和案例分析的比例，增强培训内容的实用性。通过这种方式，教师不仅可以学习到理论知识，还可以通过实际操作掌握具体技能，增强培训效果。例如，在教学方法培训中，可以增加模拟课堂教学、案例教学等内容，让教师通过实际操作提高教学技能。

根据教师的专业背景和教学需求，调整培训内容的难度和深度，确保培训内容的针对性和适用性。例如，对于新入职教师，可以增加基础知识和基本技能的培训内容；对于有经验的教师，可以增加高阶技能和前沿知识的培训内容，满足不同层次教师的需求。

增加跨学科和跨领域的培训内容，拓宽教师的知识面和视野。例如，可以组织教师参加跨学科的培训课程，让他们了解其他学科的基本知识和教学方法，促进不同学科之间的融合和创新。

（2）方法改进策略

根据评估结果，制订针对性地培训方法改进策略。例如，可以增加互动性和参与度较高的培训方法，如小组讨论、案例教学、角色扮演等。这些方法可以激发教师的学习兴趣，增强培训的效果。例如，在培训过程中，可以设置小组讨论环节，让教师通过讨论交流学习心得和经验；可以设置案例教学环节，通过具体案例分析提高教师解决实际问题的能力。

结合现代教育技术，采用混合式教学、在线教学等新型培训方法，提高培训的灵活性和便利性。例如，可以利用在线教学平台，提供在线课程和学习资源，让教师可以随时随地进行学习；可以利用混合式教学方法，结合线上和线下的优势，提高培训的效果和效率。

根据教师的反馈，调整培训方法的节奏和方式，确保培训方法的多样性和适应性。例如，对于一些理论性较强的内容，可以采用讲座形式进行讲解；对于一些操作性较强的内容，可以采用实际操作和案例教学的方法进行培训。通过多样化的培训方法，满足不同教师的学习需求，增强培训的效果。

（3）组织形式改进策略

根据评估结果，制订针对性地培训组织形式改进策略。例如，可以优化培训的时间安排，避免与教师的教学工作冲突，提高培训的参与度。例如，可以选择在假期或非教学时间段组织培训，让教师能够集中精力参加培训；可以设置灵活的培训时间安排，让教师根据自己的时间安排选择合适的培训时间。

改善培训的环境和条件，提供更加舒适和便利的学习环境。例如，可以选择设备齐全、环境舒适的培训场所；可以提供良好的后勤保障，如住宿、餐饮等服务，确保教师在培训期间的生活便利。

加强培训的后勤保障，确保培训的顺利进行和高效实施。例如，可以安排专门的后勤团队，负责培训期间的各项服务保障工作；可以提供充足的培训资源和设备，如教材、教具、网络等，确保培训的顺利进行。

3. 综合改进策略的制订

（1）综合性改进方案的制订

在制订单项改进策略的基础上，应形成综合性改进方案，确保各项改进措施的协调和配合。例如，可以将内容改进、方法改进和组织形式改进策略有机结合，形成全面的培训改进方案。例如，在内容改进方面，可以增加实际操作和案例分析的比例；在方法改进方面，可以采用互动性和参与度较高的培训方法；在组织形式改进方面，可以优化培训的时间安排和环境条件。通过这样的综合性改进方案，可以全面提升培训的效果。

制订详细的实施计划和时间表，明确各项改进措施的具体步骤和责任人。例如，可以制订改进内容的详细计划，包括调整内容的具体步骤、增加实用性和针对性内容的具体安排等；可以制订改进方法的详细计划，包括调整培训方法的具体步骤、增加互动性和参与度较高的培训活动的具体安排等；可以制订改进组织形式的详细计划，包括优化培训时间安排、改善培训环境和条件的具体步骤等。通过详细的实施计划和时间表，确保各项改进措施的有效实施。

（2）改进策略的可行性评估

在制订改进策略时，应对其可行性进行评估，确保策略的实际操作性和效果。例如，可以通过模拟实施和小范围试点，验证改进策略的效果和可行性。例如，可以在一个班级或一个学科内进行试点，观察改进措施的效果，收集教师的反馈意见，根据试点结果进一步调整和优化改进策略。

通过专家评审和教师代表讨论，收集各方意见和建议，进一步优化和完善改进策略。例如，可以邀请培训专家对改进策略进行评审，听取他们的专业意见和建议；可以组织教师代表进行讨论，收集他们的实际需求和建议。通过这样的方式，可以确保改进策略的科学性和可行性。

（二）改进措施的实施

1.改进措施的计划与部署

（1）实施计划的制订

在实施改进措施前，首先需要制订详细的实施计划。这个计划应包括改进措施的具体步骤、时间节点和责任人，确保每一步都能有条不紊地进行。

制订内容改进的详细计划是实施改进措施的第一步。内容改进计划应根据评估结果，明确需要调整的培训内容和具体方式。例如，可以确定增加实际操作和案例分析的比例，具体安排哪些课程需要引入这些元素，并设定时间节点和责任人负责实施和监督。此外，还可以引入新的培训内容，满足教师的专业需求和兴趣点。制订内容改进计划时，应考虑到不同学科、不同年级的教师需求，确保培训内容的广泛适用性和针对性。

方法改进的详细计划同样重要。根据评估结果，可以确定哪些培训方法需要改进或引入。例如，可以增加小组讨论、案例教学、角色扮演等互动性和参与度较高的培训活动，具体安排这些活动的时间、方式和参与人员。为了提高培训的灵活性和便利性，可以结合现代教育技术，采用混合式教学、在线教学等新型培训方法，具体安排在线课程的开发和实施。

组织形式改进的详细计划应包括优化培训时间安排、改善培训环境和条件的具体步骤。例如，可以制订培训时间表，避免与教师的教学工作冲突，提高培训的参与度；可以选择设备齐全、环境舒适的培训场所，提供良好的后勤保障；可以安排专门的后勤团队，负责培训期间的各项服务保障工作。

（2）资源的配置与保障

改进措施的实施需要充足的资源支持，包括人力资源、物质资源和财力资源等。为了确保改进措施的顺利实施，应从以下几个方面进行资源配置与保障：

增加培训经费是资源配置的重要环节。充足的经费支持可以确保培训的各项改进措施得以顺利实施。例如，可以用于聘请专家和优秀教师开展专题讲座和实战演练，提供高质量的培训内容；可以用于购买必要的设备和材料，如教材、教具、多媒体设备等，确保培训的顺利进行。

安排专门的培训团队是资源保障的重要措施。培训团队应包括培训管理人员、培训专家和后勤保障人员，负责改进措施的具体实施和管理。培训管理人员负责制订和执行培训计划，监督和评估培训效果；培训专家负责提供专业指导和支持，确保培训内容的科学性和实用性；后勤保障人员负责提供必要的后勤服务，如住宿、餐饮、交通等，确保培训期间的生活便利。

提供必要的后勤保障是确保培训顺利进行的重要环节。后勤保障应包括住宿、餐饮、交通、医疗等方面的服务，确保教师在培训期间的生活便利。例如，可以安排舒适的住宿环境，提供健康的餐饮服务，提供便利的交通服务，确保教师能够专心参与培训。

2.改进措施的具体实施

（1）内容改进的实施

根据制订的内容改进策略，采取具体的改进措施。内容改进的实施主要包括以下几个方面：

调整培训课程的结构和内容。根据评估结果和教师的需求，重新设计和调整培训课程，增加实际操作和案例分析的比例。例如，在教学方法培训中，可以设置模拟课堂教学环节，让教师通过实际操作掌握教学技能；在教育技术培训中，可以设置案例分析环节，通过具体案例的分析和讨论，提升教师的技术应用能力。

邀请专家和一线优秀教师开展专题讲座和实战演练。通过邀请相关领域的专家和一线优秀教师，开展专题讲座和实战演练，可以为教师提供高质量的培训内容。例如，可以邀请教育技术专家讲解最新的教育技术应用，邀请一线优秀教师分享他们的教学经验和案例，提供实战演练的机会，让教师在实践中提高技能。

提供个性化的培训内容，确保培训内容的适用性和有效性。根据教师的专业背景和教学需求，设计和提供个性化的培训内容。例如，可以针对不同学科、不同年级的教师，提供定制化的培训课程；可以根据教师的职业发展需求，提供不同层次的培训内容，确保培训的针对性和实用性。

（2）方法改进的实施

根据制订的方法改进策略，采取具体的改进措施。方法改进的实施主要包括以下几个方面：

增加互动性和参与度较高的培训活动。例如，可以设置小组讨论、案例教学、角色扮演等互动性和参与度较高的培训活动，激发教师的学习兴趣，增强培训的效果。在小组讨论中，可以让教师分组讨论和交流学习心得和经验；在案例教学中，可以通过具体案例的分析和讨论，提高教师解决实际问题的能力；在角色扮演中，可以模拟教学场景，让教师通过角色扮演掌握教学技能。

结合现代教育技术，采用混合式教学、在线教学等新型培训方法。例如，可以利用在线平台提供网络课程和学习资源，让教师在课余时间进行学习；可以结合线上和线下的优势，采用混合式教学方法，提高培训的效果和效率。在在线教学中，可以通过视频讲解、在线讨论、作业提交等方式，增强教师的学习体验和参与度；在混合式教学中，可以结合线上学习和线下实践，提供更加灵活和多样化的培训方式。

根据教师的反馈，灵活调整培训方法的节奏和方式。例如，对于一些理论性较强的内容，可以采用讲座形式进行讲解；对于一些操作性较强的内容，可以采用实际操作和案例教学的方法进行培训。通过多样化的培训方法，满足不同教师的学习需求，增强培训的效果。

（3）组织形式改进的实施

根据制订的组织形式改进策略，采取具体的改进措施。组织形式改进的实施主要包括以下几个方面：

优化培训的时间安排，避免与教师的教学工作冲突，提高培训的参与度。例如，可以选择在假期或非教学时间段组织培训，让教师能够集中精力参加培训；可以设置灵活的培训时间安排，让教师根据自己的时间安排选择合适的培训时间。

改善培训的环境和条件，提供更加舒适和便利的学习环境。例如，可以选择设备齐全、环境舒适的培训场所，提供良好的后勤保障；可以提供舒适的住宿环境，确保教师在培训期间的生活便利。

加强培训的后勤保障，确保培训的顺利进行和高效实施。例如，可以安排专门的后勤团队，负责培训期间的各项服务保障工作；可以提供充足的培训资源和设备，如教材、教具、网络等，确保培训的顺利进行。

3.改进措施的效果跟踪与评估

（1）效果跟踪的实施

改进措施实施过程中，应对其效果进行跟踪，及时发现和解决问题。效果跟踪的实施主要包括以下几个方面：

定期检查和反馈。通过定期检查改进措施的实施情况，了解改进措施的执行情况和实际效果。例如，可以每月或每季度进行一次检查，记录改进措施的实施进度和效果，发现存在的问题和不足，并及时进行调整和改进。

通过问卷调查、访谈等方式，收集教师对改进措施的反馈和建议。例如，可以设计科学合理的问卷，了解教师对改进措施的满意度和具体建议；可以通过个别访谈，深入了解教师的具体意见和建议，获取详细的反馈信息。

通过课堂观察和教学评估，了解改进措施对教师教学行为和效果的影响。例如，可以通过课堂观察，了解教师在实际教学中的表现，评估改进措施的实际效果；可以通过教学评估，了解教师的教学效果和学生的学习效果，评估改进措施的整体效果。

（2）效果评估的实施

改进措施实施结束后，应对其效果进行系统评估，了解改进措施的实际效果和存在的问题。效果评估的实施主要包括以下几个方面：

通过数据分析和质性分析，评估改进措施的效果和影响。例如，可以通过数据分析，计算改进措施的具体指标，如教师的满意度、学生的学习效果等；可以通过质性分析，提取教师的具体意见和建议，评估改进措施的实际效果。

通过总结报告和反馈会，向相关人员反馈评估结果。例如，可以撰写详细的总结报告，包括改进措施的实施情况、效果评估结果和具体改进建议；可以组织反馈会，向相关人员汇报评估结果，听取他们的意见和建议。

根据评估结果，进一步调整和优化改进措施，确保改进措施的持续改进和优化。例如，可以根据评估结果，调整培训内容、方法和组织形式，优化改进策略，增强培训效果。

三、培训成果的跟踪和反馈

（一）教师培训成果的跟踪和评估

1. 建立全面的跟踪机制

（1）定期的跟踪调查

定期进行跟踪调查是确保教师培训活动有效性的重要手段。通过这种方式，能够全面了解教师在培训结束后的实际表现和工作状态，从而及时发现存在的问题并提供必要的支持和指导。在进行定期的跟踪调查时，一种有效的途径是设计针对性的问卷调查。这些问卷应该覆盖教师对培训内容的理解程度、应用情况以及对教学实践的影响等方面。通过这些问题的设计，可以全面了解教师们在培训后所取得的收获和成效，以及培训活动对他们的工作产生的影响。除了问卷调查外，还可以采取其他形式的跟踪调查，如个别访谈、小组讨论等方式，以获取更加深入和全面的信息。通过定期的调查和跟踪，能够及时发现教师在教学实践中遇到的问题，为他们提供必要的支持和指导，从而不断提升教师的教学水平和专业能力。

（2）实地观察教师的教学实践

除了定期的调查外，实地观察教师在教学实践中的表现是评估培训成果的重要手段之一。通过安排专业人员对教师的课堂教学进行观察和评估，可以更直观地了解教师是否成功地将培训所学知识和技能应用于实际教学中。实地观察的过程包括对教师的教学方式、课堂组织、学生互动、教学效果等方面进行全面而系统地观察和记录。专业观察人员应该具备丰富的教育教学经验和专业知识，能够客观、准确地评估教师的教学实践。通过实地观察，可以全面了解教师在教学过程中的表现，发现存在的问题和改进的空间，并为后续的培训工作提供参考和指导。同时，实地观察也是一种对教师的专业发展和成长的促进，通过专业人员的反馈和建议，教师可以及时调整自己的教学方法和策略，不断提升教学水平和专业能力。因此，实地观察教师的教学实践是评估培训成果的重要手段，也是促进教师专业发展的有效途径。

2.建立有效的反馈机制

（1）组织反馈会议

定期组织反馈会议是教育培训中不可或缺的环节，其在收集教师反馈意见和建议方面具有重要意义。这些会议为教师提供了一个分享他们在培训过程中的感受和体会的平台，同时也是提出改进建议的良好机会。通过与教师的互动交流，可以深入了解他们在教学实践中所面临的挑战和需求，进而为培训工作的调整和改进提供宝贵的参考依据。

第一，反馈会议为教师提供了一个发声的机会，使其能够分享他们在培训过程中的真实感受和观点。这种开放的沟通氛围有助于建立起一种信任和共鸣的关系，促使教师更加积极地参与到培训活动中来。在这种互动交流中，教师们可以畅所欲言，表达对培训内容、方式和组织形式的看法，从而为培训工作的持续优化提供了直接的反馈。

第二，反馈会议有助于发现和解决教师在教学实践中遇到的问题和困难。通过听取教师们的心声，可以及时发现培训活动中存在的不足之处，针对性地进行改进和调整。例如，如果多位教师反映某一培训内容难以理解或者与实际教学脱节，那么培训组织者可以通过调整内容设置或者增加实践环节来提升培训的实效性和可操作性。

第三，反馈会议还能够促进教师之间的交流与合作，形成一种共同成长的氛围。在会议上，教师们不仅可以分享自己的经验和教学方法，还可以借此机会相互学习和借鉴。这种经验交流不仅有助于拓宽教师的教学视野，还能够激发教师们的创新意识，推动教学质量的不断提升。

（2）设立反馈信箱和在线平台

除了定期组织反馈会议外，设立反馈信箱和建立在线平台等方式也是收集教师反馈意见的重要途径。这些渠道为教师提供了一个便捷的途径，在培训结束后继续与培训机构和管理部门保持联系，并随时随地提出问题和建议。反馈信箱通常以电子邮件形式存在，教师可以通过发送邮件的方式表达他们的想法和感受。而在线平台则提供了一个更加便捷的方式，教师可以通过登录平台，填写反馈表格或者发表意见和建议。这些渠道的设立不仅方便了教师的反馈，还为培训机构和管理部门提供了一个集中管理和及时响应反馈的平台。

通过设立反馈信箱和建立在线平台，可以有效弥补定期组织反馈会议的不足之处。相比于会议形式，这些渠道具有更高的灵活性和便捷性，教师可以根据自己的时间和地点自由选择提出反馈意见的方式。尤其对于那些因时间或地点限制无法参加会议的教师来说，这些渠道提供了一个重要的交流平台，使他们能够及时表达自己的看法和建议。

另外，反馈信箱和在线平台的设立也为教师提供了一个相对私密的空间，使他们更愿意分享真实的反馈意见。相比于面对面的交流，一些教师可能更倾向于通过书面形式表达自己的想法，这样可以更加慎重地思考和表达，避免因为场面或情绪影响而掩盖真实想法。因此，这些渠道的设立有助于收集更加客观和真实地反馈意见，为培训工作的改进提供更加可靠的依据。

另一方面，设立反馈信箱和建立在线平台也为培训机构和管理部门提供了一个高效地管理和响应反馈的机制。通过及时回复和处理教师的反馈意见，可以增强他们的参与感和获得感，进而促进培训成果的进一步提升。同时，这些渠道还能够帮助管理部门及时发现和解决教师们在培训过程中遇到的问题，促进培训工作的持续改进和优化。

（二）责任和义务的分担

1. 教育主管部门的责任

（1）制订相关政策和标准

教育主管部门在推动教师培训工作时，制订相关的政策和标准至关重要。这些政策和标准应该根据教师培训的需求和实际情况，明确培训的目标、内容和要求，以确保培训工作的有效开展。

第一，政策和标准的制订需要充分考虑教育教学的需要。这包括了教师在不同学段、不同学科领域以及不同教学背景下的培训需求。因此，政策和标准的制订过程应该广泛征求教师、教育专家和相关利益相关者的意见，确保其符合实际教学的需求和要求。

第二，政策和标准应该明确培训的目标和期望。这包括了确定培训的核心目标、培训内容和培训效果评估标准等。通过明确培训的目标和期望，可以为教师提供清晰的培训方向和指导，促使培训工作更加有针对性和有效性。

第三，政策和标准还应该明确培训的内容和要求。这包括了确定培训课程设置、教学方法和教材选择等方面的要求，以确保培训内容能够贴近教师的实际教学需求，提高培训的实效性和可操作性。

第四，政策和标准的制订应该与教师培训的质量评估和监督机制相结合，形成一个完整的教师培训管理体系。这包括建立培训课程审核机制、教师培训考核评价标准和监督检查制度等，以确保培训工作的质量和效果。

（2）提供资源和支持

教育主管部门在推动教师培训工作时，除了制订政策和标准外，还应该为教师培训提供必要的资源和支持。这种资源和支持包括了财政支持、人力支持和物质支持等多方面的保障。第一，财政支持是教师培训工作不可或缺的支撑。教育主管部门应该积极争取政府的支持，争取足够的经费投入到教师培训中。这包括了拨款支持培训课程的开发和实施、培训师资的培训和津贴，以及培训场地和设施的租赁等方面。通过充足的财政支持，可以确保培训活动的顺利进行，为教师提供高质量的培训服务。

第二，人力支持也是教师培训工作不可或缺的一部分。教育主管部门应该组建专业的培训团队，包括培训师、课程设计师、评估专家等，为教师提供专业化、多样化的培训服务。同时，还应该建立起一支教师培训管理团队，负责培训计划的制订、组织实施、效果评估等工作。这样的人力支持体系可以保障培训工作的高效运转，提升培训服务的专业水平和实效性。

第三，教育主管部门还应该提供物质支持，包括培训场地、教材和教学设备等方面的保障。为教师提供舒适、安全的培训环境，配备先进的教学设备和教材资源，可以有效提升培训的质量和效果。同时，还应该充分利用现代化技术手段，建立在线教学平台或者提供远程培训服务，以满足不同地区、不同学校的教师培训需求。

（3）加强监督和检查

教育主管部门在推动教师培训工作的过程中，必须加强对培训机构和学校的监督和检查，以确保培训工作符合相关要求，培训质量得到有效保障。这种监督和检查是确保培训活动顺利进行、质量提升的重要手段。

第一，建立健全的监督和评估机制至关重要。教育主管部门应该制订相关的监督和评估标准，明确培训活动的质量要求和评估指标，以便对培训机构和学校的培训工作进行全面、科学地评估。

第二，定期对培训活动进行评估和检查是确保培训质量的有效途径。通过定期组织检查和评估活动，可以及时了解培训工作的开展情况，发现存在的问题和不足之处，并及时采取有效措施加以解决。

第三，教育主管部门还应该加强对培训机构和学校的日常监督。这包括加强对培训计划、教学内容、教师培训资质等方面的监督，确保培训活动符合相关法律法规和政策要求。同时，还应该建立举报和投诉机制，鼓励教师和培训学员积极参与监督，及时反映问题和意见。

2.培训机构和学校的责任

（1）提高培训质量

培训机构和学校作为承办教师培训任务的主体，肩负着提高培训质量的重要责任。为了确保培训内容的科学性和实用性，他们应该采取一系列措施来提升培训质量。

第一，他们应该充分了解教师的实际需求和培训目标。这意味着需要与教师进行充分沟通，了解他们所面临的挑战、需求和期望。只有深入了解教师的真实需求，才能有针对性地设计培训课程，满足其学习需求。

第二，培训机构和学校应该设计符合实际情况的培训课程。这意味着培训课程应该结合当地的教育政策、教学实践和学科特点，确保培训内容与教师的实际工作密切相关，具有针对性和实用性。例如，在教学方法的培训中，可以结合当地的教学环境和学生群体，设计针对性地教学案例和教学活动，帮助教师更好地应对教学挑战。

第三，培训机构和学校还应该丰富培训形式，提升培训效果和实效。除了传统的讲座式培训外，还可以引入案例分析、小组讨论、实践演练等多种培训形式，增强教师的参与感和学习效果。特别是在技术应用类培训中，可以利用现代化技术手段，如网络直播、视频教学等，提供更加便捷和生动的培训体验。

（2）加强师资培训和管理

培训机构和学校在提升培训质量的过程中，应该加强对培训师资的培训和管理，以确保他们的水平和素质得到有效提升。培训师资是教师培训工作的核心力量，其教学水平和专业素养直接影响着培训效果的好坏。因此，加强对培训师资的培训和管理具有重要意义。

第一，培训机构和学校应该为培训师资提供专业的培训和指导。这包括了针对不同类型的培训师资，制订具体的培训计划和内容，通过系统的培训课程和专业的讲师，提升其教学理论水平和实践能力。培训师资的培训内容可以涵盖教学方法、课程设计、教学评估等方面，以帮助他们更好地掌握教学技能和方法，增强培训效果。

第二，培训机构和学校还应加强对培训师资的管理。这包括了建立师资库，定期评估培训师资的教学水平和专业素养，及时发现和解决存在的问题。同时，还应建立师资激励机制，通过提供培训师资的职业发展机会、薪酬福利和荣誉表彰等方式，激励他们提高自身教学水平，增强培训的吸引力和竞争力。

第三，培训机构和学校还可以建立师资交流和合作机制，促进师资之间的经验分享和互助。通过定期举办师资交流会议、教学观摩活动等形式，可以促进师资之间的交流与合作，共同探讨教学方法和经验，提高教学水平和培训效果。

（3）跟踪和评估培训效果

为了确保教师培训的有效性和持续改进，培训机构和学校必须加强对培训效果的跟踪和评估工作。这项工作的重要性在于及时了解培训活动的实际效果，为进一步改进提供可靠的依据。第一，建立健全的跟踪和评估机制至关重要。培训机构和学校应该制订清晰的评估标准和指标，以确保评估工作的科学性和客观性。这些评估指标可以包括教师的知识水平、教学技能、教学效果等方面，旨在全面评估培训活动的实际效果。

第二，定期对培训活动进行评估和检查是保障培训质量的有效途径。培训机构和学校应该建立起一套完整的评估和检查机制，定期组织评估活动，对培训活动的各个环节进行全面审查和评估。通过定期的评估和检查，可以及时发现培训活动中存在的问题和不足之处，并及时采取有效的措施加以改进。

第三，还应该充分利用现代化技术手段，建立起信息化的培训效果跟踪系统。通过建立电子化的培训效果跟踪系统，可以实现对培训活动的全程跟踪和记录，方便数据分析和统计，及时发现问题和趋势，为决策提供科学依据。

第四，建立反馈机制，促进培训效果的不断提升。培训机构和学校应该鼓励教师和培训学员积极参与培训效果的评估，倾听他们的意见和建议，及时调整培训方案和内容，提高培训的实效性和针对性。同时，还应该建立起一个定期反馈的机制，收集教师和学员的反馈意见，及时解决存在的问题，不断改进培训工作。

3.教师个人的责任

（1）积极参与培训活动

教师个人在教育事业中扮演着至关重要的角色，而积极参与各类培训活动是不可或缺的一部分。教师应该根据自身的实际需要和职业发展规划，主动参加各类培训活动，以不断提升自己的教学水平和专业能力。

第一，教师应该认真对待培训活动，意识到培训对于自身成长和专业发展的重要性。他们应该主动了解培训内容和要求，充分准备并积极参与培训活动，从中获取知识、技能和经验，为自己的教育事业打下坚实的基础。

第二，教师应该保持学习的态度，持续不断地提升自己的教学水平和专业能力。他们应该关注教育领域的最新发展和趋势，积极参与各类专业研讨会、学术讲座和教学培训课程，不断开拓视野、更新知识、提高能力，以适应时代发展的需求和挑战。

第三，教师应该将培训活动与自身的教学实践相结合，将所学所得应用于实际教学中，不断探索和创新教学方法，提高教学效果和学生满意度。通过积极参与培训活动，教师不仅可以提升自己的专业水平和教学能力，还能够为学生的成长和发展提供更加优质的教育服务，推动教育事业的不断发展和进步。

（2）反馈学习体会和建议

教师个人在参与培训活动的过程中，不仅应该积极参与学习，还应该积极反馈自己的学习体会和建议，为培训工作的改进提供有益建议。这种反馈机制对于促进培训工作的持续改善和提升至关重要。

第一，教师应该认识到反馈的重要性。他们应该清楚地意识到，通过积极的反馈，可以及时了解培训活动的实际效果和存在的问题，为进一步的改进提供有效的依据。

第二，教师应该参与培训活动中的讨论和交流，分享自己的学习体会和心得。他们可以通过讨论小组、反馈会议等形式，与其他教师分享自己在培训中的收获和感悟，提出自己的见解和建议。通过分享学习体会，可以促进教师之间的交流与合作，共同探讨问题，寻求解决方案。

第三，教师应该积极参与培训活动的评估和反馈环节，向培训机构和学校提供有益建议。他们可以通过填写问卷调查、参加评估会议等方式，向培训机构和学校反馈培训活动的优点和不足之处，提出改进建议和意见。通过积极地反馈和建议，可以帮助培训机构和学校更好地了解教师的需求和期望，及时调整培训方案和内容，提高培训的实效性和针对性。

（3）应用所学知识和技能

教师个人在接受培训后，应该将所学知识和技能认真践行，并将其应用于实际教学中。这种实践是巩固和提升培训效果的关键，也是教师专业成长的重要路径。

第一，教师应该将培训所学的理论知识融入自己的教学实践中。培训通常提供了最新的教学理论和方法，教师应该将这些理论和方法运用到自己的课堂教学中，例如，根据学生的实际情况和学习需求，灵活运用不同的教学策略和方法，设计多样化的教学活动，提高课堂的互动性和趣味性，从而促进学生的学习效果和兴趣。

第二，教师应该不断反思和调整自己的教学实践。通过反思教学过程和效果，教师可以发现问题和不足之处，并及时调整教学方法和策略，提高教学效果。例如，教师可以定期进行课堂观摩和教学反思，与同事进行教学经验分享，及时总结和改进教学实践，提高教学水平和专业能力。

第三，教师应该持续不断地学习和更新自己的知识和技能。教育领域的发展日新月异，教师需要不断学习和更新知识，以适应时代的发展和教育改革的需要。他们可以通过参加专业研讨会、学术会议、教育培训课程等方式，不断提升自己的教学水平和专业能力，为学生的发展和成长做出积极贡献。

第四章　教师培训管理策略的创新与发展

第一节　教师培训管理策略的创新思路

一、创新思路的提出背景

在现代教育背景下，教师培训管理策略的创新已经成为提升教师专业素养和教育质量的关键环节。随着全球教育改革的不断深化，教师培训面临着新的挑战和机遇。首先，教育信息化的快速发展要求教师具备现代教育技术应用能力，这对传统的教师培训模式提出了挑战。其次，教育的国际化趋势要求教师具备更广阔的国际视野和跨文化交际能力。再者，教育理念的不断更新要求教师在教学方法、教育理念等方面不断创新。因此，提出创新的教师培训管理策略显得尤为重要。

二、创新思路的具体体现

（一）需求导向的培训设计

需求导向的培训设计是根据教师的实际需求和问题，针对性地设计培训内容和形式，以提高培训的实用性和有效性。具体体现如下：

1. 需求分析

在培训设计前，需要进行全面的需求分析，了解教师的实际需求和问题。通过问卷调查、访谈、课堂观察等多种方式，全面收集和分析教师的需求数据，为培训设计提供科学依据。

2. 针对性设计

根据需求分析的结果，设计针对性地培训内容和形式，是需求导向培训设计的核心环节。针对性设计应充分考虑教师的实际需求和问题，确保培训的实用性和有效性。针对性设计可以从以下几个方面入手：

（1）培训内容设计

培训内容的设计应基于需求分析的结果，涵盖教师在教学实践中遇到的主要问题和需求。例如，针对一线教师在信息技术应用中的薄弱环节，可以设计专门的技术培训课程，包括信息技术的基本知识、教育技术工具的使用、信息化教学设计等内容，提高教师的信息技术应用能力。针对新教师的教学技能培训，可以设计案例教学、模拟课堂、教学技能工作坊等形式，提高他们的教学设计和课堂管理能力。此外，培训内容还应包括教育理念的更新、教学方法的创新、教学评价的改进等多个方面，确保培训的全面性和系统性。

（2）培训形式设计

培训形式的设计应注重多样化和灵活性，满足不同教师的需求和偏好。传统的讲座式培训虽然有其优点，但单一的培训形式容易导致教师的参与度和积极性不高。针对不同的培训内容和目标，可以采用多种培训形式，如专题讲座、案例教学、项目学习、研讨会、工作坊、在线学习等。通过多种形式的结合，能够提高培训的参与度和实效性。例如，在技术培训中，可以结合讲座、操作演示、实践操作等多种形式，使教师在学习理论知识的同时，能够进行实际操作和应用，提高培训的效果。

（3）个性化培训设计

个性化培训是需求导向培训设计的重要体现。根据教师的不同需求和特点，设计个性化的培训方案，提供个性化的培训支持。例如，对于教学经验丰富的教师，可以设计高级研修课程，探讨教育教学中的前沿问题和创新方法；对于新教师，可以设计基础培训课程，帮助他们快速掌握教学技能和课堂管理方法。个性化培训设计需要充分利用信息技术和大数据技术，通过数据分析和智能推荐，为教师提供个性化的培训资源和学习路径，提高培训的针对性和实效性。

3.动态调整

需求导向的培训设计需要根据教师的反馈和培训效果，不断进行动态调整。动态调整是提高培训针对性和有效性的关键环节。具体体现在以下几个方面：

（1）定期评估

定期评估是动态调整的基础。通过定期对培训效果进行评估，了解教师对培训内容和形式的满意度，发现培训中存在的问题和不足。评估可以采用多种方法，如问卷调查、访谈、观察、测试等，以全面了解培训效果和教师的反馈。评估结果应及时反馈给培训组织者和教师个人，为后续的培训设计和改进提供参考和依据。

（2）反馈机制

建立有效的反馈机制，及时收集和处理教师的反馈意见，是动态调整的重要保障。通过多种途径，如在线平台、意见箱、反馈表、座谈会等，收集教师在培训过程中的意见和建议，了解他们的需求和问题。培训组织者应及时对反馈意见进行分析和处理，根据反馈结果进行调整和改进，提高培训的针对性和实效性。

（3）内容调整

根据评估和反馈结果，对培训内容进行调整和优化，提高培训的针对性和实用性。例如，如果评估结果显示某些培训内容不够实用或难以理解，可以根据教师的反馈意见，调整内容的难度和深度，增加实际案例和操作演示，增强培训的实用性和可操作性。内容调整应注重灵活性和科学性，确保培训内容的持续改进和优化。

（4）形式改进

培训形式的改进是动态调整的重要内容。根据评估和反馈结果，对培训形式进行改进和创新，提高培训的参与度和效果。例如，如果评估结果显示传统讲座式培训效果不佳，可以尝试引入互动性更强的培训形式，如研讨会、案例教学、项目学习等，增强培训的互动性和体验感。形式改进应注重多样化和灵活性，满足不同教师的需求和偏好。

（5）持续改进

动态调整是一个持续的过程，培训组织者应不断进行评估和改进，确保培训的持续改进和优化。通过定期评估、及时反馈和科学调整，逐步完善培训内容和形式，提高培训的针对性和实效性，促进教师的专业发展和教育教学质量的提升。

（二）混合式培训模式的应用

混合式培训模式结合了线上和线下培训的优势，通过多种形式的互动和交流，提高培训的灵活性和参与度。具体体现如下：

1.线上培训的优势

线上培训在现代教育培训中占据着越来越重要的地位。其优势主要体现在以下几个方面：

（1）时间和空间的灵活性

线上培训最大的优势在于其时间和空间的灵活性。教师可以不受时间和地点的限制，根据自己的时间安排随时随地进行学习。这对于工作繁忙的教师来说尤为重要，他们可以在工作之余进行学习，而不需要专门腾出时间来参加培训。线上培训平台通常提供录播课程、在线讲座、视频学习等多种形式，使教师可以灵活选择学习时间和地点，提高学习效率和便捷性。

第一，时间灵活性是线上培训的显著特点。教师可以根据自己的时间安排选择学习时间，而不需要按照固定的时间表进行学习。例如，教师可以在早晨、午休时间、晚上或周末进行学习，不受时间的限制。这样，教师可以更好地平衡工作和学习，充分利用碎片时间进行知识的积累和技能的提升。

第二，空间灵活性是线上培训的另一大优势。教师可以在任何有互联网连接的地方进行学习，无论是在家中、办公室、咖啡馆，还是在旅行途中。这种灵活性不仅方便了教师的学习，也减少了因地点变更而导致的学习中断。例如，教师在旅行时可以利用移动设备进行学习，不必担心错过重要的培训内容。

第三，线上培训平台提供多种形式的学习资源，如录播课程、在线讲座和视频学习等。这些资源可以灵活选择学习时间和地点，进一步提高学习的效率和便捷性。录播课程允许教师反复观看，随时暂停和回放，有助于更好地理解和掌握课程内容；在线讲座提供实时互动的机会，教师可以通过提问和讨论与讲师和其他学员进行交流；视频学习通过直观的视觉呈现，使学习内容更加生动具体，有助于提高教师的学习兴趣和记忆效果。

（2）资源的丰富性和多样性

线上培训可以提供丰富多样的学习资源，包括视频课程、电子书籍、在线测试、互动练习等。这些资源可以满足教师不同的学习需求和兴趣，提高学习的效果和体验。通过线上培训平台，教师可以访问全球范围内的优质教育资源，学习最新的教育理念和教学方法，拓宽他们的知识面和视野。

第一，视频课程是线上培训的重要资源形式之一。高质量的视频课程可以通过丰富的多媒体元素，如动画、图表、实景拍摄等，生动形象地展示教学内容，帮助教师更好地理解和掌握知识。例如，教师可以通过视频课程学习先进的教育技术工具的使用方法，观看实际操作示范，提高实践能力。

第二，电子书籍作为重要的学习资源，具有便于携带、易于查找和更新快等优势。教师可以通过电子书籍深入学习某一专题的理论知识，获取最新的研究成果和实践经验。例如，通过电子书籍，教师可以了解不同国家和地区的教育政策、教学方法和教育改革的成功案例，借鉴其经验，提高自身的教学水平。

在线测试和互动练习是评估和巩固学习效果的重要手段。通过在线测试，教师可以检验自己的学习成果，了解自己的知识掌握情况和薄弱环节。例如，通过模拟考试和即时反馈，教师可以及时发现和纠正学习中的错误，强化记忆和理解。互动练习通过实时的互动和反馈，提高学习的趣味性和参与度，帮助教师更好地掌握和应用所学知识。

线上培训平台还提供全球范围内的优质教育资源，教师可以跨越地域和文化的限制，学习最新的教育理念和教学方法。例如，教师可以通过线上培训平台访问世界知名大学和研究机构的课程，参加国际教育会议和研讨会，与全球教育专家和同行进行交流和合作，拓宽知识面和视野，提高自身的专业素养和教学能力。

（3）个性化学习

线上培训平台通常具备个性化学习的功能，根据教师的学习进度和需求，提供个性化的学习建议和资源。通过数据分析和智能推荐，教师可以获得符合自己需求的学习资源和课程，提高学习的针对性和有效性。

第一，个性化学习可以根据教师的学习进度和需求，提供量身定制的学习建议和资源。例如，平台可以通过分析教师的学习记录和测试成绩，了解教师的学习进度和薄弱环节，自动推荐适合的学习资源和课程，帮助教师有针对性地进行学习和提高。例如，某位教师在某一知识点上表现不佳，平台可以推荐相关的补充资料和练习，帮助教师加强对该知识点的理解和掌握。

第二，智能推荐是个性化学习的重要功能。通过数据分析和机器学习技术，平台可以根据教师的学习行为和偏好，推荐符合其兴趣和需求的学习资源和课程。例如，教师经常观看某一领域的视频课程，平台可以分析其兴趣和学习需求，推荐更多相关的优质资源，丰富教师的学习内容，提高学习的效果和体验。

个性化学习还可以提供实时的学习反馈和评估，帮助教师了解自己的学习效果和进展。例如，通过在线测试和学习分析，教师可以及时了解自己的学习进度和成绩，发现学习中的问题和不足，及时调整学习计划和方法，提高学习的效率和效果。平台可以通过图表和报告的形式，直观展示教师的学习数据和分析结果，帮助教师进行科学地学习管理和规划。

第三，个性化学习还可以支持教师的自主学习和终身学习。通过个性化学习，教师可以根据自己的兴趣和需求，自主选择学习内容和进度，灵活安排学习时间和地点，实现个性化的学习目标和发展规划。例如，教师可以通过个性化学习平台，系统地学习某一领域的专业知识和技能，获得相关的证书和认证，提高自身的专业水平和竞争力。

2. 线下培训的优势

线下培训作为传统的培训形式，仍然具有许多不可替代的优势。其主要体现在以下几个方面：

（1）面对面的交流和互动

线下培训最大的优势在于面对面地交流和互动。通过面对面的交流，教师可以更加直观地感受到培训讲师的教学风格和方法，增强学习的体验感和参与感。面对面的互动还可以提高教师的注意力和参与度，促进学习的深入和理解。

第一，面对面的交流能够让教师更直观地感受讲师的教学风格和方法。通过直接的言语交流和非言语交流，如肢体语言、面部表情、语调等，教师可以更全面地理解讲师的教学意图和重点。例如，在一次教学法培训中，讲师通过生动地讲解和互动，展示了多种教学方法的应用效果，教师通过现场观察和体验，更加深刻地理解了这些方法的优缺点和实际应用效果。

第二，面对面的互动能够提高教师的注意力和参与度。在一个充满互动的课堂环境中，教师更容易集中注意力，积极参与到讨论和活动中。例如，在一次工作坊中，教师通过小组讨论、案例分析和角色扮演，积极参与到教学情境的模拟中，不仅提高了他们的实践能力，也增强了他们的团队合作精神。面对面的互动能够激发教师的学习兴趣和动机，促进他们的深度学习和理解。

第三，面对面的交流和互动能够促进教师之间的交流和分享。在一个实际的课堂环境中，教师可以通过交流和讨论，分享自己的教学经验和心得，互相学习和借鉴。例如，在一次教师培训会议中，教师通过分组讨论和专题研讨，分享了各自的教学方法和策略，互相启发，提出了许多有价值的教学改进建议。这种面对面的交流和分享，不仅能够提高教师的教学水平，还能增强他们的团队意识和合作精神。

（2）实践操作和体验

线下培训注重实践操作和体验，通过实际操作和演练，教师可以将所学知识应用到实际教学中，提高解决实际问题的能力。

第一，线下培训提供了丰富的实践操作机会，教师可以通过模拟课堂、案例教学和教学设计等形式，进行实际操作和演练。例如，在一次教学技能培训中，教师可以设计并实施一节模拟课堂，从中体验不同教学方法的应用效果，发现和解决教学中的问题。通过这种实践操作，教师不仅能够巩固所学知识，还能提高解决实际教学问题的能力。

第二，线下培训通过参观学习和实地考察，增强教师的实践体验和感受。例如，在一次教育技术应用培训中，教师可以参观先进的教育技术实验室，亲身体验最新的教育技术工具和设备。这种实地考察和体验不仅能够激发教师的学习兴趣，还能帮助他们更好地理解和应用所学知识。例如，通过参观和体验，教师可以学习到如何在实际教学中应用各种教育技术工具，提高课堂的互动性和生动性。

第三，线下培训的实践操作和体验能够增强教师的自信心和成就感。通过实际操作和演练，教师能够看到自己的进步和成就，增强对自己教学能力的信心。例如，在一次教学设计培训中，教师通过设计并实施一节高质量的课堂教学，不仅提高了自己的教学技能，还获得了讲师和同伴的认可和赞赏，增强了他们的自信心和成就感。

（3）团队建设和协作

线下培训有助于团队建设和协作，通过共同学习和活动，教师之间可以建立良好的合作关系和团队精神。

第一，线下培训通过小组讨论和合作项目等形式，促进教师之间的团队合作和协作。例如，在一次工作坊中，教师可以组成小组，共同设计和实施一个教学项目，通过分工合作，互相学习和借鉴。这种团队合作不仅能够提高项目的完成质量，还能增强教师之间的合作意识和团队精神。例如，在一个跨学科教学项目中，教师通过合作，共同设计和实施了一节跨学科的教学活动，提高了学生的综合素养和学习效果。

第二，线下培训通过团队活动和游戏，增强教师的团队意识和凝聚力。例如，在一次团队建设活动中，教师可以通过团队游戏和挑战，体验团队合作的重要性，增强团队的凝聚力和向心力。这种团队活动不仅能够提高教师的合作能力，还能促进他们之间的交流和沟通，建立良好的合作关系。例如，通过团队建设活动，教师可以加强对彼此的了解，增进友谊，提高团队的合作效率和效果。

第三，线下培训通过共同学习和成长，促进教师之间的交流和分享。例如，在一次研讨会中，教师可以分享自己的教学经验和心得，互相学习和借鉴，提高教学水平。这种共同学习和分享不仅能够促进教师的专业成长，还能增强他们之间的信任和合作，形成良好的团队氛围。例如，通过定期的团队学习和交流，教师可以不断提高自己的专业素养和教学能力，提高整个团队的教学水平和质量。

（4）及时反馈和指导

线下培训可以提供即时的反馈和指导，教师可以在培训过程中随时向讲师请教和咨询，获得及时的反馈和指导。

第一，线下培训的即时反馈和指导能够帮助教师及时发现和解决教学中的问题。在教学技能培训中，教师可以通过模拟课堂和案例教学，获得讲师的即时反馈和指导，及时发现和解决教学中的问题和不足。例如，教师在模拟课堂中演示教学内容，讲师可以立即提供反馈和建议，帮助教师改进教学方法，提高教学效果。

第二，线下培训的即时反馈和指导能够提高教师的学习效果和针对性。通过及时地反馈和指导，教师可以更好地理解和应用所学知识，提升学习效果。例如，在一次教学设计培训中，教师可以在设计和实施教学活动的过程中，随时向讲师请教和咨询，获得及时的反馈和指导，提高教学设计的质量和效果。

第三，线下培训的即时反馈和指导能够促进教师的专业成长和提高。通过讲师的即时反馈和指导，教师可以不断改进和完善自己的教学方法和策略，提高教学水平和专业素养。例如，教师在实际教学中遇到问题，可以通过线下培训获得讲师的即时反馈和指导，及时调整和改进教学方法，提高教学效果和学生的学习效果。

3. 线上线下结合

混合式培训模式将线上和线下培训有机结合，发挥两者的优势，提高培训的效果和质量。其具体体现如下：

（1）理论与实践的结合

线上培训可以提供系统的理论知识学习，线下培训则可以进行实践操作和体验。通过线上学习理论知识，教师可以系统地掌握教育理论和教学方法；通过线下进行实践操作和演练，教师可以将理论知识应用到实际教学中，获得实践经验和技能。例如，在教学技能培训中，教师可以通过线上学习教学设计和课堂管理的理论知识，线下进行模拟课堂和案例教学的实践操作，增强理论与实践的结合，提高教学能力。

（2）资源的优化与整合

线上培训可以提供丰富多样的学习资源，线下培训则可以提供实际的操作和体验。通过线上线下结合，可以实现资源的优化与整合，提高培训的效果和质量。例如，通过线上平台提供丰富的学习资源，如视频课程、电子书籍、在线测试等；线下培训则可以提供实际的操作和体验，如模拟课堂、案例教学、参观学习等。通过资源的优化与整合，教师可以获得全面、系统地学习体验，提高培训的效果和质量。

（3）个性化学习与群体互动

线上培训可以提供个性化学习的机会，线下培训则可以提供群体互动和协作的机会。通过线上线下结合，可以实现个性化学习与群体互动的有机结合，提高学习的效果和质量。例如，通过线上平台提供个性化的学习建议和资源，教师可以根据自己的需求和进度进行学习；在线下培训中，通过小组讨论、合作项目等形式，教师可以进行群体互动和协作，增强团队合作和交流的能力。

（三）实践导向的培训内容

在培训内容的设计上，应注重理论与实践相结合，增强培训的实用性。具体体现如下：

1.项目学习

（1）项目的设计与实施

在项目学习中，教师需要从实际教学需求出发，设计和实施一个完整的教学项目。项目设计应包括明确的教学目标、具体的实施步骤、所需的资源和支持、预期的成果和评价标准。通过项目的设计与实施，教师可以全面了解教学项目的各个环节，从中发现和解决教学中的实际问题，提高教学实践能力。

项目设计的第一步是确定明确的教学目标。这些目标应具体、可测量，并与课程标准和学生需求相一致。例如，一个关于"现代教育技术在课堂中的应用"项目，其教学目标可以包括：提高教师对教育技术工具的应用能力，提升学生的学习兴趣和参与度，促进学生对学习内容的深度理解等。

接下来，教师需要制订具体的实施步骤。这些步骤应详细描述项目的各个环节，从准备阶段、实施阶段到评估阶段。例如，准备阶段可以包括选定教育技术工具、设计教学内容、准备教学资源等；实施阶段可以包括实际的课堂教学活动、学生的参与和互动、教学过程的记录和观察等；评估阶段可以包括收集和分析学生的学习成果、教师的自我反思和改进等。

资源和支持是项目顺利实施的关键。教师需要确定项目实施所需的各种资源，如教材、设备、技术支持等。同时，教师还需要获得学校管理层、同事和家长的支持，确保项目的顺利进行。例如，在"现代教育技术在课堂中的应用"项目中，教师可能需要学校提供必要的技术设备和软件支持，家长配合学生在家完成相关任务等。

预期的成果和评价标准是项目设计的重要组成部分。教师需要明确项目的预期成果，如学生的学习表现、课堂参与情况、教学效果等。同时，教师还需要制订科学的评价标准，确保项目成果的客观性和可测量性。例如，可以通过学生的测试成绩、课堂表现、项目作品等多种方式来评估项目的实施效果。

（2）问题解决与反思

项目学习强调问题解决和反思。在项目实施过程中，教师会遇到各种实际问题，需要通过自主探究和团队合作解决问题。这一过程不仅提高了教师的实际操作能力，还培养了他们的创新思维和问题解决能力。

问题解决是项目学习的重要环节。在项目实施过程中，教师可能会遇到技术问题、教学难点、学生参与度不高等各种挑战。例如，在"现代教育技术在课堂中的应用"项目中，教师可能会遇到一些学生对新技术不熟悉、技术设备故障等问题。教师需要通过自主探究，寻找解决问题的方法，如调整教学策略、寻求技术支持、进行课堂管理等。

反思是项目学习的另一重要环节。项目结束后，教师应进行全面地反思，分析项目实施中的成功经验和不足之处，总结教学实践中的问题和解决方法。例如，通过反思，教师可以发现课堂管理中的薄弱环节，进一步优化课堂管理策略，提高教学效果。反思还可以帮助教师积累教学经验，为未来的项目设计和实施提供参考。

反思不仅包括教师的自我反思，还应包括与学生、同事的交流和讨论。通过与学生的交流，教师可以了解学生的学习体验和反馈，发现教学中的问题和改进点。通过与同事的讨论，教师可以分享经验和心得，互相学习，共同提高。例如，教师可以通过教学研讨会、教师培训等形式，与同事交流项目实施中的经验和教训，共同探讨改进教学的方法。

（3）团队合作与交流

项目学习通常需要团队合作，通过团队成员之间的分工协作，共同完成项目任务。团队合作不仅能够提高项目的完成质量，还能够促进教师之间的交流与合作，分享经验和资源，提升团队整体的教学水平。

团队合作在项目学习中起着至关重要的作用。通过团队成员之间的分工协作，可以充分发挥每个人的特长和优势，提高项目的完成效率和质量。例如，在设计一个"跨学科项目教学"项目中，教师可以与其他学科的教师合作，整合不同学科的知识和方法，共同设计和实施跨学科的教学项目，提高学生的综合素养和学习效果。

团队合作还可以促进教师之间的交流与合作。通过团队成员之间的沟通和交流，教师可以分享彼此的经验和资源，互相学习，共同提高。例如，教师可以在团队会议中分享自己在项目实施中的经验和教训，提出改进建议，帮助其他成员提高教学能力。

团队合作的成功离不开有效地沟通和协调。教师需要建立良好的沟通机制，确保团队成员之间的信息交流畅通。定期的团队会议、即时的沟通工具（如电子邮件、即时通信软件等）都是有效的沟通手段。此外，教师还需要明确团队成员的职责和任务，确保每个人都能积极参与，充分发挥自己的作用。

（4）评价与反馈

项目学习的评价与反馈是提升项目学习效果的重要环节。通过多种评价方式，如自我评价、同伴评价、学生评价等，全面评估项目的实施效果和教师的教学表现。评价结果应及时反馈给教师，帮助他们发现和解决教学中的问题，改进和优化教学方法。

评价与反馈在项目学习中具有重要意义。通过科学地评价，可以全面了解项目的实施效果和教师的教学表现，发现教学中的问题和不足。例如，通过自我评价，教师可以反思自己的教学实践，发现需要改进的地方；通过同伴评价，教师可以了解其他教师对自己教学的看法和建议，找到改进的方向；通过学生评价，教师可以了解学生的学习体验和反馈，发现教学中的问题和改进点。

评价应具有全面性和客观性。评价的内容应涵盖项目的各个方面，包括教学目标的达成情况、教学内容的适用性、教学方法的有效性等。例如，可以通过学生的测试成绩、课堂表现、项目作品等多种方式来评估项目的实施效果。评价标准应科学合理，确保评价的客观性和可测量性。

反馈应及时和建设性。评价结果应及时反馈给教师，帮助他们发现和解决教学中的问题。反馈的内容应具体、明确，提出改进的建议和措施，帮助教师优化教学方法。例如，教师可以通过学生的反馈了解教学内容的适用性和教学方法的有效性，进一步调整和优化教学策略，提高教学质量。

2. 模拟课堂

模拟课堂是通过模拟真实的课堂教学环境，帮助教师进行教学演练和反思，提高教学设计和课堂管理能力的培训形式。模拟课堂的具体体现如下：

（1）教学设计与准备

在模拟课堂中，教师需要进行详细的教学设计和准备工作。教学设计应包括明确的教学目标、详细的教学内容和步骤、教学方法和手段、教学资源和材料等。通过教学设计与准备，教师可以全面掌握教学内容和流程，提高教学的系统性和计划性。

第一，明确的教学目标是教学设计的基础。教学目标应具体、可测量，并与课程标准和学生需求相一致。例如，在设计一节关于"多媒体技术在历史教学中的应用"模拟课堂时，教学目标可以包括：通过多媒体技术提高学生对历史事件的理解，增强学生对历史学习的兴趣和参与度，培养学生的历史分析能力等。

第二，详细的教学内容和步骤是确保教学顺利进行的关键。教学内容应系统化、结构化，涵盖教学目标所要求的知识点和技能。教学步骤应清晰、具体，明确每个教学环节的时间安排和活动内容。例如，模拟课堂的教学步骤可以包括：

引入部分，通过一段历史视频引起学生的兴趣；讲解部分，通过多媒体课件详细讲解历史事件；互动部分，通过小组讨论和角色扮演加深学生的理解；总结部分，通过提问和讨论巩固学习成果。

第三，教学方法和手段应多样化，适应不同教学内容和学生需求。教师可以根据教学目标和内容选择适当的教学方法，如讲授法、讨论法、探究法等，并结合多媒体技术、实物展示等手段，提高教学的生动性和有效性。例如，在"多媒体技术在历史教学中的应用"模拟课堂中，教师可以通过多媒体课件展示历史地图、历史图片和视频，结合讲授法和讨论法，提高学生的参与度和学习效果。

第四，教学资源和材料的准备是教学设计的重要环节。教师需要根据教学内容和方法准备相应的教学资源和材料，如多媒体课件、历史图片、视频资料、讨论题目等。通过充分的准备，教师可以确保教学过程的顺利进行，提高教学的系统性和计划性。

（2）课堂教学演练

课堂教学演练是模拟课堂的核心环节。教师在模拟的课堂环境中，按照教学设计进行实际的教学演练。通过教学演练，教师可以实际操作和应用教学方法和策略，提高教学实践能力和课堂管理能力。

课堂教学演练的目的是让教师在实际的教学情境中应用所学的教学方法和策略，提高教学的实战能力。例如，在"多媒体技术在历史教学中的应用"模拟课堂中，教师可以实际操作多媒体设备，展示历史图片和视频，并与学生进行互动和交流，通过实际操作和应用提高教学的效果和学生的理解。

课堂教学演练还可以帮助教师提高课堂管理能力。在模拟课堂中，教师需要面对真实的教学情境，如学生的提问、讨论和互动，通过实际的课堂管理实践，提高教师的应变能力和管理能力。例如，在模拟课堂中，教师可以通过观察学生的反应和参与情况，及时调整教学方法和步骤，提高课堂的互动性和参与度。

课堂教学演练还可以帮助教师发现和解决教学中的实际问题。在模拟课堂中，教师可以通过实际操作和应用发现教学设计中的不足和问题，并及时进行调整和改进。例如，教师可以通过模拟课堂发现学生对某些教学内容的理解困难，及时调整教学方法和步骤，增强教学效果和学生的理解。

（3）问题解决与调整

在教学演练过程中，教师可能会遇到各种实际问题，需要通过即时调整和解决。这一过程不仅提高了教师的课堂应变能力，还帮助他们发现教学设计中的不足和问题，进一步优化和改进教学方法。

问题解决与调整是模拟课堂的重要环节。在教学演练过程中，教师可能会遇到各种实际问题，如学生对教学内容的理解困难、教学设备的故障、课堂管理的挑战等。教师需要通过及时调整和解决这些问题，提高课堂的应变能力和管理能力。例如，教师可以通过观察学生的反应和参与情况，及时调整教学方法和步骤，增强教学效果和学生的理解。

问题解决与调整还可以帮助教师发现教学设计中的不足和问题。在模拟课堂中，教师可以通过实际操作和应用发现教学设计中的问题和不足，并及时进行调整和改进。例如，教师可以通过模拟课堂发现教学内容的难度过高或过低，及时调整教学内容和步骤，提高教学的适应性和有效性。

问题解决与调整还可以帮助教师提高教学的灵活性和适应性。在模拟课堂中，教师可以通过实际操作和应用提高教学的灵活性和适应性，根据学生的反馈和参与情况及时调整教学方法和步骤，提高课堂的互动性和参与度。例如，教师可以通过模拟课堂发现学生对某些教学内容的理解困难，及时调整教学方法和步骤，增强教学效果和学生的理解。

（4）反思与总结

反思与总结是模拟课堂的重要环节。教学演练结束后，教师应进行全面地反思和总结，分析教学中的成功经验和不足之处，总结教学中的问题和解决方法。通过反思与总结，教师可以不断改进和优化教学设计和实施方法，提高教学质量和效果。

反思与总结是提高教学质量和效果的重要途径。通过反思与总结，教师可以全面了解教学过程中的成功经验和不足之处，发现教学中的问题和改进点。例如，教师可以通过反思发现课堂管理中的薄弱环节，进一步优化课堂管理策略，提高教学效果。

反思与总结还可以帮助教师积累教学经验，为未来的教学设计和实施提供参考。通过反思与总结，教师可以总结出一套适合自己和学生的教学方法和策略，提高教学的系统性和计划性。例如，教师可以通过反思总结出一套适合自己和学生的课堂管理方法，提高课堂的互动性和参与度。

反思与总结还可以帮助教师提高自我反思和自我改进的能力。通过反思与总结，教师可以提高自我反思和自我改进的能力，不断提高教学质量和效果。例如，教师可以通过反思发现自己在教学中的不足和问题，及时进行调整和改进，提高教学质量和效果。

第二节　信息技术在培训管理策略中的应用

一、信息技术对教师培训的影响

信息技术的迅猛发展为教师培训带来了新的机遇和挑战。信息技术不仅改变了传统的教育方式，也对教师培训提出了更高的要求。

（一）丰富和多样化的培训资源

1.资源的多样性和可及性

信息技术的迅猛发展极大地丰富了培训资源的种类和形式，使得教师培训变得更加多样化和便捷。通过网络平台，教师可以随时随地获取最新的教育资源和培训材料，这不仅提高了培训的灵活性，还拓展了学习的广度和深度。以下是对这一部分的详细探讨。

（1）网络平台的多样性

网络平台的多样性是培训资源丰富性的一个重要体现。通过各种在线教育平台，教师可以选择适合自己的课程进行学习。这些平台提供的课程内容覆盖广泛，从基础教育到高等教育，从学科知识到教育技术，几乎涵盖了教师专业发展的所有领域。此外，许多教育机构还建立了自己的培训平台，提供定制化的培训课程和资源，进一步丰富了教师的学习渠道。

（2）在线课程与电子资源

在线课程和电子资源是现代教师培训的重要组成部分。教师可以通过在线课程获取最新的教育理念和教学方法，提升自己的专业能力。电子书籍、教学视频、PPT课件等形式的电子资源，方便教师进行自主学习和反复研究。例如，教师可以利用碎片化时间，通过手机或电脑进行学习，实现学习与工作的有机结合。这些资源不仅包括学科知识，还涵盖教育技术、教学方法、教学管理等多个方面，为教师提供全面的学习支持。

（3）跨区域和国际资源的可及性

信息技术打破了时间和空间的限制，使得跨区域和国际资源的获取变得可能。教师可以通过互联网访问全球范围内的优质教育资源，例如国外知名大学的公开课和教学材料。这不仅拓宽了教师的视野，还促进了教育理念和教学方法的国际化交流。例如，通过观看哈佛大学、麻省理工学院等名校的在线课程，教师可以学习到最前沿的教育理论和实践方法，提高自己的教学水平。

2. 开放教育资源（OER）的发展

开放教育资源（OER）的发展，为教师提供了更多免费、高质量的学习材料，极大地促进了教师的专业发展。OER 包括免费提供的教材、课程、讲义、试题、实验和模拟等资源，教师可以根据自己的需要，自主选择和利用这些资源进行学习和教学。

（1）OER 的优势

OER 最大的优势在于其开放性和免费性。教师可以无需支付高额费用，就能获得全球范围内的优质教育资源。这不仅减轻了教师的经济负担，还提高了资源的利用效率。例如，许多著名大学和教育机构都在其官方网站上提供免费课程和教材，教师可以通过这些资源，学习到最新的教育理念和教学方法，提升自己的专业素养和教学能力。

（2）OER 的种类与应用

OER 的种类繁多，应用广泛。教师可以利用 OER 中的教材、课件和视频进行日常教学，还可以通过 OER 中的试题和实验资源进行教学评估和实践。例如，教师可以下载并使用开放教材进行教学准备，或将开放课件与自己的课程内容结合，丰富课堂教学内容。此外，OER 中的模拟实验和练习题，也为教师提供了丰富的教学工具，帮助他们更好地进行教学设计和实施。

（3）OER 的挑战与应对

尽管 OER 带来了许多好处，但其应用也面临一些挑战。例如，如何选择适合自己的 OER 资源，如何将这些资源有效地整合到教学中，以及如何评估 OER

的使用效果，都是教师需要面对的问题。为此，教育机构可以提供相应的培训和支持，帮助教师掌握OER的使用方法，提高他们的资源整合能力和教学设计水平。

3. 自适应学习技术

自适应学习技术通过对教师的学习行为和数据进行分析，根据教师的学习进度和需求，提供个性化的学习路径和资源。这种技术能够动态调整学习内容和难度，确保每个教师都能获得最适合自己的学习体验。

（1）自适应学习系统的构建

自适应学习系统的构建是自适应学习技术应用的基础。这些系统通常包括学习行为数据的收集与分析、个性化学习路径的生成与推荐、学习效果的评估与反馈等功能。例如，通过对教师在在线课程中的学习行为数据进行分析，系统可以了解教师的学习进度和知识掌握情况，并根据这些信息，动态调整学习内容和难度，推荐适合他们的后续学习资源和活动。

（2）个性化学习路径的设计

个性化学习路径的设计是自适应学习技术的核心。通过对教师学习需求的分析，系统可以为每位教师定制个性化的学习路径，确保他们能够按照最适合自己的节奏和方式进行学习。例如，对于知识掌握较好的教师，系统可以提供更高级别的学习内容和挑战性任务，而对于学习进度较慢的教师，系统可以提供更多的基础知识和练习，帮助他们夯实基础。

（3）自适应学习技术的应用效果

自适应学习技术的应用效果显著，提高了教师的学习效果和满意度。研究表明，自适应学习技术可以有效地提高教师的知识掌握水平和学习动力，帮助他们更快地适应新知识和新技术。例如，在一项关于自适应学习系统的研究中，使用自适应学习技术的教师，其学习效果和满意度显著高于未使用该技术的教师。这表明，自适应学习技术不仅提高了教师的学习效果，还增强了他们的学习体验。

（二）促进互动和交流

1. 在线论坛和学习社区

在线论坛和学习社区是促进教师互动和交流的重要平台。这些平台提供了一个虚拟的空间，教师可以在这里分享教学经验、探讨教学问题、交流教学资源，形成互助学习的良好氛围。

（1）专业教育论坛

专业教育论坛是教师交流的重要阵地。在这些论坛上，教师可以发帖讨论教学中的各种问题，从如何有效管理课堂，到如何利用新技术进行教学。通过这些讨论，教师可以获得他人的见解和建议，提升自己的教学能力。例如，像"教育技术论坛"这样的专业论坛，汇集了大量教育技术专家和一线教师，提供了丰富的教学资源和实践经验，教师可以从中受益匪浅。

（2）学习社区的建设

学习社区的建设为教师提供了一个持续交流和学习的平台。在这些社区中，教师可以加入兴趣小组，根据自己的教学需求和兴趣，参与各种讨论和活动。例如，一些学习社区会定期举办在线讲座和研讨会，邀请专家分享最新的教育理念和实践，教师可以通过参与这些活动，获取最新的教学资讯和方法，提升自己的专业素养。

（3）互助学习的氛围

在线论坛和学习社区不仅提供了丰富的教学资源，还营造了一个互助学习的氛围。教师可以在这里互相支持、互相学习，形成良好的学习生态。例如，一位教师在论坛上分享了自己在课堂管理上的困惑，其他教师会积极提供建议和解决方案，这种互助交流不仅解决了问题，还促进了教师之间的友谊和合作。

2. 视频会议和在线研讨会

视频会议技术的发展，使教师可以打破时间和空间的限制，参加实时的在线讲座和研讨会，与国内外专家和同行进行面对面的交流与讨论。

（1）实时互动的优势

视频会议的实时互动是其最大的优势之一。通过视频会议，教师可以与专家进行实时对话，提出自己的疑问并获得解答。这种实时的互动不仅提高了学习效果，还增强了教师的参与感和积极性。例如，教师可以通过视频会议参加国际教育研讨会，直接与世界顶尖的教育专家进行交流，了解最新的教育理论和实践，提升自己的教学水平。

（2）在线讲座与专家交流

在线讲座和专家交流是视频会议的重要内容。通过这些在线活动，教师可以接触到最新的教育理念和教学方法。例如，一些著名的教育机构定期举办在线讲座，邀请教育领域的知名专家进行讲解，教师可以通过参与这些讲座，学习到最前沿的教育理论和实践方法，提升自己的专业素养和教学能力。

（3）学术交流与合作

视频会议还促进了教师之间的学术交流与合作。通过视频会议，教师可以与同行进行深入地交流和探讨，分享各自的教学经验和成果。例如，教师可以通过视频会议与国内外的同行进行联合研究，探讨共同感兴趣的教学问题，分享研究成果和经验，促进教学创新和发展。

3.社交媒体平台

社交媒体平台如微博、微信等，为教师提供了便捷的交流和学习渠道。这些平台不仅方便教师获取最新的教育资讯，还为他们提供了丰富的学习资源和互动工具。

（1）教育资讯的获取

社交媒体平台是获取教育资讯的重要渠道。通过关注教育领域的专家和机构，教师可以随时了解最新的教育动态和研究成果。例如，许多教育专家和机构都会在社交媒体上发布教育资讯和研究成果，教师可以通过关注这些账号，获取最新的教育信息和学习资源，提升自己的专业水平。

（2）教学资源的分享

社交媒体平台还提供了便捷的教学资源分享功能。教师可以通过这些平台，分享自己的教学资源和学习经验。例如，教师可以在微博上发布自己的教学课件和教学视频，供其他教师参考和学习。此外，教师还可以通过微信等平台，与同行进行资源交换和合作，共同提升教学质量。

（3）实时交流与互动

社交媒体平台提供了丰富的实时交流工具，如私信、群聊等，方便教师与同行进行实时交流和互动。例如，教师可以通过微信群，与其他教师进行实时讨论和交流，分享自己的教学心得和经验。此外，社交媒体平台还提供了直播功能，教师可以通过直播与同行进行实时互动，分享自己的教学经验和方法，促进专业成长和发展。

（三）提升培训效果评价的科学性和准确性

1. 大数据分析

大数据分析作为信息技术的重要组成部分，为培训效果的评估提供了全面、客观的数据支持。通过对大数据的深入分析，可以全面了解教师在培训过程中的各类行为和表现，从而科学地评估培训效果。

（1）数据收集与处理

大数据分析的首要步骤是数据的收集与处理。培训过程中，教师的学习行为、测试成绩、参与情况等数据都会被记录下来。这些数据通过各种传感器、学习管理系统（LMS）、在线平台等工具进行收集和存储。在数据处理阶段，数据科学家会对这些数据进行清洗、分类和整理，以确保数据的准确性和一致性。例如，通过对教师在线学习平台的登录时间、观看视频的时长、参与讨论的频率等数据的收集和分析，可以了解教师的学习习惯和参与度。

（2）数据分析与应用

在数据处理之后，接下来就是数据的分析与应用。通过应用数据挖掘、机器学习等技术，可以对数据进行深度分析，发现隐藏的规律和模式。例如，通过对教师的学习数据进行聚类分析，可以将教师分为不同的学习类型，如积极参与型、被动学习型等，从而为不同类型的教师制订针对性的培训方案。此外，数据分析还可以帮助识别出培训中的薄弱环节和问题，例如某些课程模块的学习效果不佳，从而及时进行调整和改进，增强培训效果。

（3）趋势分析与预测

大数据分析的一个重要应用是趋势分析与预测。通过对历史数据的分析，可以预测未来的培训需求和趋势。例如，通过分析教师的学习进度和成绩，可以预测哪些教师可能在某些方面存在困难，从而提前采取干预措施，提供额外的学习支持。趋势分析不仅有助于提高当前培训的效果，还可以为未来的培训计划提供科学依据，确保培训资源的有效利用。

2. 学习管理系统（LMS）

学习管理系统（LMS）是现代教育培训中不可或缺的重要工具。LMS不仅可以记录和管理教师的学习活动，还可以为培训效果的评估提供翔实的数据支持。

（1）学习轨迹记录

LMS可以详细记录教师的学习轨迹，包括学习时间、学习内容、测试成绩、参与情况等。这些数据为培训效果的评估提供了丰富的信息来源。例如，通过LMS，培训组织者可以查看教师的学习进度，了解他们在各个课程模块中的表现，以及他们对学习内容的掌握情况。这些数据不仅有助于评估教师的学习效果，还可以发现学习中的问题和薄弱环节，为后续培训的改进提供参考。

（2）数据分析与报告生成

LMS不仅能记录数据，还能对数据进行分析，并生成详细的学习报告。通过这些报告，培训组织者可以全面了解教师的学习情况和培训效果。例如，LMS可以生成学习进度报告、测试成绩分析报告、参与情况统计报告等，这些报告可以帮助培训组织者识别出优秀的教师和需要帮助的教师，从而制订有针对性的培训方案，提高培训的有效性和针对性。

（3）个性化学习支持

LMS还可以根据教师的学习数据，提供个性化的学习支持。例如，LMS可以根据教师的学习进度和表现，推荐适合他们的学习资源和活动，帮助他们更好地掌握知识和技能。此外，LMS还可以提供学习反馈和建议，帮助教师及时了解自己的学习进展和需要改进的地方，从而提高学习效果。

3. 在线问卷和反馈工具

在线问卷和反馈工具是评估培训效果的重要手段。通过这些工具，可以多维度地收集和分析教师的学习反馈，提高评价的科学性和准确性。

（1）问卷设计与实施

在线问卷是收集教师反馈的重要工具。为了提高问卷的有效性，问卷设计需要科学、合理，涵盖培训内容、培训形式、培训效果等多个方面。例如，在设计问卷时，可以设置多种类型的问题，如选择题、开放题、评分题等，以全面了解教师的意见和建议。在实施过程中，通过在线平台发送问卷，教师可以方便地进行填写和提交，提高问卷的回收率和反馈的及时性。

（2）数据收集与分析

通过在线问卷收集的数据，可以进行多维度的分析。例如，通过对问卷数据的统计分析，可以了解教师对培训内容的满意度、培训形式的适应性、培训效果的评价等。这些数据不仅有助于评估当前培训的效果，还可以为后续培训的改进提供依据。例如，如果问卷数据显示某些培训模块的满意度较低，培训组织者可以针对这些模块进行调整和优化，提高整体培训效果。

（3）实时反馈与改进

在线反馈工具可以实时收集和分析教师的学习反馈，及时发现和解决问题。例如，通过在线反馈工具，教师可以随时提交自己的意见和建议，培训组织者可以实时查看和处理这些反馈，快速调整培训内容和形式，提高培训的针对性和有效性。此外，在线反馈工具还可以提供即时的反馈结果，让教师了解自己的反馈是否被采纳，从而增强他们的参与感和积极性。

二、信息化培训管理平台的建设

（一）网络培训平台的构建

网络培训平台是信息化培训管理的重要载体，能够为教师提供在线学习、互动交流和资源共享的空间。网络培训平台的构建需要考虑多方面的因素，以确保其功能的完备性和操作的便捷性。

1. 平台功能设计

网络培训平台应具备多种功能，以满足教师在培训中的各种需求。主要功能包括课程管理、学习记录、在线测试、互动交流和资源库等。

（1）课程管理

课程管理是网络培训平台的核心功能之一。通过课程管理模块，教师可以查看和选择适合自己的培训课程，了解课程的内容和要求，安排自己的学习计划。一个完备的课程管理系统应包括以下内容：

①课程目录

课程目录是教师浏览和选择课程的入口。课程目录应按照学科分类、课程类型、难度等级等进行科学分类，帮助教师快速找到感兴趣的课程。例如，一个系统化的课程目录不仅要按学科分类，还需按专业领域细分，比如基础教育、职业教育、继续教育等，进一步提高搜索效率。

②课程简介

课程简介提供课程的基本信息，包括课程目标、课程内容、授课方式、考核要求等。教师通过课程简介，可以了解课程的整体框架和学习要求，从而做出选择。例如，详细的课程简介应包括课程目标（如提升特定教学技能）、课程内容

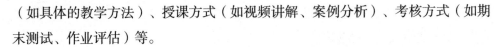

（如具体的教学方法）、授课方式（如视频讲解、案例分析）、考核方式（如期末测试、作业评估）等。

③课程安排

课程安排包括课程的时间表和学习进度安排。详细的课程安排有助于教师合理安排自己的学习时间。例如，平台应提供每节课的具体时间、授课内容、预习材料和作业要求等，帮助教师提前做好学习准备，按时完成学习任务。课程安排还应包括同步和异步学习机会，确保灵活性和适应性。

④讲师介绍

讲师介绍是教师了解授课教师的途径。通过讲师介绍，教师可以了解授课教师的专业背景、教学经验和研究成果，增加对课程质量的信任。例如，一个高质量的讲师介绍，应包括讲师的教育背景、主要研究领域、教学经历和代表性成果等，让教师对讲师的专业水平有全面了解。

（2）学习记录

学习记录功能能够帮助教师追踪自己的学习进度和效果。通过学习记录模块，教师可以查看自己的学习时间、学习内容、学习进度等信息，了解自己的学习情况。一个有效的学习记录系统应包括以下内容：

①学习时间记录

系统应记录教师在每个课程上的学习时间，包括观看视频、阅读材料、参与讨论的时长等。详细的学习时间记录，有助于教师了解自己在各个学习环节的时间投入，合理分配学习时间。例如，平台可以提供每周学习时间汇总和详细的时间分布图，帮助教师进行时间管理。

②学习内容记录

系统应记录教师学习的具体内容，如观看的视频章节、阅读的电子书页码、参与的讨论主题等。详细地学习内容记录，有助于教师回顾和复习学习内容，巩固学习效果。例如，教师可以查看每个章节的学习笔记和标注，方便日后复习和参考。

③学习进度记录

系统应提供学习进度的可视化展示，如学习进度条、学习任务完成情况等。通过学习进度记录，教师可以直观了解自己的学习进展，及时调整学习计划。例如，学习进度图表可以显示教师在各个课程模块的完成情况，帮助教师明确自己的学习目标和努力方向。

④测试和作业记录

系统应记录教师参加的在线测试和提交的作业情况，包括测试成绩、作业评分、反馈意见等。详细地测试和作业记录，有助于教师了解自己的学习效果和薄弱环节，及时进行复习和改进。例如，系统可以提供每次测试的详细成绩单，标明正确和错误的题目，以及相应的知识点，帮助教师针对性地进行学习和提升。

（3）在线测试

在线测试功能能够帮助教师检验自己的学习效果。通过在线测试模块，教师可以参加各种形式的测试，如选择题、填空题、问答题等，了解自己对学习内容的掌握情况。一个有效的在线测试系统应包括以下内容：

①多样化的测试形式

系统应提供多种测试题型，如选择题、填空题、问答题、案例分析题等，全面考察教师的知识和技能。例如，选择题可以快速检测教师对基础知识的掌握情况，问答题可以考察教师对知识的理解和应用能力，案例分析题可以评估教师的实际问题解决能力。

②自动评分和反馈

系统应具备自动评分功能，及时为教师提供测试结果和反馈意见。详细的测试反馈，有助于教师了解自己的学习效果和薄弱环节。例如，系统可以在教师提交测试后，立即生成成绩单和详细的解答说明，标明每道题的正确答案和错误原因，帮助教师进行针对性地复习和巩固。

③定期测试和总结评估

系统应设置定期测试和总结评估，帮助教师阶段性地检验学习效果。例如，每完成一个课程模块后，系统可以自动安排一次模块测试，全面评估教师在该模块的学习效果；在课程结束时，系统可以安排一次综合测试，总结评估教师的整体学习成果。

（4）互动交流

互动交流功能能够促进教师之间的交流和合作。通过互动交流模块，教师可以参与在线讨论、提问答疑、分享经验和资源，形成良好的学习氛围。一个有效的互动交流系统应包括以下内容：

①主题讨论区

系统应设置多个主题讨论区，供教师就不同的学习主题进行讨论和交流。例如，针对"教育技术应用"的课程，可以设置"教育技术工具使用经验交流区""教育技术应用案例分享区""教育技术问题求助区"等，帮助教师进行深入交流和探讨。

②在线问答区

系统应设置在线问答区，供教师提出学习中的疑问，并由其他教师或讲师进行解答。例如，教师可以在问答区提出自己在使用某种教育技术工具时遇到的问题，并得到其他教师或讲师的解答和建议，帮助他们解决实际问题。

③资源分享区

系统应设置资源分享区，供教师分享自己的教学资源和学习资料。例如，教师可以在资源分享区上传自己的教学课件、教学视频、习题集等，供其他教师下载和使用，促进资源共享和共同提升。

（5）资源库

资源库功能能够为教师提供丰富的学习资源。通过资源库模块，教师可以查找和下载各种学习资源，如电子书籍、教学视频、课件、习题等，进行自主学习和研究。一个高效的资源库系统应包括以下内容：

①资源分类管理

系统应按照学科分类、资源类型、难度等级等进行资源管理，帮助教师快速找到所需的学习资源。例如，资源库可以按照"学科分类"分为语文、数学、英语等，按照"资源类型"分为电子书籍、教学视频、课件、习题等，按照"难度等级"分为基础、中级、高级等，方便教师进行查找和使用。

②资源搜索功能

系统应具备高效的资源搜索功能，帮助教师快速定位所需资源。例如，资源库可以设置关键词搜索、标签搜索、过滤器搜索等功能，帮助教师通过输入关键词或选择标签，快速找到相关的学习资源。

③资源下载与管理

系统应提供便捷的资源下载和管理功能，帮助教师下载和管理学习资源。例如，教师可以在资源库中选择并下载自己需要的学习资源，系统应提供资源下载记录和管理界面，帮助教师管理已下载的资源。

2. 用户体验设计

网络培训平台的用户体验设计至关重要。平台应具备友好的用户界面、便捷的操作流程和良好的系统稳定性，以确保教师能够顺利使用平台进行学习和交流。

（1）用户界面

用户界面的设计应简洁、美观、易于操作，能够帮助教师快速上手并顺利完成各项操作。首先，平台的各个模块和功能应布局合理，确保用户在操作时能够方便快捷地找到所需的功能。课程管理模块可以设置简洁明了的课程目录和搜索功能，帮助教师快速找到感兴趣的课程。通过提供一个易于导航的界面，教师可以节省大量的时间，专注于学习本身。

例如，课程目录可以设计成按学科、难度、时间等多种分类，教师可以根据自己的需求快速筛选课程。搜索功能应具备智能化的关键词联想和推荐功能，进一步提高查找效率。学习记录模块可以设计清晰的学习进度图表，帮助教师直观了解自己的学习情况。这些图表应具备互动性，教师可以点击图表上的各个节点查看详细的学习数据，如某一时段的学习时长、完成的任务和取得的成绩等。此外，用户界面的视觉设计也非常重要。界面的色彩搭配应和谐，避免使用过于刺眼的颜色。字体和图标应清晰可辨，确保在不同设备和分辨率下都有良好的显示效果。界面的响应速度也应尽可能快，避免长时间的加载等待影响用户体验。

（2）操作流程

操作流程的设计应高效、顺畅，减少教师在使用平台时的困扰和障碍。平台的注册和登录流程应简单明了，尽量减少不必要的信息填写步骤。例如，注册页面可以设计成单页形式，教师只需输入基本信息如姓名、邮箱、密码即可完成注册。为进一步提高便捷性，可以提供社交账号一键登录功能，如通过微信、QQ或 Google 账号登录。

课程报名和学习流程应一目了然，确保教师能够轻松完成操作。课程报名页面应提供清晰的课程信息和报名按钮，教师点击后即可完成报名，并收到确认通知。学习流程应设计得直观易懂，教师在进入学习界面后，应能立即看到自己的学习任务和进度安排。系统可以通过弹出提示或引导动画，帮助新用户快速熟悉操作。

测试和反馈流程应快捷方便。在线测试页面应提供详细的测试说明，教师点击开始按钮即可进入测试。测试结束后，系统应立即生成成绩报告，提供详细的答案解析和改进建议。反馈流程应简化，教师在完成测试后可以通过简单的评分和评论提交反馈意见。系统应设置反馈回执，确保教师的意见得到重视和处理。

（3）系统稳定性

系统稳定性是平台运行的基础，直接影响教师的使用体验。平台应具备良好的系统性能和稳定性，确保教师在使用过程中不会遇到系统崩溃、数据丢失等问题。首先，平台应具备高效的数据存储和备份机制。所有的学习记录和测试成绩应实时保存，并定期进行数据备份。备份数据应存储在安全的云服务器上，防止数据丢失。例如，平台可以采用双重数据备份机制，将数据同时存储在本地服务器和云端存储中，确保数据的安全性和可恢复性。备份过程应自动化，避免人为操作失误导致的数据丢失。同时，平台应具备数据加密功能，保护用户的隐私和数据安全。

平台的服务器应具备足够的承载能力，能够应对高并发访问，保证在高峰期时系统的正常运行。采用云服务器技术，可以根据实际访问量动态调整服务器资源，确保系统的稳定运行。平台应配置负载均衡器，将用户请求分配到不同的服务器上，防止单点故障。此外，系统应具备实时监控和故障处理机制，及时发现和解决系统问题。实时监控系统可以监控服务器的运行状态，如 CPU 使用率、内存使用率、网络流量等。当发现异常情况时，系统应立即发出警报，并自动进行故障排查和修复。平台应设置应急预案，在发生严重故障时，能够快速切换到备用系统，确保平台的正常运行。

（二）移动学习平台的应用

移动学习平台是网络培训平台的延伸和补充，通过手机、平板等移动设备，教师可以随时随地进行学习和交流。移动学习平台的应用，提高了培训的灵活性和便捷性，为教师的自主学习提供了更多可能。

1.平台设计与开发

移动学习平台的设计与开发需要考虑用户的移动学习需求，提供便捷的操作界面和丰富的学习资源。

（1）用户界面设计

移动学习平台的用户界面设计应简洁、美观、易于操作。界面的布局应适应移动设备的屏幕尺寸，操作流程应尽可能简化，以提高用户的使用体验。

一个优秀的移动学习平台界面设计，首先要考虑到移动设备屏幕的限制和特点。移动设备的屏幕较小，因此界面设计应尽量避免信息的过度堆叠，采用简洁的布局方式。导航栏和快捷操作按钮应放置在用户容易触及的位置，如屏幕底部或侧边，确保用户能够快速找到所需的功能和资源。导航栏可以使用图标与文字相结合的方式，既美观又直观，方便用户理解。

在字体和图标设计上，应选择清晰易辨的样式，确保在各种屏幕分辨率下都能良好显示。字体大小应适中，避免过小导致阅读困难或过大影响信息展示。触控区域应设计得足够大，以适应不同用户的操作习惯，尤其是考虑到不同年龄段用户的手指大小和触控精度。此外，界面设计应注重视觉上的美观和一致性。色彩搭配应和谐统一，避免使用过多的颜色和过于鲜艳的配色，以免造成视觉疲劳。界面元素的布局应保持一致性，如按钮的形状和位置、图标的风格等，帮助用户形成良好的使用习惯，减少学习成本。

（2）功能设计与实现

移动学习平台应具备丰富的学习功能，满足教师在移动学习中的各种需求。通过完善的功能设计与实现，可以大大提高教师的学习效率和学习效果。

视频播放功能是移动学习平台的重要组成部分。平台应支持多种格式的视频文件，确保视频播放的流畅性和稳定性。视频播放界面应设计简洁，提供播放、暂停、快进、回退等基本控制功能，以及播放速度调整、字幕选择等高级功能。用户在观看视频时，能够轻松控制播放进度，并根据需要进行调整。

在线讨论功能应支持即时通信和讨论组，帮助教师进行实时交流和互动。平台应提供文字聊天、语音通话、视频会议等多种交流方式，满足不同场景下的交流需求。讨论组功能允许用户创建和加入不同的讨论组，根据兴趣或课程内容进行分组讨论，促进知识分享和合作学习。

作业提交和测试考试功能应简便易用，帮助教师在移动设备上完成各种学习任务。平台应支持多种类型的作业提交方式，如文字输入、图片上传、音视频录制等，方便教师根据任务要求进行提交。测试考试功能应包括多种题型，如选择题、填空题、问答题等，提供自动评分和详细反馈，帮助教师及时了解学习效果和薄弱环节。

（3）系统稳定性与性能优化

移动学习平台应具备良好的系统稳定性和性能，确保教师在移动学习过程中不会遇到系统崩溃、卡顿等问题。通过高效的数据同步和缓存机制，以及强大的服务器承载能力，可以保证平台的稳定运行。

数据同步是移动学习平台的关键技术之一。平台应实时同步用户的学习记录、测试成绩等数据，确保数据的完整性和一致性。数据同步应采用高效的算法，避免网络延迟和数据丢失。例如，平台可以通过增量同步的方式，只同步变化的数据，减少数据传输量，提高同步效率。

缓存机制在提高平台性能方面起着重要作用。通过合理的缓存策略，可以减少服务器的负载，提高数据访问速度。平台应根据不同类型的数据设置不同的缓存时间和优先级，确保重要数据的实时性和非重要数据的访问效率。例如，课程视频等大文件可以设置较长的缓存时间，减少重复下载；而用户的学习进度等重要数据则应实时更新，确保数据的准确性。

服务器的承载能力是保证系统稳定性的基础。平台应采用高性能的服务器和先进的负载均衡技术，确保在高峰期时系统的正常运行。负载均衡器可以将用户请求分配到不同的服务器上，避免单点故障和服务器过载。平台还应具备弹性扩展能力，根据实际需求动态调整服务器资源，确保系统在各种情况下都能稳定运行。此外，平台应具备完善的监控和故障处理机制。实时监控系统应监控服务器的运行状态和性能指标，及时发现潜在问题。平台应设置自动告警系统，当发现异常情况时立即通知管理员，并自动进行故障排查和修复。应急预案是系统稳定性的最后保障，平台应制订详细的应急预案，在发生严重故障时快速切换到应用系统，确保用户的学习体验不受影响。

2. 移动学习资源的开发与管理

移动学习资源是移动学习平台的核心内容，资源的开发与管理直接影响到教师的学习效果和体验。

（1）资源开发

移动学习资源的开发应注重内容的质量和形式的多样性，满足教师在不同学习场景下的需求。首先，视频课程作为移动学习的重要资源，其质量直接影响教师的学习效果。视频课程应内容丰富、制作精良，提供清晰的讲解和演示。一个高质量的视频课程应包括详细的知识点讲解、实际案例分析和演示操作。例如，视频课程可以通过动画和实景演示相结合的方式，帮助教师更直观地理解复杂的概念和操作步骤。视频的拍摄和剪辑应专业，确保画面清晰、声音清楚，同时应配有字幕，方便不同语言和听力障碍的教师使用。其次，电子书籍是移动学习中不可或缺的资源。电子书籍应排版整齐、图文并茂，提供详细的知识点和案例分析。高质量的电子书籍应具备以下特点：首先，内容应系统化，涵盖所需的知识点和技能；其次，排版应清晰，使用适当的字体大小和行间距，确保阅读的舒适性；最后，书籍中应包含丰富的图表和示例，帮助教师更好地理解和应用所学知识。例如，教育技术类电子书籍可以通过实际案例和图表分析，详细讲解技术工具的使用方法和效果评估。此外，课件和习题是辅助学习的重要资源。课件应设计合理、难度适中，提供全面的学习支持和练习机会。一个优质的课件应具备以下特点：首先，结构清晰，逻辑严谨，帮助教师系统地学习知识；其次，内容丰富，涵盖理论知识和实际应用；最后，课件应配有适量的练习题，帮助教师巩固所学知识。习题应难度适中，既能帮助教师巩固基础知识，又能挑战他们的思维能力，促进深度学习。例如，针对教育技术课程的课件，可以设计成模块化结构，每个模块包含理论讲解、案例分析和练习题，帮助教师全面掌握知识和技能。

（2）资源管理

移动学习资源的管理应科学、规范，确保资源的更新和维护。一个高效的资源管理系统是确保资源质量和时效性的关键。首先，资源管理系统应对学习资源进行分类、标注、存储和更新。分类应科学合理，按照学科分类、资源类型、难度等级等进行管理，帮助教师快速找到所需的学习资源。例如，资源库可以按学科分类，包括语文、数学、英语等；按资源类型分类，包括视频课程、电子书籍、课件、习题等；按难度等级分类，包括基础、中级、高级等。标注应详细，资源的每个条目都应包括标题、简介、作者、发布日期、适用对象等信息，帮助教师快速了解资源的内容和适用范围。

资源的存储应安全、稳定，确保资源的长期可用性和访问速度。平台应采用先进的存储技术和数据加密技术，保证资源的安全性和完整性。例如，平台可以采用云存储技术，将资源存储在云端服务器上，提供高效的数据访问和备份功能，防止数据丢失和损坏。数据加密技术可以保护资源的隐私和安全，防止未经授权的访问和使用。

资源的更新和维护是确保资源时效性和可靠性的关键。平台应定期更新和维护学习资源，确保教师能够获得最新的知识和信息。例如，平台可以设立专门的资源更新小组，负责定期检查和更新资源，删除过时的资源，添加新的资源。更新过程中应注意资源的质量控制，确保新增资源的内容准确、权威、易于理解。维护过程中应定期检查资源的链接和存储状态，确保资源的正常访问和下载。此外，资源管理系统应具备用户反馈和评价功能，帮助平台不断改进资源质量和管理效率。教师在使用资源的过程中，可以通过平台提交反馈意见和评价，为资源的改进和优化提供参考。例如，教师可以对资源的内容、形式、适用性等方面进行评价，提出改进建议；平台可以根据教师的反馈意见，优化资源内容和管理流程，提升资源的使用效果和用户满意度。

（三）大数据技术在培训管理中的应用

大数据技术的应用为培训管理提供了新的思路和方法。通过对培训数据的收集和分析，可以全面、客观地评估培训效果，发现问题和不足，及时调整和改进培训内容和形式。

1. 数据收集与处理

大数据技术的应用首先需要对培训数据进行收集和处理。培训数据包括教师的学习行为、测试成绩、参与情况等，这些数据通过各种信息技术手段进行收集和存储。

（1）数据收集

数据收集是大数据技术应用的第一步。通过网络培训平台和移动学习平台，可以自动记录教师的学习行为和测试成绩。例如，平台可以记录教师的登录时间、学习时长、课程完成情况、测试成绩等数据，形成详细的学习记录。

网络培训平台和移动学习平台提供了丰富的数据来源。教师在这些平台上的每一次操作、每一个学习行为都会被记录下来。例如，教师何时登录平台、花费了多少时间学习某门课程、完成了哪些课程模块、取得了怎样的测试成绩，这些数据都可以被详细记录并存储起来。这些数据不仅数量庞大，而且种类繁多，涵盖了教师学习过程中的各个方面。

通过先进的数据收集技术，这些数据可以被自动化地、高效地收集起来。例如，系统可以通过日志文件记录教师的操作行为，通过数据库记录教师的学习进度和测试成绩。数据收集的过程应确保数据的完整性和准确性，避免数据丢失和错误记录。例如，通过设置合理的数据采集频率和数据校验机制，可以确保数据的及时更新和准确记录。

（2）数据处理

数据处理是大数据技术应用的关键环节。通过数据清洗、分类和整理，可以确保数据的准确性和一致性。例如，通过对原始数据进行去重、补全、归一化等处理，可以消除数据中的噪音和错误，提高数据的质量。

数据清洗是数据处理的第一步。原始数据通常存在重复、缺失、不一致等问题，需要通过清洗来解决。例如，对于重复数据，可以通过比对关键字段进行去重处理；对于缺失数据，可以通过插值、均值填补等方法进行补全；对于不一致数据，可以通过统一格式和标准进行归一化处理。数据清洗的目的是确保数据的准确性和完整性，为后续的数据分析奠定基础。

数据分类是数据处理的第二步。通过对数据进行分类，可以将不同类型的数据分开管理和分析。例如，可以将数据分为行为数据、成绩数据、参与数据等，分别存储和处理。数据分类的目的是提高数据管理的效率，便于后续的分析和应用。

数据整理是数据处理的第三步。通过数据整理，可以将分散的数据整合起来，形成结构化的数据集。例如，可以将教师的登录记录、学习记录、测试成绩等整合成一个完整的学习档案，便于全面了解教师的学习情况。数据整理的目的是提高数据的可用性，为后续的数据分析提供便捷。

2. 数据分析与应用

数据分析是大数据技术应用的核心，通过对培训数据的深度分析，可以发现隐藏的规律和模式，为培训管理提供科学的决策支持。

（1）行为分析

行为分析是对教师学习行为的全面研究。通过对教师在培训平台上的行为数据进行分析，可以了解他们的学习习惯、学习偏好和学习效果。例如，通过对教师的登录频率、学习时长、课程选择等数据的分析，可以发现他们的学习规律和特点，为个性化培训提供数据支持。

行为分析的目的是通过数据挖掘和模式识别技术，揭示教师在学习过程中的行为规律和特点。例如，通过分析教师的登录频率，可以了解教师的学习频率和学习习惯；通过分析教师的学习时长，可以了解教师在学习上的时间投入；通过分析教师的课程选择，可以了解教师的学习兴趣和学习需求。这些数据可以为个性化培训提供科学依据，帮助制订更有针对性的培训方案。

例如，通过行为分析，可以发现一些教师在某些课程上花费了大量时间但学习效果不佳，这可能表明这些课程存在难度或教学方式需要改进。通过对这些教师的行为数据进行深入分析，可以找出问题的根源，并提出改进措施。例如，可以对这些课程进行优化，提供更多的学习资源和支持，帮助教师提高学习效果。

（2）效果评估

效果评估是对培训效果的全面评价。通过对教师的测试成绩、课程完成情况、参与度等数据进行分析，可以全面评估培训的效果和质量。例如，通过对测试成绩的统计分析，可以了解教师对学习内容的掌握情况；通过对课程完成情况的分析，可以评估课程的难度和实用性，为后续课程的调整提供依据。

效果评估的目的是通过数据分析，全面了解培训的效果和质量。例如，通过对教师的测试成绩进行统计分析，可以了解教师在不同课程模块上的掌握情况，发现知识薄弱点和学习难点；通过对教师的课程完成情况进行分析，可以评估课程的难度和实用性，发现课程设计上的问题和不足；通过对教师的参与度进行分析，可以了解教师在培训中的积极性和参与情况，发现培训中的问题和瓶颈。

例如，通过效果评估，可以发现一些课程模块的通过率较低，这可能表明这些模块的难度较大或教学方式需要改进。通过对这些模块的测试成绩和参与情况进行深入分析，可以找出问题的根源，并提出改进措施。例如，可以对这些模块的教学内容进行优化，提供更多的学习资源和支持，帮助教师提高学习效果。

（3）需求预测

需求预测是大数据分析的重要应用之一。通过对教师培训数据的趋势分析和预测，可以提前识别教师的培训需求，制订有针对性地培训计划。例如，通过对教师的学习记录和测试成绩进行时间序列分析，可以预测未来某个时间段内哪些知识点或技能可能会成为教师的薄弱环节，从而提前准备相关培训课程和资源，提高培训的针对性和有效性。

需求预测的目的是通过数据挖掘和预测技术，提前识别教师的培训需求，制订有针对性地培训计划。例如，通过对教师的学习记录和测试成绩进行时间序列分析，可以发现教师在不同时间段的学习效果和知识掌握情况，预测未来的培训需求；通过对教师的学习行为和参与情况进行趋势分析，可以发现教师在不同时间段的学习兴趣和学习需求，制订有针对性的培训计划。

例如，通过需求预测，可以发现一些教师在某些知识点或技能上的掌握情况较差，这可能表明这些知识点或技能是教师的薄弱环节。通过对这些知识点或技能的学习记录和测试成绩进行深入分析，可以预测未来的培训需求，提前准备相关的培训课程和资源，提高培训的针对性和有效性。

第三节　教师培训管理策略的国际化视野

一、国际化视野的重要性

随着全球化进程的加速，教育的国际化趋势日益明显。教师作为教育的核心，其国际视野和跨文化交际能力直接影响着教育的质量和效果。因此，提升教师的国际视野，促进他们与国际教育界的交流与合作，已经成为教师培训管理的重要目标之一。

（一）接触和理解全球范围内的先进教育理念和教学方法

国际化视野有助于教师接触和理解全球范围内的先进教育理念和教学方法。各国的教育系统因其社会、文化、经济等多方面的差异而各具特色，通过了解不同国家和地区的教育实践，教师可以借鉴和引入适合本土教育环境的创新教学方法，从而提高教育质量。

1. 全球教育理念的多样性

全球范围内的教育理念和教学方法多种多样，每个国家和地区在长期的教育实践中形成了独特的教育体系和教学风格。例如，芬兰以其高效的教育体系和学生高素质闻名，强调学生的自主学习和探究能力；日本注重道德教育和集体主义精神的培养；美国则以其灵活多样的教学方式和注重个性发展的教育理念著称。教师通过了解这些不同的教育理念，可以丰富自己的教学观念，提升教育教学水平。

2.学习和借鉴先进的教学方法

接触全球范围内的先进教育理念和教学方法，可以帮助教师学习和借鉴适合本土教育环境的教学方法。例如，芬兰的教育体系强调"少即是多"的教学理念，减少课时，增加学生的自主学习时间，这一理念在全球范围内受到广泛关注和认可。教师通过访学、交流等形式，深入了解芬兰的教学方法，并将其引入到本地教育中，可以有效提高课堂教学的效率和学生的学习效果。

3.跨文化教育的理解与应用

通过国际交流和学习，教师可以更好地理解和应用跨文化教育理念。在全球化背景下，教育不再仅仅是本国或本地区的事情，而是一个全球性的课题。教师需要了解不同文化背景下的教育特点和学生需求，制订和实施适合不同文化背景学生的教学策略。例如，在国际学校或有大量国际学生的学校，教师需要掌握跨文化沟通技巧和教学方法，尊重和包容不同文化，提升教育教学的包容性和多样性。

（二）增强教师适应全球教育发展的能力

提升教师的国际视野能够增强其适应全球教育发展的能力。随着全球教育标准和评价体系的逐渐趋同，教师需要具备国际化的视角，以应对跨国教育合作和学生流动带来的挑战。

1.全球教育标准的趋同

全球教育标准和评价体系的趋同趋势日益明显。无论是国际学生评价项目（PISA），还是国际文凭组织（IBO），都在推动全球教育标准化进程。这一过程中，教师需要不断更新知识和技能，了解国际教育的最新标准和趋势，提升自己的教学能力和水平。例如，通过参加PISA培训，教师可以学习如何设计和实施符合国际标准的教学活动，提高学生在全球范围内的竞争力。

2.应对跨国教育合作的挑战

跨国教育合作是全球化背景下的重要发展趋势。通过跨国合作，教师可以与国际同行共同探讨教育问题，分享教学经验，开展联合研究。为了有效参与和推动跨国教育合作，教师需要具备国际视野和跨文化交际能力。例如，通过与国际知名教育机构的合作，教师可以参加国际教育交流项目，与国外教师共同设计和实施教学项目，提升自己的专业素养和跨文化交流能力。

3.适应学生流动带来的教育需求

随着越来越多的国际学生选择到中国学习，教师需要了解和适应这些学生的文化背景和学生通过国际交流和学习，教师可以更好地理解和应用跨文化教育理念。在全球化背景下，教育不再仅仅是本国或本地区的事情，而是一个全球性的课题。教师需要了解不同文化背景下的教育特点和学生需求，制订和实施适合不同文化背景学生的教学策略。

（1）理解不同文化背景下的教育特点

不同文化背景下的教育特点各不相同，教师需要通过国际交流和学习，深入了解这些教育特点。例如，在亚洲文化背景下，教育通常注重集体主义和尊师重道，教师在课堂上具有较高的权威地位；而在西方文化背景下，教育更加注重个体发展和师生平等，教师在课堂上更多地扮演引导者的角色。通过了解这些不同的教育特点，教师可以更好地理解和尊重学生的文化背景，制订和实施适合不同文化背景学生的教学策略。

（2）制订和实施适合不同文化背景学生的教学策略

教师在跨文化教育中，需要根据学生的文化背景和学习需求，制订和实施适合的教学策略。例如，在有大量国际学生的学校，教师需要设计多样化的教学活动，满足不同文化背景学生的学习需求。教师可以通过使用双语教学、设计跨文化交流活动等方式，帮助学生更好地融入课堂，提高他们的学习效果和参与度。

（3）提升跨文化沟通能力

跨文化教育不仅要求教师理解和尊重不同文化背景的学生，还需要他们具备良好的跨文化沟通能力。教师需要通过不断学习和实践，提升自己的跨文化沟通能力。例如，通过参加跨文化交流培训，教师可以学习如何在多元文化背景下进行有效的课堂管理和教学，提升自己的跨文化沟通能力和教学水平。

（三）通过国际教育机构的合作获得更多的培训机会和资源

通过与国际教育机构的合作，教师可以获得更多的培训机会和资源，提升其专业素养和国际竞争力。国际教育机构在教育培训、资源共享、学术研究等方面拥有丰富的经验和优势,通过合作可以为教师提供高质量的培训资源和学习机会。

1. 国际教育培训项目的参与

参与国际教育培训项目是提升教师专业素养的重要途径。通过与国际知名教育机构的合作,教师可以参加高质量的教育培训项目,学习先进的教育理念和教学方法。这些项目不仅能够提升教师的教育教学能力,还能为他们带来新的思维和方法,促进整体教育水平的提高。

(1) 国际知名教育机构的培训项目

国际知名教育机构如哈佛大学、牛津大学、剑桥大学等,拥有丰富的教育培训资源和经验。这些机构定期举办各种教育培训项目,涵盖教育理论、教学方法、教育领导力等多个方面。例如,哈佛大学教育学院的项目"Professional Development for Educators"提供了丰富的在线和线下课程,涵盖教育心理学、课程设计、教学评估等领域。教师通过参与这些项目,可以深入学习国际先进的教育理论和实践经验,提升自己的教育教学能力。

哈佛大学的项目通常包括实地考察、工作坊和专家讲座。通过这些多元化的培训形式,教师不仅可以获取理论知识,还能通过实践活动提升实际操作能力。例如,实地考察项目让教师有机会参观国际知名学校和教育机构,直接观察和学习他们的教育实践。这种体验式学习有助于教师将所学理论应用到实际教学中,提高课堂教学效果。

(2) 多元化的培训形式

国际教育培训项目的形式多样,包括讲座、研讨会、工作坊、实地考察等。例如,牛津大学的"Oxford Teachers Academy"项目通过讲座和工作坊相结合的形式,帮助教师学习新的教学方法和教育理念。参与这些多元化的培训形式,教师不仅可以获取理论知识,还能通过实践活动提升实际操作能力。

工作坊通常以小组讨论和互动学习为主,通过案例分析和模拟教学等方式,让教师在实际操作中掌握新的教学方法。例如,在牛津大学的工作坊中,教师可以学习如何设计有效的课堂活动,通过案例分析了解不同教学策略的应用效果。这种互动学习的形式不仅提高了教师的参与度,也增强了他们的实际操作能力。

研讨会则提供了一个平台,让教师与国际同行和专家进行深度交流和互动。例如,牛津大学的研讨会邀请全球教育领域的专家,围绕当前教育热点问题进行探讨。教师可以通过参与研讨会，了解国际教育发展的最新动态，借鉴国际先进的教育经验，提升自己的专业素养。

（3）国际培训项目的优势

参与国际教育培训项目的优势在于可以直接接触国际顶尖教育资源，学习最前沿的教育理念和方法。通过与国际同行的交流和互动，教师可以拓宽视野，了解不同教育系统的特点和优劣。例如，剑桥大学的"Cambridge International Education"项目通过跨文化交流，帮助教师理解和借鉴不同国家和地区的教育实践，提升自身的教育素养。

剑桥大学的项目通常包括国际教育论坛和跨文化交流活动。通过参加这些活动，教师可以与来自世界各地的教育专家和同行进行交流，分享教学经验和研究成果。例如，剑桥大学每年举办的国际教育论坛吸引了全球教育工作者的参与，教师可以通过参与论坛，了解国际教育的最新研究成果和发展趋势，提升自己的学术水平和研究能力。

2. 国际专家的讲学和培训

邀请国际专家来华讲学和培训，可以为教师提供直接学习国际教育经验的机会。国际专家在教育领域拥有丰富的理论和实践经验，通过讲学和培训，教师可以直接向他们学习，提升自己的专业素养。这种面对面的交流和互动，对于教师的专业发展具有重要意义。

（1）邀请国际教育专家

邀请国际教育专家来华讲学和培训，可以帮助教师了解国际教育发展的最新趋势和理论。例如，通过与联合国教科文组织（UNESCO）合作，可以邀请该组织的教育专家来华举办讲座和培训，分享他们的研究成果和教育实践经验。这样的活动可以为教师提供宝贵的学习机会，提升他们的专业水平。

联合国教科文组织经常组织全球教育专家，围绕教育公平、教育质量等重大主题进行研究和讨论。通过与该组织合作，教师可以接触到全球最前沿的教育研究成果，学习如何在教学中应用这些研究成果，提升教育质量。例如，邀请教科文组织的专家来华讲解如何通过教育技术提高教学效果，帮助教师了解和掌握最新的教育技术工具和方法。

（2）国际专家讲学的内容

国际专家的讲学内容通常涵盖教育理论、教学方法、教育改革、教育政策等多个方面。例如，邀请哈佛大学的教育专家来华讲学，讲解教育心理学在课堂教学中的应用，帮助教师了解如何通过心理学原理提升教学效果。通过这些讲学活动，教师可以获取最新的教育资讯和理论，提升自己的专业素养。

讲学内容还包括教育改革的最新动态和趋势。例如，邀请芬兰教育专家讲解该国的教育改革经验，帮助教师了解如何通过教育改革提升教育质量。这些讲学活动不仅提高了教师的理论水平，也为他们提供了实际可操作的改革思路和方法。

（3）培训工作坊和研讨会

除了讲座，国际专家还可以通过工作坊和研讨会的形式，与教师进行深度交流和互动。例如，通过工作坊，教师可以在专家的指导下，进行教学设计、课堂管理、教育评估等实际操作。研讨会则提供了一个平台，让教师与专家和同行进行讨论和分享，深入探讨教育实践中的问题和解决方法。

工作坊通常以小组讨论和案例分析为主，通过互动学习，帮助教师掌握新的教学方法和策略。例如，在一次由美国教育专家主持的工作坊中，教师们通过模拟教学情境，学习如何应用项目学习法，提高学生的参与度和学习效果。通过这种实际操作，教师不仅掌握了新的教学方法，还提高了课堂管理和教学设计能力。

研讨会则是一个更为开放和互动的平台，教师可以在研讨会上提出自己在教学中遇到的问题，与专家和同行共同探讨解决方案。例如，通过参加一次关于教育评估的国际研讨会，教师们学习了如何通过数据分析评估学生的学习效果，并根据评估结果调整教学策略。这种交流和互动的形式，有助于教师在实际教学中不断改进和提高。

3.在线培训项目的开展

通过与国际教育机构的合作，开展在线培训项目，为教师提供更多的学习和交流机会。在线培训项目具有灵活性强、覆盖面广的特点，可以帮助更多的教师参与到国际教育培训中。这种形式的培训不仅节约了时间和成本，还能覆盖更多的教师。

（1）在线教育课程的开发

与国际教育机构合作开发在线教育课程，可以为教师提供灵活的学习方式。

例如，通过与哈佛大学教育学院合作，开设在线教育课程，教师可以在家中通过互联网学习国际先进的教育理论和实践方法。这些课程通常包括视频讲座、阅读材料、在线讨论、作业提交等环节，帮助教师系统学习和掌握课程内容。通过这些在线课程，教师可以灵活安排学习时间和进度，不受地点和时间的限制，充分利用碎片时间进行学习和提升。例如，哈佛大学教育学院的在线课程"Introduction to Learning and Teaching"涵盖了教育心理学、课堂管理、课程设计等多个领域。教师可以通过观看视频讲座，学习如何在教学中应用教育心理学原理；通过阅读材料，深入了解课程设计的方法和策略；通过在线讨论，与全球各地的同行分享教学经验和心得。这样的在线课程不仅提供了丰富的学习资源，还促进了教师之间的交流和合作。

（2）在线培训项目的优势

在线培训项目的优势在于灵活性和便捷性。教师可以根据自己的时间安排，选择合适的学习时间和进度。例如，某些在线课程提供录播视频，教师可以反复观看，深入理解课程内容。在线讨论区则提供了一个平台，让教师可以与国际同行进行实时交流和讨论，分享学习心得和经验。此外，在线培训项目还具有覆盖面广的优势，可以惠及更多的教师。例如，通过在线学习平台，教师可以免费或低成本地访问全球顶尖大学的课程，学习最新的教育理论和教学方法。这种开放的学习模式，不仅降低了培训成本，还扩大了培训的覆盖范围，让更多的教师有机会参与到国际教育培训中。

（3）互动学习平台的使用

通过使用互动学习平台，教师可以获得更为生动和直观的学习体验。例如，利用在线学习平台，教师可以参与在线测试、模拟课堂、虚拟实验等互动活动，提升学习效果。这些平台还提供了丰富的学习资源，如电子书、案例库、教学视频等，帮助教师更好地掌握学习内容。

互动学习平台通常具备实时反馈功能，教师可以在学习过程中随时获取反馈和指导。例如，通过在线测试，教师可以了解自己的学习进度和掌握情况；通过虚拟实验，教师可以在模拟环境中进行实际操作，巩固所学知识。这种互动学习的方式，不仅增强了学习的趣味性和参与度，还提高了学习效果和效率。

二、国际交流与合作的模式

为了实现教师培训管理的国际化目标，需要通过多种模式促进教师与国际教育界的交流与合作。以下是几种常见且有效的国际交流与合作模式。

（一）国际交流项目的引进

通过引进国际交流项目，促进教师与国际教育界的交流与合作。例如，通过与国际知名教育机构的合作，开展教师交流访学项目，使教师能够赴国外学习先进的教育理念和教学方法，提升他们的国际视野和教学水平。

具体来说，可以通过以下方式引进国际交流项目：

1. 教师访学项目

与国外知名大学或教育机构建立合作关系，选派优秀教师赴国外进行短期或长期的访学。通过亲身体验和观察国外教育模式，教师可以直接学习和借鉴先进的教学方法和教育理念。这些项目不仅能提升教师的教学水平，还能为学校引入新的教育理念和实践经验。

（1）选派优秀教师

在教师访学项目中，学校应首先选派优秀教师参与。这些教师应具有扎实的专业知识和教学经验，能够在访学过程中积极学习和反思。通过严格的选拔过程，确保派出的教师能够充分利用访学机会，学习到国际先进的教育理念和方法。例如，北京大学与哈佛大学的合作项目，每年选派多名优秀教师赴哈佛大学访学，学习其先进的教育方法和管理经验。这些教师在访学结束后，将所学知识应用到实际教学中，取得了显著效果。

（2）亲身体验国外教育模式

教师在访学期间，通过亲身体验和观察国外的教育模式，可以直观地学习和借鉴先进的教学方法和理念。例如，在芬兰的访学项目中，教师可以观察到芬兰教育体系中强调学生自主学习和探究能力的教学方法。通过参与课堂教学、与当地教师交流，教师可以深入了解这些教学方法的具体实施过程，并思考如何将其引入到本校的教学中。

（3）实地考察和教学实践

访学项目不仅包括课堂观察，还应包括实地考察和教学实践。通过实地考察，教师可以参观国外的教育机构、教育资源和教学设施，了解不同国家的教育管理和支持体系。例如，在澳大利亚的访学项目中，教师可以参观当地的教育技术中心、教师培训机构等，了解教育技术在课堂中的应用。通过实际参与教学实践，教师可以在国际化的教学环境中，提升自己的教学能力和跨文化交流能力。

（4）反思与分享

访学结束后，教师应进行深入地反思与总结，并将访学成果分享给学校和同事。通过举办讲座、撰写报告等形式，教师可以将所学知识和经验传递给更多的教师，促进学校整体教学水平的提升。例如，通过与英国剑桥大学的访学项目，北京某中学的教师回国后，举办了一系列讲座，介绍剑桥大学的教学方法和管理经验，推动了学校教学改革和创新。

2. 学生交换项目

通过学生交换项目，教师可以了解国外教育体系和教学方法，并将这些经验带回本校。通过与国际合作院校的学生交换项目，教师可以陪同学生前往国外学校，观察和参与国外的教学活动，了解不同文化背景下的教学策略和课堂管理方法。这些第一手经验有助于教师在本校进行教学改进。

（1）建立国际合作院校

学校应与国外知名教育机构建立长期稳定的合作关系，开展学生交换项目。例如，北京师范大学与美国加州大学伯克利分校建立合作关系，每年选派学生和教师进行交换学习。通过这种合作，教师可以陪同学生前往伯克利分校，了解其教育体系和教学方法，为学校引入新的教育理念和实践经验。

（2）观察和参与教学活动

在学生交换项目中，教师通过观察和参与国外学校的教学活动，了解不同文化背景下的教学策略和课堂管理方法。通过参与课堂教学和课外活动，教师可以深入了解这些教学方法的具体实施过程，并思考如何将其应用到本校的教学中。

（3）学生与教师的互动

通过学生交换项目，教师可以与国外教师和学生进行互动交流，了解他们的教学理念和学习方式。例如，在德国的学生交换项目中，教师可以与德国教师共同设计和实施教学活动，了解德国学生在学习过程中的思维方式和学习习惯。这些互动交流有助于教师在本校改进教学方法，提高学生的学习效果。

（4）文化交流与理解

学生交换项目不仅是教育交流的机会，也是文化交流的重要平台。教师通过陪同学生进行文化交流活动，增进对不同文化的理解和尊重。例如，在法国的学生交换项目中，教师和学生可以参观法国的历史文化遗址、参加文化活动，了解法国的文化和教育背景。这种文化交流有助于教师在教学中更好地理解和尊重学生的文化背景，提升跨文化教育的效果。

3. 国际教育会议和论坛

通过参加国际教育会议和论坛，教师可以了解国际教育的最新动态和发展趋势，拓宽他们的知识面和视野。比如，每年在不同国家举办的国际教育技术大会（ISTE）、教育领导力会议（ASCD）等，都吸引了全球教育工作者的参与。教师通过这些平台不仅可以获得最新的教育资讯，还能与国际同行建立联系，开展合作研究。

（1）了解国际教育最新动态

参加国际教育会议和论坛，教师可以了解国际教育的最新研究成果和发展趋势。例如，在国际教育技术大会（ISTE）上，教育技术专家分享了最新的教育技术工具和应用案例，帮助教师了解如何利用教育技术提升教学效果。通过这些会议和论坛，教师可以获取前沿的教育资讯，提升自己的专业知识和视野。

（2）建立国际教育网络

通过参加国际教育会议和论坛，教师可以与全球教育工作者建立联系，开展合作研究。例如，在教育领导力会议（ASCD）上，教师可以结识来自不同国家的教育专家和同行，交流教学经验和研究成果，探讨合作机会。通过建立国际教育网络，教师可以获取更多的教育资源和支持，提升自己的教学水平和研究能力。

（3）分享和交流教学经验

国际教育会议和论坛提供了一个平台，让教师分享和交流自己的教学经验和研究成果。例如，在国际教育管理论坛上，教师可以展示自己的教学研究成果，分享教学改革的成功经验，探讨教学实践中的问题和挑战。通过这些分享和交流，教师可以获得宝贵的反馈和建议，改进和提升自己的教学方法。

（4）探索教育改革和创新

国际教育会议和论坛也是教师探索教育改革和创新的重要途径。例如，在全球教育创新大会上，教育专家分享了各国在教育改革和创新方面的实践经验，探讨如何通过教育改革提升教育质量。通过参加这些会议和论坛，教师可以学习和借鉴国际先进的教育改革经验，推动本校的教学改革和创新。

（二）国际教育资源的共享

通过国际教育资源的共享，提升教师的专业素养和教学水平。例如，通过与国际教育机构的合作，共享教育资源和培训材料，拓宽教师的知识面和视野。

具体方式包括：

1.建设国际教育资源平台

建立国际教育资源共享平台，汇集全球范围内的教育资源，如教学视频、课件、电子书籍等，为教师提供丰富的学习资源和交流机会。通过与国际教育机构合作，创建一个在线资源库，教师可以随时访问并下载所需的教育资源，进行自主学习和研究。

（1）国际教育资源平台的建设

国际教育资源平台应具备全面性、便捷性和互动性。首先，平台应涵盖广泛的教育资源，包括各学科的教学视频、课件、电子书籍、研究报告等。例如，通过与世界银行、联合国教科文组织等国际机构合作，汇集全球范围内的优质教育资源，为教师提供丰富的学习材料。其次，平台应具备便捷的搜索和下载功能，教师可以根据需求快速查找到所需资源，进行下载和使用。例如，通过设置关键词搜索、分类浏览等功能，方便教师快速获取所需资源。最后，平台应具备互动交流功能，教师可以通过平台与国际同行进行实时交流和讨论，分享教学经验和资源。

（2）合作创建在线资源库

与国际教育机构合作，创建一个在线资源库，汇集全球范围内的优质教育资源。例如，通过与美国国家教育技术计划（NETP）、英国开放大学（OU）等机构合作，建立一个全球教育资源库，教师可以随时访问并下载所需的教学资源。该资源库应定期更新，确保资源的时效性和前沿性。例如，通过定期更新最新的教育研究报告、教学案例和教育技术工具，为教师提供最新的教育资讯和方法。

（3）多语言支持和本土化

国际教育资源平台应具备多语言支持和本土化功能，确保不同语言背景的教师都能方便使用。例如，通过与国际翻译机构合作，将全球范围内的优质教育资源翻译成多种语言，方便教师查阅和使用。此外，平台还应根据不同国家和地区的教育需求，进行资源的本土化处理，确保资源的适用性和有效性。例如，通过与本地教育机构合作，改编和调整国际教育资源，使其更符合本地教育环境和需求。

2. 翻译和引进国际教育资料

通过翻译和引进国际知名的教育资料和书籍，为教师提供最新的教育资讯和理论。例如，通过与国际出版机构合作，引进最新的教育理论书籍和研究报告，并翻译成中文出版，帮助教师了解和学习国际先进的教育理念和方法。

（1）引进国际教育经典著作

与国际出版机构合作，引进国际知名的教育经典著作，为教师提供最新的教育理论和研究成果。例如，通过与剑桥大学出版社、牛津大学出版社等国际知名出版机构合作，引进并翻译最新的教育理论书籍和研究报告。这些书籍和报告涵盖教育心理学、课程设计、教育评估、教学方法等多个领域，为教师提供全面的教育理论支持。例如，剑桥大学出版社出版的《教育心理学》是教育领域的经典著作，通过将其翻译成中文出版，可以帮助中国教师深入理解教育心理学原理，提升教学效果。

（2）翻译和本土化处理

在引进国际教育资料的过程中，应注重翻译和本土化处理，确保资料的准确性和适用性。例如，通过与专业翻译机构合作，确保翻译的准确性和专业性。此外，在翻译过程中，还应根据本地教育环境和需求，对资料进行本土化处理，使其更符合本地教师的使用习惯和教育需求。例如，将国际教育研究报告中的案例和数据调整为本地化的内容，使教师在学习和使用时更具有实用性和参考价值。

（3）组织教师研讨和培训

在引进和翻译国际教育资料的同时，还应组织教师研讨和培训，帮助教师更好地理解和应用这些资料。例如，通过举办读书会、专题讲座、工作坊等形式，组织教师对引进的教育资料进行深入研讨和交流。例如，通过举办《教育心理学》读书会，邀请专家学者讲解书中的理论和方法，帮助教师深入理解和应用教育心理学原理。此外，还可以通过在线培训平台，组织教师进行线上学习和讨论，提升教师的学习效果和应用能力。

3. 国际教育交流平台

建立国际教育交流平台，促进教师与国际同行的交流与合作。例如，通过创建在线教育论坛或社交媒体群组，教师可以与国际同行进行实时交流和讨论，分享教学经验和资源，提升自身的教育水平和国际视野。

（1）创建在线教育论坛

通过创建在线教育论坛，教师可以与国际同行进行实时交流和讨论，分享教学经验和资源。例如，通过与国际教育技术协会（ISTE）、全球教育领导力协会（GELP）等机构合作，创建一个全球教育交流论坛，教师可以在论坛上发布教学案例、分享教学经验、讨论教育热点问题。该论坛应具备多语言支持和实时互动功能，确保不同语言背景的教师都能方便使用。

（2）社交媒体群组和在线社区

通过创建社交媒体群组和在线社区，教师可以与国际同行进行更便捷地交流和互动。例如，通过在社交媒体平台上创建教育群组，教师可以实时分享教学资源、讨论教学问题、交流教学经验。此外，通过建立专门的在线教育社区，教师可以参与在线研讨会、虚拟工作坊等活动，与国际同行进行深度交流和合作。

（3）组织国际教育交流活动

通过组织国际教育交流活动，促进教师与国际同行的面对面交流和合作。例如，通过举办国际教育研讨会、教育展览会、教学交流会等活动，邀请国际教育专家和教师进行交流和分享。例如，每年在不同国家举办的国际教育技术大会（ISTE）、教育领导力会议（ASCD）等活动，吸引了全球教育工作者的参与，教师可以通过这些活动了解国际教育的最新动态和发展趋势，拓宽知识面和视野。

第五章　教师培训管理策略的展望与挑战

第一节　教师培训管理策略的未来发展趋势

一、信息化与智能化

信息化与智能化是未来教师培训管理的重要特征。随着信息技术的飞速发展，教师培训将广泛应用各种先进技术手段，提高培训效率和质量。

（一）在线学习平台

在线学习平台是教师培训信息化的重要工具。它打破了时间和空间的限制，为教师提供了灵活便捷的学习途径。在线学习平台的应用不仅改变了传统的学习方式，还提升了教师培训的效率和效果。

1.学习资源的丰富性

在线学习平台上有大量的视频课程、电子教材、在线测验等资源，这些资源覆盖了各个学科和教学领域，能够满足教师的多样化学习需求。例如，教师可以根据自己的教学科目选择相关的课程和资源进行学习，无论是基础教育、职业教育，还是高等教育领域，都能找到相应的学习资料。同时，这些资源的更新速度快，能够及时反映最新的教育研究成果和教学方法，使教师始终站在教育发展的前沿。

2.互动功能的增强

平台提供讨论区、在线答疑、学习社区等功能，促进教师之间的互动和交流，形成良好的学习氛围。这些互动功能不仅可以帮助教师在遇到问题时及时寻求帮助，还能通过经验分享和案例讨论，促进教师之间的相互学习和共同进步。例如，教师在讨论区提出教学中的困惑，其他教师可以分享自己的解决经验，或者专家在线解答，提供专业指导。这种互动学习模式增强了教师的参与感和学习兴趣，有助于提升学习效果。

3. 学习过程的个性化

在线学习平台可以根据教师的学习进度和需求，推荐个性化的学习内容和课程，确保每位教师都能获得最适合自己的学习资源和路径。通过大数据分析和智能推荐技术，平台能够了解教师的学习习惯、兴趣爱好和学习效果，并基于这些数据进行个性化推荐。例如，某教师在学习过程中对教学设计表现出浓厚兴趣，平台会优先推荐相关的高级课程和案例，帮助其深入学习和研究。这种个性化学习路径不仅提高了学习效率，还满足了教师个性化发展的需求。

（二）虚拟现实技术

虚拟现实技术（VR）在教师培训中的应用能够提供更加真实和生动的学习体验。VR 技术通过模拟真实的教学环境和场景，帮助教师在虚拟世界中进行实战演练和情景再现，提升其实践能力和教学效果。

1. 教学情景的模拟

通过虚拟现实技术，教师可以在虚拟环境中模拟和演练各种教学情景，如课堂管理、教学设计、教学评估等。这种逼真的模拟训练有助于教师提升实践能力和应对实际教学挑战的能力。例如，教师可以在虚拟课堂中进行课堂管理练习，面对虚拟学生的各种课堂行为，学习如何有效管理和应对，从而在真实教学中更加游刃有余。此外，教师还可以在虚拟环境中进行教学设计和评估的模拟，尝试不同的教学方法和策略，优化教学过程和效果。

2. 心理健康培训

虚拟现实技术还可以用于教师的心理健康培训。通过虚拟情景进行心理疏导和压力缓解，教师能够更好地管理情绪和压力，提高心理素质，从而在教学中保持良好的状态。例如，教师可以通过虚拟现实技术参与放松训练和情绪管理课程，学习如何应对职业压力和情绪波动。这种虚拟情景培训不仅提供了安全和私密的培训环境，还通过逼真的体验增强了培训效果，有助于教师心理健康的维护和提升。

3. 创新教学方法

VR 技术还可以帮助教师探索和创新教学方法，通过虚拟实验、虚拟参观等方式，为学生提供更加丰富的学习体验和知识获取途径。例如，教师可以利用 VR 技术带领学生进行虚拟实验，在安全和可控的环境中进行复杂实验操作，提高实验教学的安全性和有效性。此外，教师还可以组织学生进行虚拟参观，带领他们"走进"历史遗址、科学实验室等，增强学生的感官体验和学习兴趣。这种创新教学方法不仅丰富了课堂教学内容，还激发了学生的学习热情和求知欲望。

（三）人工智能

人工智能（AI）在教师培训中的应用，可以显著提高培训管理的效率和质量。AI 技术通过智能分析、个性化推荐、智能监控和评估等手段，优化培训过程和效果，为教师培训管理带来了革命性的变化。

1. 智能分析与个性化推荐

人工智能技术能够对教师的培训需求进行智能分析，并根据分析结果提供个性化的培训内容和方案，确保培训的针对性和有效性。例如，AI 系统可以通过分析教师的学习记录、考试成绩和反馈意见，识别其知识薄弱点和培训需求，并基于此推荐相应的课程和资源。此外，AI 还可以根据教师的职业发展规划，提供个性化的培训建议，帮助其制订合理的学习路径和目标。

2. 培训过程的智能监控与评估

通过数据分析和机器学习技术，AI 可以对培训过程进行全程监控和评估，及时发现培训中的问题和不足，并提出改进建议，增强培训效果。例如，AI 系统可以实时监控教师的学习进度和参与情况，识别学习中的困难和障碍，并提供相应的支持和指导。此外，AI 还可以通过分析教师的考试成绩和学习反馈，评估培训效果，发现问题并提出改进建议，确保培训的质量和效果。

3. 自动化管理

人工智能还可以用于培训管理的自动化，如自动生成培训计划、自动评估学习效果等，减轻管理人员的负担，提高管理效率。例如，AI 系统可以根据教师的培训需求和学习进度，自动生成个性化的培训计划，并定期评估学习效果，提供动态的学习建议和反馈。此外，AI 还可以通过自动化的管理流程，提高培训资源的利用率和管理效率，如自动安排培训课程、自动分配学习资源等，确保培训管理的高效运作。

二、终身学习理念的落实

终身学习理念将在未来的教师培训管理中得到进一步落实，确保教师在职业生涯的各个阶段都能获得持续的培训机会和资源。

（一）终身学习机制的建立

建立完善的终身学习机制是落实终身学习理念的关键。通过政策支持、制度保障、动态的培训需求分析和持续的培训资源供给，可以为教师提供稳定而持久的学习保障。

1. 政策支持与制度保障

通过政策支持和制度保障，确保教师能够在职业生涯的各个阶段都能获得培训机会。例如，政府和教育部门可以制订相关政策，明确规定教师参加培训的义务和权利，为教师的职业发展提供制度性保障。此外，学校和教育机构也应制订相应的内部政策，鼓励教师积极参与各种形式的培训活动，并为其提供必要的时间和资源支持。这包括提供培训经费、调整工作安排、设置奖励机制等，以确保教师能够专心投入到培训学习中。

2. 动态的培训需求分析

建立动态的培训需求分析机制，定期评估教师的培训需求，并根据评估结果调整和更新培训计划，确保培训内容与时俱进，符合教师的实际需求。通过大数据和人工智能技术，可以对教师的培训需求进行智能分析，识别其知识薄弱点和技能提升方向，提供个性化的培训建议。例如，通过问卷调查、访谈、学习记录等方式，收集教师的培训需求数据，并进行定量和定性分析。根据分析结果，制订和调整培训计划，确保培训内容的及时性和针对性。此外，还可以建立培训需求反馈机制，鼓励教师在培训过程中提出意见和建议，以便不断改进和完善培训方案。

3. 持续的培训资源供给

通过多种渠道和形式，提供持续的培训资源，如在线课程、学术交流活动、国际培训项目等，确保教师能够获得丰富和多样的学习资源。在线课程可以随时随地提供学习机会，覆盖广泛的学科和教学领域，满足教师的个性化学习需求。学术交流活动，如学术会议、研讨会和学术沙龙，为教师提供了交流和合作的平台，促进学术思想的碰撞和创新。国际培训项目则为教师提供了开阔国际视野、学习先进教育理念和方法的机会，提升其全球竞争力。

（二）持续的培训机会和资源

提供持续的培训机会和资源是落实终身学习理念的重要保障。

1. 定期的集中培训

组织定期的集中培训活动，如暑期培训班、专题研讨会等，为教师提供系统化、集中的培训机会，帮助其集中精力进行学习和提升。暑期培训班可以在暑假期间集中进行，为教师提供一个脱离日常教学事务、专心学习的机会。专题研讨会则可以针对特定的教学问题或领域，邀请专家进行深入讲解和指导，帮助教师解决实际教学中的问题，提升其专业水平。

2. 学术交流活动

鼓励和组织教师参与各类学术交流活动，如学术会议、学术沙龙等，促进教师之间的交流与合作，拓宽其视野和思维。学术会议和研讨会不仅提供了学习和交流的平台，还促进了教师与同行之间的合作与互助。通过参与学术交流活动，教师可以了解最新的教育研究成果和教学方法，吸收和借鉴他人的成功经验，不断提升自身的教学水平和研究能力。

（三）知识更新和技能提升

知识更新和技能提升是终身学习的重要内容，确保教师始终保持专业素养和教学能力的先进性和前瞻性。

1. 学科知识更新

通过系统的培训设计和实施，帮助教师不断更新学科知识，了解和掌握最新的学术研究成果和发展动态，提升其学术水平和教学能力。例如，定期组织学科前沿讲座和专题研讨会，邀请知名专家学者讲解最新的研究成果和发展趋势，帮助教师拓宽学术视野，掌握最新的学科知识。同时，鼓励教师参与学术研究和学术交流活动，积极撰写和发表学术论文，不断提升自身的学术水平和影响力。

2. 教育理论更新

教师不仅需要更新学科知识，还需要不断学习和掌握最新的教育理论和教学方法，提升其教学设计和实施能力。例如，通过教育理论培训和教学方法研讨，帮助教师理解和掌握先进的教育理念和教学方法，如探究式学习、合作学习、个性化教学等。通过案例分析和教学实践，帮助教师将理论与实践相结合，提高教学设计和实施的有效性。

3. 信息技术技能提升

在信息化时代，教师需要不断提升信息技术技能，如使用教育软件、制作多媒体课件、进行在线教学等，确保其能够有效利用现代信息技术进行教学。例如，通过信息技术培训和技能比赛，帮助教师掌握教育软件的使用技巧和多媒体课件的制作方法，提高其信息化教学能力。同时，鼓励教师积极参与在线教学和混合式教学模式的探索和实践，提升其在线教学设计和实施能力。

4. 管理技能和科研能力提升

教师不仅需要具备教学能力，还需要具备一定的管理技能和科研能力。通过相应的培训，提升其班级管理、课程管理等方面的能力，以及科研选题、项目申报、论文写作等方面的能力。例如，通过管理技能培训和案例分析，帮助教师掌握班级管理和课程管理的方法和技巧，提高其管理能力和工作效率。同时，鼓励和支持教师积极参与科研项目的申报和研究，提高其科研能力和学术水平。

第二节　教师培训管理策略面临的挑战与应对策略

一、资源不足的挑战与对策

资源不足是教师培训管理中面临的首要挑战。教师培训需要大量的人力、物力和财力支持。然而，在许多地方，教师培训资源仍然不足，严重制约了培训工作的有效开展。

（一）挑战

1. 培训经费有限

在许多地区，教师培训经费投入不足，导致培训项目难以持续和深入开展。经费不足不仅限制了培训活动的规模和频率，还影响了培训内容的丰富性和质量。具体而言，由于经费短缺，许多教育机构难以组织大型培训活动，无法邀请国内外知名专家讲学，甚至在一些偏远地区，基本的培训所需资金也难以保障。这种经费的限制，直接影响了教师培训的系统性和长远性，无法形成持续、连贯的培训体系，导致教师专业发展受到限制。

2. 培训设施和设备不完善

许多学校和教育机构的培训设施和设备陈旧，无法满足现代化培训的需求。培训设施的不足包括教室、实验室、图书馆等物理空间的匮乏，设备陈旧、功能单一、更新不及时。此外，信息化设备的不足和网络基础设施的落后，也制约了现代化教学手段的应用。例如，许多学校缺乏多媒体教室、智能化教学设备，无法进行远程教育和在线培训，导致培训形式单一、效果不佳。

3. 师资力量不足

培训师资的数量和质量直接影响培训的效果。当前，许多地区的培训师资力量薄弱，专业培训师匮乏，难以满足教师培训的需求。由于专业培训师的缺乏，许多培训只能由校内教师兼职完成，培训质量和效果难以保证。此外，培训师的专业水平参差不齐，缺乏系统的培训和进修机会，难以满足教师多样化和个性化的培训需求。这种师资力量的不足，不仅影响了培训的质量，也削弱了教师参与培训的积极性和信心。

（二）对策

1. 政府支持与政策保障

各级政府应加大对教师培训的投入，制订并落实相关政策，保障培训经费和资源的充足供给。政府应通过政策引导和激励机制，鼓励社会力量参与教师培训资源的建设和支持。例如，政府可以设立专项基金，支持教师培训项目的发展，并提供税收优惠政策，鼓励企业和社会团体赞助和参与教师培训。政府还应制订长远的发展规划，将教师培训纳入教育发展的整体战略，确保政策的连续性和稳定性。此外，政府应加强对教师培训工作的监管和评估，确保经费使用的透明度和效率。

2. 多渠道筹措培训经费

教育机构可以通过多种渠道筹措培训经费，如争取企业赞助、设立培训基金、开展合作项目等，拓宽资金来源，确保培训资源的持续供给。通过与企业和社会组织的合作，教育机构可以获得更多的资源支持，提升培训质量。例如，可以通过与科技企业合作，获得最新的信息技术设备和软件支持；通过设立奖学金和培训基金，吸引优秀教师参与培训和进修；通过与国际教育机构合作，开展联合培训项目，提升培训的国际化水平和视野。此外，教育机构还可以通过举办各类社会公益活动，吸引社会各界的关注和支持，形成多元化的资金筹措机制。

3. 优化资源配置

通过科学合理的资源配置，提高资源的利用效率。建立培训资源共享平台，实现资源的集约化管理和高效利用，减少资源浪费。例如，教育机构可以建立区域性或全国性的教师培训资源库，供各地教师共享使用，最大限度地提高资源利用率。通过资源共享平台，可以实现优质培训资源的互通有无，避免重复建设和资源浪费。同时，可以利用信息技术手段，搭建在线培训平台，实现培训资源的数字化和网络化，方便教师随时随地进行学习和交流。此外，还可以通过建立跨区域、跨学科的培训联盟，整合各方资源，形成合力，共同提升教师培训的整体水平。

二、管理机制不健全的挑战与对策

管理机制不健全是制约教师培训管理效果的另一重要因素。管理制度不完善、管理流程不规范、管理手段单一等问题，导致培训管理的效率和效果不高，影响了培训的质量和教师的参与积极性。

（一）管理机制不健全的挑战

1. 管理制度不完善

许多教育机构的教师培训管理制度不够健全，缺乏科学合理的管理规范和标准，导致培训工作缺乏系统性和规范性。例如，部分教育机构没有制订明确的培训目标和计划，培训内容随意性较大，缺乏系统性和连贯性。这种制度的不完善，导致教师培训工作缺乏方向，培训效果难以保证。此外，培训考核和评估制度的缺乏，也使得培训效果难以量化和评估，影响了培训工作的整体质量。

2. 管理流程不规范

培训管理流程不规范，导致培训工作的各个环节不能有效衔接和协调。例如，培训计划的制订、实施、评估和反馈环节不完善，影响了培训的整体效果。具体表现为，培训前缺乏系统的需求调研，培训内容与教师实际需求脱节；培训过程中缺乏有效的过程管理和监控，培训质量难以保障；培训后缺乏系统的效果评估和反馈，无法及时发现和解决培训中的问题。这种流程的不规范，严重影响了教师培训的系统性和有效性。

3. 管理手段单一

传统的管理手段无法满足现代教师培训的需求，缺乏信息化、智能化的管理手段，管理效率和精细化水平不高。许多教育机构仍然依赖传统的手工管理方式，缺乏现代化的管理工具和技术手段。例如，培训记录和数据管理仍然依赖纸质档案，信息更新和查询效率低下；培训过程的监控和评估缺乏科学的工具和方法，管理水平和效果难以提升。这种管理手段的单一，制约了教师培训管理的现代化和科学化发展。

（二）对策

1. 完善管理制度

制订并落实科学合理的教师培训管理制度，明确培训目标、内容、方法、评估等各个环节的管理要求，确保培训管理的规范化和科学化。首先，应制订详细的教师培训手册，明确各项培训活动的具体要求和操作流程，确保培训工作的有序开展。其次，应建立系统的培训考核和评估制度，对培训效果进行量化和评估，确保培训工作的质量和效果。此外，还应定期对培训管理制度进行评估和更新，确保其与时俱进，符合教育发展的实际需求。

2. 优化管理流程

通过优化管理流程，提高管理效率和质量。建立科学合理的培训计划制订、实施、评估和反馈流程，确保每个环节的有效衔接和高效运作。例如，培训前进行系统的需求调研，了解教师的实际需求，制订科学的培训计划；培训中进行实时监控和指导，确保培训过程的规范和高效；培训后进行系统的效果评估和反馈，及时发现和解决培训中的问题，不断改进和提升培训质量。通过优化管理流程，可以确保教师培训的系统性和科学性，提高培训的整体效果。

3. 创新管理手段

引入现代管理手段和技术，如信息化管理系统、大数据分析等，实现培训管理的数字化和智能化，提高管理的精细化水平。例如，利用信息化管理系统，可以实现对培训过程的全程监控和数据分析，及时发现和解决培训中的问题，增强培训效果。大数据分析技术可以对培训需求、培训效果等进行科学分析，为培训决策提供数据支持。此外，还可以利用人工智能技术，实现培训内容的个性化推荐，提高培训的针对性和实效性。通过引入现代管理手段和技术，可以显著提升教师培训管理的效率和水平，实现培训管理的现代化和科学化。

三、提升教师参与积极性的策略

教师参与培训的积极性不高，是影响培训效果的重要因素。主要原因在于培训内容和形式单一、培训安排与教师实际需求不匹配、培训效果评估和反馈机制不完善等。

（一）挑战

1. 培训内容和形式单一

许多培训活动缺乏创新，内容和形式单一，无法激发教师的学习兴趣和积极性。单一的讲座式培训难以满足教师多样化的学习需求。教师们通常面临不同的教学环境和学生需求，传统的讲座式培训往往过于理论化，缺乏实践指导，难以引起教师的共鸣和兴趣。此外，讲座式培训缺乏互动性，教师只能被动接受信息，缺乏参与感和积极性，导致培训效果不佳。

2. 培训安排与教师实际需求不匹配

培训活动的时间安排、内容设计等与教师的实际需求不符，导致教师参与培训的意愿不高。例如，许多培训活动在教学任务繁重的时间段进行，增加了教师的负担，影响了其参与的积极性。教师在教学工作中已经面临繁重的任务和压力，如果培训时间安排不合理，不仅增加了他们的负担，还可能影响他们的教学质量和工作效率。此外，培训内容与教师实际需求的脱节，使得教师感到培训对其实际教学工作帮助不大，进而降低了参与培训的积极性。

3. 培训效果评估和反馈机制不完善

缺乏科学合理的培训效果评估和反馈机制，导致培训效果难以评估和改进，影响了教师参与培训的积极性。在许多情况下，培训结束后，教育机构并没有对培训效果进行系统评估，缺乏对培训内容和形式的反馈和改进。此外，教师在培训过程中遇到的问题和建议也没有得到及时地反馈和解决，这使得他们对培训的信心不足，参与热情减弱。

（二）对策

1. 需求导向的培训设计

在培训设计过程中，以教师的实际需求为导向，选择和组织培训内容和形式，确保培训具有针对性和实用性。通过需求调研和分析，了解教师的具体需求，制订个性化的培训方案。例如，可以开展问卷调查、座谈会等方式，了解教师在教学中遇到的困难和问题，针对性地设计培训内容。需求导向的培训设计可以确保培训内容紧密结合教师的实际教学需求，提高培训的实用性和有效性，从而激发教师的参与积极性。

（1）需求调研

教育机构可以定期进行需求调研，了解教师在教学过程中遇到的困难和需求。通过问卷调查、座谈会、访谈等方式，收集教师的反馈和建议，确保培训内容符合教师的实际需求。

（2）个性化培训方案

根据调研结果，制订个性化的培训方案，针对不同学科、不同年级的教师提供有针对性地培训内容。通过个性化的培训方案，可以满足教师的多样化需求，提高培训的实效性和吸引力。

2.丰富培训形式和方法

通过丰富培训形式和方法，提高培训的吸引力和参与度。采用互动式、体验式、案例式、项目式等多种培训形式，增强培训的趣味性和实效性。例如，可以采用小组讨论、角色扮演、模拟教学等方法，提高教师的参与感和学习效果。丰富的培训形式不仅能够提高培训的趣味性，还能够促进教师之间的交流和互动，增强团队合作精神和集体凝聚力。

（1）互动式培训

通过小组讨论、案例分析、角色扮演等互动式培训方法，增强教师的参与感和互动性。互动式培训可以促使教师在培训中积极思考和参与，提高学习效果。

（2）体验式培训

通过模拟教学、现场观摩等体验式培训方法，提供实践机会，让教师在实际操作中学习和提升。体验式培训可以增强教师的实践能力和应用能力，提高培训的实用性。

（3）项目式培训

通过项目式培训方法，让教师在完成具体项目的过程中学习和提升。项目式培训可以增强教师的实践能力和团队合作精神，提高培训的效果和实效性。

3. 完善评估和反馈机制

建立科学合理的培训效果评估和反馈机制，及时总结和反馈培训效果，发现并解决培训中的问题。通过有效的反馈机制，激发教师参与培训的积极性和主动性。例如，可以通过定期评估培训效果，收集教师的反馈意见，及时改进培训方案，确保培训内容和形式的有效性和针对性。完善的评估和反馈机制可以帮助教育机构及时发现和解决培训中的问题，不断改进和提升培训质量。

（1）培训效果评估

教育机构可以建立系统的培训效果评估机制，对培训内容、培训形式、培训效果等进行全面评估。通过量化指标和质性分析相结合的方法，科学评估培训效果，确保评估结果的准确性和可靠性。

（2）教师反馈机制

建立教师反馈机制，鼓励教师在培训过程中提出意见和建议。通过定期收集和分析教师的反馈意见，及时发现和解决培训中的问题，确保培训内容和形式的有效性和针对性。

（3）改进和提升培训方案

根据评估和反馈结果，不断改进和提升培训方案。通过持续改进和优化培训内容和形式，提高培训的质量和效果，激发教师的参与积极性和主动性。

第三节　教师培训管理策略的持续改进与优化

一、教师培训要素管理的改进意见与建议

（一）建立校本培训体系

建立校本培训体系是提升教师培训质量的重要举措。校本培训体系不仅能够结合学校的具体情况和特点，提供有针对性地培训内容，还能形成学校特色的培训文化和理念。

1. 增加专业性培训内容

将教师培训与事务性会议分开，增加专业性培训时间，如关于教学方法、现代教育理念、心理健康等方面的培训内容。如果校内主讲教师在这些方面的培训

专业性不够强，可以邀请校外专家进行培训。这种方法不仅能提升培训的专业性，还能丰富教师的知识和技能。

（1）教学方法培训

教学方法培训是提高教师教学能力的关键。通过系统地培训，教师能够掌握和应用多样化的教学方法，从而提高课堂教学效果。这一环节的培训应当注重实际操作和案例分析，通过模拟课堂和实际观摩，帮助教师将理论知识转化为实际操作技能。

①邀请教育专家和优秀教师

邀请教育专家和优秀教师分享先进的教学方法和实践经验，可以为教师提供宝贵的学习机会。专家和优秀教师通常拥有丰富的教学经验和独到的教学方法，他们的分享能够帮助教师拓宽视野，学习到最新的教学理念和实践方法。通过他们的指导，教师可以更加全面地了解和掌握多样化的教学方法，提高教学效果。

②案例分析

通过案例分析，教师可以更直观地了解教学方法的实际应用。案例分析不仅能够帮助教师理解教学方法的具体操作步骤，还能通过对成功案例的研究，学习到解决教学问题的有效策略。教师可以通过案例分析，反思自己的教学实践，找出不足之处并加以改进，从而提高教学水平。

③课堂观摩

课堂观摩是教学方法培训的重要环节。通过观摩其他教师的课堂教学，教师可以学习到不同的教学方法和技巧。课堂观摩不仅能够帮助教师了解先进的教学方法，还能通过实际的课堂体验，感受这些方法在教学中的具体应用和效果。观摩后，教师可以通过讨论和交流，分享观摩心得，进一步加深对教学方法的理解和掌握。

④教学反思

教学反思是教学方法培训的重要内容。通过反思，教师可以总结和分析自己的教学实践，发现和解决教学中的问题。教学反思不仅能够帮助教师提高教学效果，还能促进其专业发展。教师可以通过写教学反思日志，记录和分析教学中的问题和解决方法，不断提高教学水平。

（2）现代教育理念培训

现代教育理念培训是帮助教师更新教育观念、提升教育水平的重要环节。通过系统的理论学习和实践探讨，教师能够全面理解现代教育的基本理念和实践方法，从而提高教育水平。

②定期组织专题讲座和研讨会

定期组织专题讲座和研讨会，是现代教育理念培训的重要形式。通过专题讲座，教师可以系统学习现代教育的基本理念和最新研究成果。研讨会则提供了一个交流和讨论的平台，教师可以在研讨会上分享和交流各自的教育观念和实践经验，从而相互学习和提高。

②教育哲学

教育哲学是现代教育理念培训的重要内容。通过学习教育哲学，教师可以全面理解教育的本质、目的和价值。教育哲学不仅能够帮助教师树立正确的教育观，还能指导其教育实践，提高教育效果。教师可以通过阅读教育哲学著作和参加教育哲学研讨会，深入学习和理解教育哲学的基本理念和理论。

③教育心理学

教育心理学是现代教育理念培训的重要组成部分。通过学习教育心理学，教师可以了解学生的心理发展规律和学习过程，从而更好地指导教学实践。教育心理学的知识不仅能够帮助教师提高教学效果，还能帮助其解决教学中的实际问题，如学生的学习动机、学习困难和行为问题等。教师可以通过教育心理学课程和培训，掌握和应用教育心理学的基本理论和方法。

④教育技术

教育技术是现代教育理念培训的重要内容。通过学习教育技术，教师可以了解和掌握现代教育技术的基本原理和应用方法，从而提高教学效果。教育技术的应用不仅能够丰富教学内容和形式，还能提高学生的学习兴趣和参与度。教师可以通过教育技术培训，学习和掌握各种教育技术工具和软件，如多媒体教学、在线教学平台和虚拟现实技术等。

（3）心理健康培训

心理健康培训是提高教师心理素质和教学效果的重要环节。通过心理健康培训，教师可以了解和掌握基本的心理健康知识和技巧，从而保持良好的心理状态，更好地开展教学工作。

①提供心理健康知识

提供心理健康知识是心理健康培训的重要内容。通过学习心理健康知识，教师可以了解心理健康的重要性和基本概念，如压力管理、情绪调节和心理疏导等。心理健康知识的学习不仅能够帮助教师提高自我心理调节能力，还能指导其在教学中关注和解决学生的心理健康问题。

②邀请心理学专家进行心理疏导和咨询

邀请心理学专家进行心理疏导和咨询，是心理健康培训的重要形式。通过专家的指导，教师可以学习到有效的心理疏导和咨询技巧，从而提高心理健康水平。心理学专家通常拥有丰富的心理咨询经验和专业知识，他们的指导能够帮助教师更好地理解和应对心理问题，提高心理素质。

③实际案例和心理咨询

通过实际案例和心理咨询，教师可以学习到具体的心理健康技巧和方法。实际案例的分析不仅能够帮助教师理解心理问题的具体表现和解决方法，还能通过对成功案例的学习，掌握有效的心理疏导和咨询技巧。心理咨询则提供了一个实际的操作平台，教师可以在咨询过程中实践和应用所学知识，提高心理健康水平。

2.为培训内容建立体系

依据教师和学生发展系统理论，将现有的零散的语言、文化以及各种专业性培训，再加上未来培训规划内容进行整合，并逐渐建立本校教师培训的资源库。将教师培训资源框架化、结构化，形成一套体现国际学校理念、拥有自身特色的校本培训体系。

（1）整合现有培训资源

整合现有的培训资源是建立系统培训体系的第一步。对现有的语言、文化和专业性培训资源进行系统梳理和整合，形成统一的培训资源库，通过资源整合，避免重复建设和资源浪费，提高培训资源的利用效率。整合资源的过程应当注重资源的分类和整理，根据不同的培训需求，分类整理培训资源，形成结构化的资源库。

①资源分类和整理

首先，按照不同的培训需求对现有的培训资源进行分类和整理。根据语言培训、文化培训和专业性培训的不同类别，将现有的培训资料进行归类和整理，形成一个系统化的资源目录。每一类培训资源都应当进行详细的分类，如语言培训可以细分为英语口语培训、商务英语培训等，文化培训可以细分为中国传统文化培训、西方文化培训等，专业性培训则可以按照不同的学科和教学方法进行分类。通过详细地分类和整理，确保每一类资源都能够被有效利用。

②资源整合和优化

在分类和整理的基础上，对现有的培训资源进行整合和优化。对于重复和过时的资源进行筛选和剔除，确保资源库中的每一份资料都具有实际的利用价值。同时，对于一些内容相近但形式不同的资源进行整合和优化，如将文字资料和视频资料进行配套整合，形成更加丰富和多样的培训资源。资源整合和优化的目的是提高资源的利用效率，确保教师能够在最短的时间内找到最合适的培训资料。

③形成统一的培训资源库

通过资源的分类、整理和优化，最终形成一个统一的培训资源库。这个资源库应当具有清晰的分类目录和便捷的搜索功能，确保教师能够快速找到所需的培训资料。统一的培训资源库不仅能够提高资源的利用效率，还能够为后续的培训资源更新和维护提供便利。

（2）建立培训资源库

在整合现有资源的基础上，根据教师和学生发展的实际需求，建立全面的教师培训资源库，包括培训教材、课件、视频、案例等。通过资源库的建设，为教师提供丰富多样的培训资源和学习材料，支持其持续发展。培训资源库的建设应当注重资源的更新和维护，定期更新资源内容，确保资源的时效性和实用性。

①多样化的培训资源

培训资源库应当包括多种类型的培训资源，如培训教材、课件、视频、案例、研究论文等。每一种类型的资源都应当具有丰富的内容和多样的形式，以满足不同教师的培训需求。例如，培训教材应当包括详细的理论知识和实用的操作指南，课件应当包含生动的图文和互动的练习，食品应当展示实际的教学场景和操作步骤，案例应当包括成功的教学实践和失败的经验教训。通过多样化的培训资源，确保教师能够在不同的学习阶段和不同的教学情境中找到适合的学习材料。

②资源的更新和维护

为了确保培训资源库的时效性和实用性,应当定期对资源库进行更新和维护。根据最新的教育研究成果和教学实践经验,及时更新培训资料,确保教师能够获取最新的教育理念和教学方法。同时,对于过时和不再适用的培训资料进行清理和替换,确保资源库中的每一份资料都具有实际的利用价值。资源的更新和维护不仅能够保持资源库的活力,还能够为教师提供持续的发展支持。

③提供便捷地访问和使用

为了提高培训资源的利用效率,应当为资源库提供便捷的访问和使用方式。通过建立在线资源库平台,教师可以随时随地访问和下载培训资料。同时,资源库平台应当具备强大的搜索功能和友好的用户界面,确保教师能够快速找到所需的培训资料。通过便捷地访问和使用,确保培训资源库能够发挥最大的效用。

(3)制订培训规划

依据学校的发展目标和教师的专业需求,制订长期和短期的培训规划。确保培训内容的系统性和连贯性,形成有序的培训体系,促进教师的持续发展。培训规划的制订应当注重目标的明确性和操作的可行性,通过详细地规划和安排,确保培训活动的有效实施。

①明确的培训目标

制订培训规划的第一步是明确培训目标。培训目标应当根据学校的发展目标和教师的专业需求确定,既要有长远的发展目标,又要有具体的操作目标。例如,长远的发展目标可以是提升全校教师的教学水平和教育质量,具体的操作目标可以是提高某一学科的教学效果或解决某一教学问题。明确的培训目标有助于培训活动的有序开展和有效实施。

②系统的培训内容

根据培训目标,制订系统的培训内容。培训内容应当涵盖教育教学的各个方面,如教学方法、教育理念、心理健康、教育技术等。每一类培训内容都应当有详细的培训计划和具体的培训安排,确保教师能够全面学习和掌握所需的知识和技能。同时,培训内容的安排应当注重系统性和连贯性,从基础知识到高级技能,从理论学习到实践操作,逐步推进,确保教师能够系统地学习和掌握所需的知识和技能。

③详细的培训安排

在制订培训规划时，应当有详细的培训安排。培训安排应当包括培训的时间、地点、内容、讲师等具体信息，确保培训活动的有序开展和有效实施。同时，培训安排应当注重灵活性和可操作性，根据教师的实际情况和需求，合理安排培训时间和内容，确保培训活动的顺利进行。

（二）普及优秀的培训模式

在现代教育背景下，普及优秀的培训模式是提升教师专业水平和教学质量的关键。一个有效的培训模式应当包括引入—讲解、互动练习和反思总结三个环节。通过系统的培训过程，帮助教师全面掌握新的教学理念和技能，提高实践能力和反思能力，从而实现教学质量的全面提升。

1. 引入—讲解

（1）邀请专家进行专题讲座

邀请教育领域的专家进行专题讲座，是提升培训质量的重要手段。专家不仅具备丰富的理论知识和实践经验，还能够为教师提供最新的教育研究成果和前沿理念。通过专家的讲解，教师能够系统地学习和掌握新知识，理解其背后的理论基础和应用方法。

教育专家通常拥有深厚的学术背景和丰富的实践经验，他们能够结合理论与实际，深入浅出地讲解复杂的教育理念和方法。通过专家讲座，教师可以了解最新的教育趋势和研究成果，从而保持教育观念的前沿性和实效性。同时，专家的实践经验和案例分享也能为教师提供宝贵的参考，帮助他们解决教学中的实际问题。此外，专家讲座还能够激发教师的学习兴趣和积极性。专家的专业素养和独到见解往往能够引起教师的共鸣和思考，激发他们对教育理论和实践的深入探讨和研究。通过与专家的互动，教师可以获得更多的启发和指导，增强培训效果。

（2）系统讲解理论知识和实践方法

系统讲解是引入—讲解环节的核心内容。培训讲师应当根据培训目标，详细讲解相关的理论知识和实践方法，确保教师能够全面理解和掌握。讲解过程中，应当注重理论与实践的结合，通过具体的案例和实践经验，帮助教师将抽象的理论知识具体化，提高其理解和应用能力。在系统讲解过程中，讲师应当注重以下几个方面：首先，讲师应当根据培训目标和教师的需求，精心设计讲解内容，确保内容的系统性和连贯性。讲解内容应当涵盖教育理论、教学方法、课堂管理等各个方面，全面提升教师的专业素养和教学能力。其次，讲师应当采用多样化的讲解方式，通过生动的案例和实践经验，使理论知识具体化。具体的案例分析不仅能够帮助教师理解理论的实际应用，还能启发他们思考和解决教学中的实际问题。通过模拟课堂和实际操作，讲师可以帮助教师掌握具体的教学技巧和方法，提高他们的实践能力。最后，讲师应当注重与教师的互动，通过提问、讨论和反馈等方式，促进教师的积极参与和思考。通过互动交流，讲师可以及时了解教师的学习情况和需求，调整讲解内容和方式，确保讲解的效果和实效性。

（3）提供丰富的学习资料

为教师提供丰富的学习资料，如培训教材、课件、视频等，是提升培训效果的重要手段。通过多样化的学习资料，教师能够在培训过程中随时查阅和复习，深化对所学内容的理解和掌握。同时，学习资料的提供也有助于教师在培训结束后进行自我学习和提升，确保培训效果的持续性。首先，培训教材应当包括详细的理论知识和实用的操作指南。通过阅读培训教材，教师可以系统学习和掌握培训内容，提高对理论知识的理解和应用能力。培训教材的编写应当注重内容的科学性和实用性，确保教师能够在实际教学中应用所学知识。其次，课件和视频是生动的学习资料，可以帮助教师更直观地理解和掌握培训内容。通过观看视频，教师可以学习到具体的教学技巧和方法，观察实际的教学操作和课堂管理。课件则可以作为辅助工具，帮助教师复习和回顾所学内容，提高学习效果。最后，提供丰富的学习资料还能够促进教师的自我学习和提升。在培训结束后，教师可以通过查阅和复习学习资料，进一步深化对所学内容的理解和掌握。学习资料的持续更新和维护也能够确保教师获取最新的教育研究成果和实践经验，不断提升专业水平和教学效果。

2.互动练习

通过互动练习环节，帮助教师将所学知识和技能应用于实际教学。这一环节的核心在于通过实践活动，促进教师之间的交流和互动，提高他们的实践能力和团队协作能力。

（1）小组讨论

小组讨论是一种有效的互动练习方式，通过分组讨论，教师能够分享各自的教学经验和观点，深入探讨所学内容的实际应用。小组讨论有助于教师之间的知识交流和思想碰撞，促进他们对所学知识的理解和内化，提高教学实践能力。

在小组讨论中，教师们可以围绕具体的教学问题展开讨论，分享各自的教学经验和观点。通过这样的交流，教师可以了解到不同的教学方法和策略，从而拓宽自己的教学思路。例如，在讨论如何提高学生的学习兴趣时，教师们可以分享各自的成功案例和经验，探讨不同的教学方法和策略，从而找到最适合自己教学情境的方法。此外，小组讨论还可以促进教师们对所学知识的理解和内化。在讨论过程中，教师们需要对所学内容进行思考和表达，这不仅有助于他们加深对理论知识的理解，还能通过交流和讨论，发现和解决实际教学中的问题。通过这种互动和交流，教师们可以将理论知识转化为实际教学能力，提高自己的教学水平。

（2）角色扮演

角色扮演是一种模拟教学情境的互动练习方式，通过扮演不同的角色，教师能够体验和理解不同的教学角色和情境。角色扮演不仅能够帮助教师掌握教学技巧和方法，还能够提高他们的沟通和协调能力，增强课堂管理能力和应变能力。

在角色扮演中，教师们可以扮演不同的教学角色，如教师、学生、家长等，通过模拟实际的教学情境，体验和理解不同角色的需求和行为。例如，在模拟课堂管理的情境中，教师们可以扮演不同的学生角色，模拟不同的课堂行为，体验如何应对学生的不同行为和需求。通过这样的角色扮演，教师们可以学习到不同的课堂管理技巧和方法，提高自己的课堂管理能力。此外，角色扮演还可以提高教师们的沟通和协调能力。在模拟教学情境中，教师们需要与其他角色进行沟通和协调，解决实际的教学问题。这不仅有助于他们提高自己的沟通能力，还能通过模拟实际的教学情境，增强他们的应变能力和问题解决能力。

（3）模拟课堂

模拟课堂是一种将理论知识和实践方法应用于实际教学的互动练习方式。通过模拟课堂，教师能够在实际教学情境中练习和应用所学内容，获得实践经验和反馈。模拟课堂有助于教师发现和解决实际教学中的问题，提高其教学实践能力和课堂效果。

在模拟课堂中，教师们可以按照实际的教学流程，进行教学设计、课堂教学和课堂管理等一系列教学活动。通过这样的模拟实践，教师们可以将所学的理论知识和教学方法应用于实际教学中，获得实践经验和反馈。例如，在模拟课堂教学中，教师们可以设计教学方案，进行课堂教学，并通过模拟学生的反馈，调整和改进自己的教学方法和策略。此外，模拟课堂还可以帮助教师们发现和解决实际教学中的问题。在模拟教学过程中，教师们可以通过观察和反思，发现教学中的问题和不足，并通过与其他教师的交流和讨论，找到解决问题的方法和策略。这不仅有助于教师们提高自己的教学实践能力，还能通过实践和反思，不断改进和提升自己的教学水平。

3. 反思总结

（1）自我反思

自我反思是教师在培训结束后对自身学习和实践过程的总结和反思。通过自我反思，教师能够全面回顾和总结培训中的收获和不足，深入思考所学内容的实际应用和改进方法。自我反思有助于教师提高自我认识和自我改进能力，促进其专业发展。

自我反思是一种深度的内省过程，要求教师在安静的环境中，认真回顾培训期间的学习经历和教学实践。教师可以通过反思日志的形式，将自己的学习心得、教学尝试以及遇到的问题记录下来。反思日志不仅是记录学习过程的工具，还能帮助教师理清思路，发现自身的优势和不足，从而制订切实可行的改进计划。此外，自我反思还应关注培训内容在实际教学中的应用情况。教师可以回顾自己在课堂上应用新方法和理念的过程，分析其效果和遇到的挑战。这种分析不仅能够帮助教师巩固所学知识，还能为改进教学方法提供重要参考。通过不断地自我反思和改进，教师可以逐步提升自己的教学能力和专业水平。

（2）小组交流

小组交流是教师在培训结束后分享和讨论培训经验和体会的一种方式。通过小组交流，教师能够分享各自的反思和总结，交流培训中的收获和不足，提出改进建议和方法。小组交流有助于教师之间的知识共享和经验交流，促进他们的共同进步和提升。

在小组交流中，教师们可以围绕培训内容、教学实践和自我反思等话题，展开深入的讨论和交流。每位教师都可以分享自己的学习心得和教学体会，提出自己在实践过程中遇到的问题和困惑。通过这种分享和讨论，教师们不仅能够获得新的思路和方法，还能在互相学习中提升自己的教学水平。

小组交流还可以通过案例分析和集体讨论的形式，帮助教师们深入理解培训内容。例如，教师们可以共同分析某一教学案例，探讨其中的成功经验和改进方法。在这种集体讨论中，教师们可以通过集思广益，找到解决教学问题的最佳方案。通过这种互动和交流，教师们不仅能够提升自己的专业素养，还能增强团队协作能力。

（3）总结报告

总结报告是教师在培训结束后对培训过程和结果的系统总结和报告。通过撰写总结报告，教师能够系统整理和记录培训中的收获和不足，提出改进建议和方法。总结报告不仅有助于教师对培训内容的深入理解和反思，还能够为学校和培训机构提供宝贵的反馈和建议，促进培训质量的持续提升。

撰写总结报告时，教师应当全面回顾和分析培训的各个环节，从培训目标、内容、方法到实际效果，进行系统的总结和评价。报告中应当详细记录教师的学习过程、实践经历以及遇到的问题和解决方法。通过这种系统地记录和分析，教师能够全面了解和反思培训的成效和不足，从而提出切实可行的改进建议。

总结报告还应当关注培训对教师专业发展的影响。教师可以通过分析培训对自身教学能力和专业素养的提升情况，评估培训的实际效果。通过这种评估和反思，教师不仅能够明确自身的发展方向，还能为培训机构提供宝贵的反馈和改进建议。此外，总结报告还可以为学校和培训机构的后续培训工作提供重要参考。通过总结和分析教师的反馈，学校和培训机构可以了解教师的实际需求和培训中的问题，从而调整和改进培训内容和方法，提高培训质量和效果。总结报告的撰写和提交，不仅是教师专业发展的重要环节，也是学校和培训机构提升培训质量的重要手段。

二、教师培训过程管理的改进意见与建议

（一）不断改进培训内容和方式

1. 针对性调整培训内容

在评估结果的基础上，根据教师的实际需求和学习情况，进行针对性地培训内容调整：

（1）实践操作环节的增加

针对需要实践操作的教学技能或教学方法，增加相应的实践操作环节是提高教师培训效果的重要举措。在教师培训中，理论知识的传授固然重要，但实践操作能够将理论与实际教学相结合，使教师能够更深入地理解和掌握所学知识，从而提升教学水平和教学质量。

通过增加实践操作环节，教师可以有机会亲自动手进行教学实践，从实际操作中体验和感受教学过程中的挑战和难点。例如，在教学技能方面，教师可以通过实践操作来练习教学技巧，如课堂管理、教学设计、教学评价等。他们可以扮演教学者的角色，设计并实施教学计划，从而更好地理解教学过程中的各种因素和变化。

此外，在教学方法方面，实践操作也可以帮助教师更好地掌握教学方法的应用和效果。通过实际操作，教师可以尝试不同的教学方法，观察和分析其在实际教学中的效果，从而更加灵活地运用各种教学方法，满足不同学生的学习需求。

实践操作环节的增加还可以促进教师之间的互动和交流。在实践操作过程中，教师们可以共同探讨和解决教学中遇到的问题，分享教学经验和教学资源，相互学习和借鉴，从而不断提升自己的教学水平和专业能力。

（2）案例分析和讨论内容的丰富

通过案例分析和讨论的丰富，可以将教师培训的理论知识与实际应用相结合，为教师提供具体的教学案例和场景，帮助他们更好地理解并应用所学知识，从而提高教学质量和效果。

在教师培训中，案例分析是一种常用的教学方法，通过讲解和分析真实或虚拟的教学案例，引导教师深入思考和探讨教学中的各种问题和挑战。案例分析通常涉及教学目标设定、教学方法选择、课程设计、学生管理等方面的内容，帮助教师从多个角度审视和思考教学过程中的各种因素和影响。

在案例分析的基础上，进行讨论是进一步加深理解和促进交流的重要途径。通过讨论，教师可以分享自己的看法和经验，与他人交流思想和观点，从而获得不同的思维碰撞和启发。在讨论过程中，教师可以提出问题、分享观点、解决疑惑，共同探讨教学中的难题和挑战，形成集体智慧，为教学实践提供更多的思路和解决方案。

通过丰富的案例分析和讨论内容，教师可以从具体的教学案例中获取实践经验和教训，加深对教学实践的认识和把握。他们可以通过分析案例中的成功经验和失败教训，总结出适合自己的教学策略和方法，提高教学水平和教学效果。

此外，案例分析和讨论还可以促进教师之间的交流与合作。在案例分析和讨论的过程中，教师们可以相互借鉴经验、分享资源，共同探讨教学中的难题和挑战，建立起密切的合作关系和专业网络，为教学改革和发展提供更多的支持和动力。

（3）个性化学习模块

个性化学习模块是一种针对不同教师学习需求和兴趣的定制化学习方案，旨在让教师能够根据自身特点和需求，选择适合自己的学习内容和学习方式，从而增强学习的针对性和主动性。通过个性化学习模块，教师可以更有效地提升自己的专业水平和教学能力，进而更好地适应教育领域的不断变化和发展。

第一，个性化学习模块的设计应当充分考虑教师的学习需求和兴趣。不同教师在教学实践中所面临的问题和挑战各不相同，因此，个性化学习模块需要根据教师的专业背景、教学领域、职业发展目标等因素，提供多样化的学习内容和学习资源。这些内容可以涵盖教育理论、教学方法、课程设计、教育技术、教学评价等方面，以满足教师在不同领域和层次上的学习需求。

第二，个性化学习模块应当注重学习方式的多样化和灵活性。教师具有不同的学习风格和学习习惯，因此，个性化学习模块需要提供多种学习方式，包括但不限于线上学习、线下研讨、实践操作、个性化辅导等。教师可以根据自己的时间安排和学习偏好，选择适合自己的学习方式，进行个性化学习，提高学习的效率和质量。

第三，个性化学习模块还应当注重学习过程的反馈和调整。在教师进行个性化学习的过程中，可以通过学习评估、学习记录、学习反馈等方式，及时了解教师的学习进度和学习效果，发现问题和不足之处，并根据反馈结果及时调整和优化学习模块，以确保教师的学习需求得到有效满足，学习目标得到实现。

第四，个性化学习模块还应当注重学习资源的丰富性和可及性。为了满足教师的个性化学习需求，学校、机构或平台可以整合各种教育资源，包括教材、课件、教学视频、学术论文、专家讲座等，为教师提供丰富多样的学习资源，确保他们能够随时随地获取所需的学习资料和信息。

2. 多样化培训方式

为了满足不同教师的学习需求和学习风格，采用多种形式的培训方式是非常必要的：

（1）讲座和研讨会

组织专家举办讲座和研讨会是教师培训和发展的重要方式之一，通过这种方式可以传授专业知识和经验，引导教师深入思考和探讨教育教学问题，促进其专业成长和教学水平的提升。

讲座是一种向教师集体传达专业知识和信息的形式，通常由专家学者或具有丰富教学经验的教师进行。在讲座中，专家可以系统地介绍和解读最新的教育理论、教学方法、课程设计等内容，为教师提供新的思路和视角。通过讲座，教师可以了解到教育领域的前沿动态和发展趋势，增长专业知识，拓展教学思路，激发学习兴趣，促进教学实践的创新和发展。

研讨会则是一种集体讨论和交流的形式，通常由教师自主组织或学校机构策划。在研讨会上，教师们可以分享自己的教学经验和教育教学观念，交流教学方法和教学资源，共同探讨教育教学中的难题和挑战。通过研讨会，教师可以相互借鉴经验、共同解决问题，形成集体智慧，促进教学水平的提升。

讲座和研讨会的组织应当注重内容的质量和实效性。组织方应精心选择讲师和主题，确保讲座和研讨会的内容符合教师的学习需求和实际情况，能够真正帮助教师解决教学中遇到的问题和困惑。同时，应灵活运用多种形式和手段，如专题讲座、主题报告、案例分析、小组讨论等，提供丰富多样的学习体验，激发教师的学习兴趣和动力。

（2）案例分析和小组讨论

案例分析和小组讨论是教师培训和专业发展中常用的有效方法，通过这种方式，教师可以在集体讨论中相互交流和学习，促进思想碰撞和经验分享，从而提升教学水平和专业素养。

第一，案例分析是一种将理论知识与实际情境相结合的学习方式。通过分析真实或虚拟的教学案例，教师可以深入了解教学中的各种问题和挑战，探讨解决问题的有效策略和方法。在案例分析过程中，教师们可以从不同角度审视问题，思考问题的根源和影响，分析问题的解决方案，并与他人分享自己的观点和看法。这种交流和分享有助于拓宽教师的思维视野，丰富教学经验，提高问题解决的能力。

第二，小组讨论是一种促进集体智慧和合作学习的形式。在小组讨论中，教师们可以结合自己的实践经验和专业知识，共同探讨教育教学中的各种问题和挑战，交流教学方法和策略，分享成功经验和教训。通过与他人的交流和互动，教师们可以借鉴他人的经验，吸收他人的智慧，共同寻找问题的解决方案，促进个人和集体的成长。

第三，案例分析和小组讨论还有助于建立教师之间的密切合作关系和专业网络。在分析案例和讨论问题的过程中，教师们可以建立起彼此之间的信任和沟通，形成紧密的合作群体。他们可以互相支持、互相学习，共同探讨教学创新和改进的路径，共同促进教学水平的提升和教育事业的发展。

（3）实践操作和示范教学

安排实践操作和示范教学环节是教师培训和专业发展中的重要组成部分。这种方式通过让教师亲身参与实践和观摩示范教学，有效地提高了他们的实际操作能力和教学技巧，为其教学实践提供了宝贵的经验和启示。

一方面，实践操作环节为教师提供了一个可以动手实践的平台。在这个环节中，教师们可以通过亲身实践，将理论知识转化为实际操作能力。例如，在教学技能培训中，安排教师们进行实际的教学操作，如课堂布置、教学设计、教学实施等，让他们在实践中不断摸索和积累经验。通过实践操作，教师们可以更加深入地理解和掌握教学技能，增强自信心，提升教学效果。

另一方面，示范教学环节为教师提供了一个可以观摩学习的机会。在这个环节中，培训机构或学校可以安排经验丰富的教师进行示范教学，展示教学技巧和方法。教师们可以通过观摩示范教学，学习他人的优秀经验和教学技巧，发现问题并吸取教训。同时，示范教学还可以激发教师们的教学灵感和创造力，促进其教学方法的创新和发展。

在实践操作和示范教学环节中，还可以结合反馈和指导，为教师提供及时的指导和支持。例如，可以安排专家或资深教师对教师的实践操作和示范教学进行评价和指导，指出其优点和不足之处，提出改进建议和意见。这种针对性地反馈和指导有助于教师及时调整和改进教学方法，提升教学水平。

3.技术支持与在线资源

提供技术支持和在线资源,可以进一步提高培训的便捷性和灵活性:

(1)网络课程和教学视频

提供在线的网络课程和教学视频是一种现代化的教师培训方式,具有极大的灵活性和便利性。通过这种方式,教师可以随时随地进行学习,自主选择学习时间和地点,充分利用碎片化时间进行专业知识的学习和提升。

第一,网络课程和教学视频的在线学习平台为教师提供了丰富多样的学习资源。这些资源涵盖了各个学科领域的知识内容,包括教育理论、教学方法、课程设计、教学评估等方面。教师可以根据自己的学习需求和兴趣,选择适合自己的课程和视频进行学习,拓展自己的知识面,提升专业水平。

第二,网络课程和教学视频的学习方式灵活多样。教师可以根据自己的时间安排和学习进度,自主选择学习的节奏和方式。他们可以根据自己的实际情况,随时随地进行学习,充分利用碎片化的时间进行知识的获取和学习。这种自主学习的方式,有利于激发教师的学习兴趣和学习动力,提高学习效率。

第三,网络课程和教学视频的学习内容具有时效性和实用性。这些课程和视频通常由行业专家和资深教师录制,内容质量有保障,能够及时反映教育教学领域的最新动态和发展趋势。教师们可以通过学习这些内容,了解到教育教学的前沿知识和实践经验,为自己的教学实践提供参考和借鉴。

第四,网络课程和教学视频的学习方式还可以促进教师之间的交流和合作。在学习过程中,教师们可以通过在线平台进行讨论和交流,分享学习心得和教学经验,共同探讨教育教学中的难题和挑战,形成学习共同体,促进教师之间的互相学习和共同成长。

(2)在线论坛和社交平台

建立在线论坛和社交平台是促进教师专业发展和交流的重要举措。这些平台为教师提供了一个开放、便捷的交流平台,通过在线论坛和社交平台,教师们可以进行知识分享、资源交流、经验讨论,从而扩大教学视野,提升教学水平。

第一,在线论坛和社交平台为教师搭建了一个互动交流的平台。教师们可以在这些平台上发表自己的观点、经验和心得体会,与其他教师进行交流和讨论。通过这种交流,教师们可以从不同的视角和角度来看待教育教学问题,拓展自己的思维，开阔教学视野。

第二，在线论坛和社交平台可以促进教师之间的资源共享。教师们可以在平台上分享自己的教学资源，如教案、课件、教学视频等，也可以获取其他教师分享的资源。这种资源共享不仅能够丰富教学内容，还能够提高教学效率，节约教师的备课时间，让教学更加轻松高效。

第三，在线论坛和社交平台还可以促进教师之间的合作与联动。在这些平台上，教师们可以组建兴趣小组或合作团队，共同开展教育教学研究或教学改革项目。通过合作与联动，教师们可以互相支持、互相学习，共同探讨和解决教育教学中的难题，提高教学质量和教育水平。

第四，建立在线论坛和社交平台还可以促进教师与学生、家长之间的沟通与互动。教师可以通过这些平台与学生、家长进行在线互动，及时了解学生的学习情况和家长的关注点，提供个性化的教学指导和支持，促进学生的全面发展和成长。

（3）个性化学习平台

个性化学习平台的开发是教师培训和专业发展的重要举措之一。通过这样的平台，教师可以根据自身的学习兴趣、需求和水平，获取个性化的学习资源和课程，提高学习的针对性和有效性，进而推动教师的专业成长和教学水平的提升。

第一，个性化学习平台可以根据教师的学习需求和兴趣，推荐相应的学习资源和课程。平台可以根据教师的个人资料、学习历史和偏好等信息，智能地分析和匹配适合的学习内容，为教师提供个性化的学习推荐。这种定制化的推荐能够使教师更加高效地获取到符合自己需求的学习资源，提高学习的针对性和有效性。

第二，个性化学习平台可以提供多样化的学习资源和课程。平台上的学习资源可以涵盖各个学科领域的知识内容，包括教育理论、教学方法、课程设计、评估策略等方面。而且，这些资源可以以不同形式呈现，如在线课程、视频教程、电子书籍等，满足教师多样化的学习需求和学习风格。

第三，个性化学习平台还可以提供个性化的学习路径和学习支持。平台可以根据教师的学习进度和兴趣，制订个性化的学习计划和学习路线图，为教师提供学习指导和支持。同时，平台还可以提供学习社区和学习导师等服务，让教师可以在学习过程中进行交流和互助，共同进步。

第四，个性化学习平台可以通过数据分析和反馈机制不断优化和完善服务。平台可以收集和分析教师的学习数据和反馈意见，了解教师的学习需求和学习行为，及时调整和改进平台的功能和服务，提高平台的用户体验和学习效果。

（二）建立长效反馈机制

1. 定期反馈收集

建立定期的反馈机制，包括但不限于以下几个方面：

（1）培训内容反馈

培训内容的反馈对于评估培训的有效性和改进培训方案至关重要。收集教师对培训内容的满意度和建议意见，可以帮助培训机构更好地了解教师的需求和期望，及时调整和改进培训课程设置和内容设计。

第一，收集教师对培训内容的满意度能够反映培训的整体质量和效果。教师的满意度是衡量培训成效的重要指标之一，可以直观地反映教师对培训内容的接受程度和满意程度。通过定期进行满意度调查或问卷调查，培训机构可以了解教师对培训内容的整体评价，从而及时发现问题和不足，加以改进和提升。

第二，收集教师对培训内容的建议意见能够提供宝贵的改进建议和优化方案。教师是培训的直接受益者，他们对培训内容的反馈和建议意见具有重要的参考价值。通过听取教师的意见和建议，培训机构可以了解教师的需求和期望，发现培训内容设计中存在的不足之处，针对性地进行调整和改进，提高培训的实效性和实用性。

第三，收集教师对培训内容的反馈还可以促进培训机构与教师之间的沟通和互动。培训机构可以通过建立反馈渠道和平台，与教师保持密切的沟通联系，及时了解他们的需求和反馈意见，为教师提供更加贴心和个性化的培训服务。

第四，培训机构应当重视教师对培训内容的反馈意见，并采取积极的措施加以应对。除了定期收集满意度调查和建议意见外，还可以组织座谈会、专题讨论等形式，深入了解教师的需求和期望，共同探讨解决方案，形成共识。通过与教师的密切合作和积极反馈机制的建立，培训机构可以不断优化培训内容，提高培训的质量和效果，真正实现培训的目标和意义。

（2）培训方式反馈

收集教师对不同培训方式的反馈是评估培训效果和改进培训方案的重要环

节。了解教师对于讲座、研讨会、案例分析、实践操作等不同培训方式的喜好和适应程度，可以帮助培训机构更好地设计和选择培训方式，提高培训的效果和吸引力。

第一，收集教师对讲座形式培训的反馈是重要的。讲座作为传统的培训形式，通常以讲师单向传授知识为主，适用于大规模的知识传递和信息讲解。教师的反馈可以帮助评估讲座形式培训的接受程度和效果，了解教师对于这种形式的喜好和不足之处，进而调整和改进培训内容和方式。

第二，研讨会形式的培训也是备受关注的。研讨会通常以小组讨论、互动交流为主，强调教师之间的互动和共享。教师对研讨会形式的反馈可以帮助评估研讨会的有效性和互动性，了解教师对于小组讨论和互动交流的态度和看法，为今后的培训设计提供参考和建议。

第三，案例分析在培训中也扮演着重要的角色。通过案例分析，教师可以将理论知识与实际情境相结合，加深对于教学策略和问题解决的理解。教师对案例分析形式培训的反馈可以帮助评估案例分析的实用性和吸引力，了解教师对于具体案例和实际问题的关注和反应，为今后的案例设计和分析提供指导和建议。

第四，实践操作形式的培训也备受关注。实践操作通过让教师亲身参与和体验，提高实际操作能力和教学技巧。教师对实践操作形式培训的反馈可以帮助评估实践操作的有效性和实用性，了解教师对于具体操作步骤和技能训练的需求和期望，为今后的实践操作设计和组织提供指导和建议。

（3）组织管理反馈

收集教师对培训组织管理的评价和建议是确保培训顺利进行、提高教师满意度的重要环节。通过了解教师对培训安排、时间安排、场地设施等方面的反馈，培训机构可以及时调整和改进组织管理，提升培训的效果和质量。

第一，培训安排是教师关注的重要方面之一。教师对培训安排的反馈可以帮助评估培训日程的合理性和安排的灵活性，了解教师对于培训时间、周期和频率的需求和期望。培训机构可以根据教师的反馈意见，合理安排培训时间，确保教师能够充分参与培训活动，提高学习效果和满意度。

第二，时间安排是另一个需要关注的方面。教师对时间安排的反馈可以帮助评估培训时间的充裕性和合理性，了解是否有时间冲突或者安排不当的情况。培训机构可以根据教师的反馈意见，调整培训时间表，避免时间冲突和安排不当的情况发生，确保培训顺利进行。

第三，场地设施也是影响培训效果的重要因素之一。教师对场地设施的反馈可以帮助评估场地设施的舒适性和便利性，了解是否存在设施不足或者设施质量不佳的情况。培训机构可以根据教师的反馈意见，改善场地设施条件，提供更舒适、更便利的学习环境，提升教师的培训体验和满意度。

2.分析与改进

针对收集到的反馈意见，进行深入分析，并及时调整和改进培训内容和方式:

（1）问题和不足分析

对教师培训过程中的问题和不足进行分析是确保培训质量提升的关键步骤。通过对反馈意见的分类和整理，可以找出存在的问题和不足之处，并深入分析其原因和影响，以便采取相应的改进措施。

第一，针对培训内容方面的问题和不足。一些教师反映培训内容过于理论化，与实际教学脱离，缺乏具体操作性和实用性。这可能是由于培训设计不够贴近教师的实际需求和教学场景，缺乏与实际教学紧密结合的案例分析和实践操作。这种情况会导致教师对培训的认同度降低，学习效果不佳，影响培训的实效性和可持续性。

第二，培训方式方面存在的问题和不足也需要关注。一些教师反映培训形式单一，缺乏互动性和趣味性，无法满足不同教师的学习需求和学习风格。这可能是由于培训机构在选择培训方式时考虑不够全面，缺乏针对性和差异化地设计。这种情况会导致教师的学习积极性不高，培训效果难以达到预期目标。

第三，组织管理方面存在的问题和不足也需要重视。一些教师反映培训安排不合理，时间安排不合适，场地设施不完善，影响了培训的顺利进行和教师的学习体验。这可能是由于培训机构在组织管理方面存在疏漏或者不足，缺乏对教师需求的全面考虑和有效地安排和管理。这种情况会影响教师对培训的满意度和参与度，降低培训效果和质量。

（2）改进措施制订

根据问题和不足的分析结果，制订具体的改进措施和计划是提升教师培训质量的重要步骤。这些改进措施涉及调整培训内容、优化培训方式、改进组织管理等多个方面，旨在解决教师培训过程中存在的问题和不足，提升培训的实效性和可持续性。

第一，针对培训内容方面的问题和不足，需要采取以下改进措施。一方面，增加实践操作和示范教学环节，让教师能够亲身体验和观摩，提高实际操作能力和教学技巧。另一方面，丰富案例分析和小组讨论内容，将理论知识与实际应用相结合，为教师提供具体的教学案例和场景，促进思想碰撞和经验分享。此外，开发个性化学习平台，根据教师的学习兴趣和需求，推荐相应的学习资源和课程，提高学习的针对性和有效性。

第二，针对培训方式方面的问题和不足，需要采取以下改进措施。一方面，组织专家举办讲座和研讨会，传授专业知识和经验，引导教师深入思考和探讨教育教学问题。另一方面，通过网络课程和教学视频，提供随时随地的学习资源，满足教师的学习需求，提高学习的便捷性和灵活性。此外，建立在线论坛和社交平台，促进教师之间的交流和互动，分享教学资源和经验，扩大教学视野。

第三，针对组织管理方面的问题和不足，需要采取以下改进措施。一方面，建立长效的反馈机制，定期收集和分析教师对培训活动的反馈意见，及时调整和改进培训内容和方式，提高培训的可持续性和效果。另一方面，加强师资队伍建设，确保培训师资具有丰富的教学经验和专业知识，能够有效传授教学技能和知识。此外，优化组织管理流程，合理安排培训安排、时间安排和场地设施，提高培训的顺利进行和教师的学习体验。

（3）沟通与落实

沟通与落实是确保改进措施有效实施的关键环节。在识别问题并制订改进计划之后，与相关部门或责任人进行及时有效地沟通，以确保改进措施得到落实并产生实际效果。这个过程需要包括几个关键步骤：

第一，建立有效的沟通渠道。确保与相关部门或责任人之间建立起畅通的沟通渠道，可以是面对面会议、电子邮件、电话会议或在线平台等。通过这些渠道，可以及时传达信息，沟通意见，并协调行动。

第二，明确责任分工。在沟通的过程中，明确各方的责任分工是至关重要的。确定谁负责实施具体的改进措施，谁负责监督进度和结果，以及谁负责向教师反馈改进情况等，这样可以确保每个环节都得到妥善处理，避免责任模糊导致的执行不力。

第三，跟进和监督。沟通不仅仅是传达信息，更重要的是跟进和监督改进措施的执行情况。定期跟进改进措施的实施进度，了解问题的解决情况，及时发现并解决可能出现的问题，确保改进措施按计划顺利进行。

第四，及时反馈和沟通成果。在改进措施得到实施并产生一定效果后，及时向教师反馈改进情况，让他们了解到改进措施的实施效果，增强他们对培训的信心和满意度。同时，也可以邀请教师提供反馈意见，以进一步改进和完善培训工作。

最后，持续改进。沟通与落实是一个循环的过程，不断地收集反馈意见，不断地调整和改进培训工作，才能够不断提升培训质量和效果。因此，要保持持续沟通和改进的动力和努力，确保培训工作始终保持在一个良好的发展轨道上。

3. 持续跟进与改进

建立持续跟进机制，确保培训的持续性和有效性：

（1）定期评估培训效果

定期评估培训效果是确保培训活动持续有效的重要步骤。通过定期评估，可以深入了解培训对教师的影响和培训活动的实际效果，为进一步改进和优化培训提供数据支持和参考。

在评估培训效果时，教师的满意度是一个重要的指标。通过调查问卷或面谈等方式，收集教师对培训内容、方式、组织管理等方面的满意度反馈。教师的满意度反映了培训活动是否符合其期望和需求，是否能够满足其学习目标和提升需求。

此外，还需要评估培训的实际成效。这包括培训后教师的教学水平是否有所提升，是否能够应用所学知识和技能到实际教学中，以及培训对学生学习成绩和学习体验是否产生了积极影响等方面。可以通过课堂观察、学生评价、教学成绩等多种方式进行评估。

除了定量指标，还应该考虑到定性因素。比如，教师在培训后的态度和行为变化，教学氛围是否变得更加积极向上，是否有更多的教师愿意参与专业交流和合作等方面。这些因素虽然难以量化，但对于评估培训效果同样具有重要意义。

评估的结果应当及时反馈给相关部门和责任人，以便及时调整和改进培训活动。如果发现培训效果不如预期，需要及时分析原因并制订相应的改进措施。同时，也要及时肯定培训取得的成绩和进步，为培训的持续发展提供动力和支持。

（2）持续改进培训方案

持续改进培训方案是保障培训活动持续有效的关键举措。根据定期评估的结果，针对培训方案中存在的问题和不足，不断进行改进和优化，以确保培训的新颖性、实用性，提高培训的质量和效果。

第一，根据评估结果对培训内容进行调整和优化是持续改进的重要方面。这包括根据教师的反馈意见和需求，更新和调整培训课程内容，确保其与教师的实际需求和学习情况相匹配。通过增加新的教学理念、教学方法或是引入最新的教学技术，使培训内容保持更新，符合时代潮流和教育发展趋势。

第二，持续改进培训方式和教学方法也是关键之举。根据教师对不同培训方式的喜好和适应程度，灵活选择并组合不同的培训方式，如讲座、研讨会、案例分析、实践操作等，以满足不同教师的学习需求和学习风格。同时，借助新技术手段，如网络课程、教学视频等，提供更便捷、灵活的学习途径，增强教师的学习主动性和参与度。

第三，持续改进培训组织管理也是关键之举。通过收集教师对培训组织管理的评价和建议，及时调整和优化培训的安排、时间安排、场地设施等方面，为教师提供更好的学习环境和条件。建立高效的沟通渠道和反馈机制，及时获取教师的反馈意见，不断完善培训管理流程，提高培训的执行效率和质量。

第四，持续改进培训方案需要与相关部门或责任人进行密切合作，形成一个协同工作的机制。及时共享评估结果和改进计划，确保改进措施得到有效实施和落实。同时，加强对培训效果的监测和跟踪，及时发现问题并采取纠正措施，确保培训方案的持续改进和优化。

（3）建立反馈闭环

建立反馈闭环机制是确保培训与管理持续改进和提升的关键步骤。这一机制旨在确保教师的反馈意见得到及时、有效地关注和回应，从而增强他们的参与感和认同感，促进培训与管理的不断完善和提升。

第一，建立反馈收集渠道是反馈闭环机制的基础。可以通过多种途径收集教师的反馈意见，如在线调查、面对面访谈、反馈表格等。这些渠道应该灵活多样，以便教师能够随时随地方便地表达他们的看法和建议。

第二，收集到的反馈意见应该及时进行整理和分类，确保每一条反馈都能够被准确记录并得到关注。这可以通过建立专门的反馈意见收集团队或委员会来实现，他们负责对反馈意见进行分析和汇总，为后续的改进工作提供参考依据。

第三，针对收集到的反馈意见，应该及时采取行动并给予反馈。这包括制订具体的改进计划和措施，将其落实到实际的培训与管理工作中，并向教师们反馈这些改进举措的具体实施情况。这种及时的反馈可以增强教师们的信心和满意度，使他们感到自己的声音被听到和重视。

第四，建立反馈闭环的机制需要一种持续的、循环的过程。这意味着不仅要一次性地收集和处理反馈意见，而且要持续不断地进行这一过程，确保反馈机制的持续性和有效性。这可以通过定期的反馈收集和整理工作，以及定期的改进计划评估和调整来实现。

参考文献

[1] 陈坤，秦玉友. 中小学传统文化课程内容建构的价值、困境及重构 [J]. 教育学术月刊，2020（6）：96-104.

[2] 查明华. 师专公共心理学课程教学内容体系重构的设想 [J]. 教学研究，2010（33-1）：70-72.

[3] 田晓伟，牛睿. 论数字时代教师碎片化学习的整合路径：基于认知盈余的视角 [J]. 中国电化教育，2022（2）：69-74.

[4] 杨荣波. 学何以能致用：教师培训效果转化的内在机制与实践路径研究 [D]. 兰州：西北师范大学，2023.

[5] 杨荣波，王颜. 教师培训迁移：问题分析与优化策略 [J]. 继续教育研究，2023（4）：47-52.

[6] 丁浩然，刘学智. 中小学教师教材素养：现状与进路 [J]. 四川师范大学学报（社会科学版），2021，48（1）：114-121.

[7] 申军红，王永祥，郝国强. 教师培训需求分析模型建构研究：以海淀区中小学新任班主任为例 [J]. 教师教育研究，2016，28（6）：75-82.

[8] 李瑾瑜. "好老师"需要"好培训" [J]. 人民教育，2014（22）：17-19.

[9] 裴淼，李肖艳. 成人学习理论视角下的"教师学习"解读：回归教师的成人身份 [J]. 教师教育研究，2014，26（6）：16-21.

[10] 王鉴. 我国基础教育课堂教学方法改革及体系建构 [J]. 课程·教材·教法，2023，43（3）：47-55.

[11] 李发仁. "互联网 +"时代卓越教师培训策略研究 [J]. 中国新通信，2022，24（3）：172-174.

[12] 杨莹，袁松鹤. 中小学教师培训"互联网 +"支持服务体系构建 [J]. 广

播电视大学学报（哲学社会科学版），2021（4）：87-94.

[13] 刘洋.互联网背景下教师线上和线下培训衔接问题研究 [J].成才之路，2021（36）：70-72.

[14] 彭昊，唐智松.我国教师培训研究热点、前沿方向与未来展望 [J].教师教育学报，2022，9（6）：155-164.

[15] 于维涛，孙福胜.多重制度逻辑下中小学教师培训的协同治理 [J].教师发展研究，2022，6（3）：65-70.

[16] 刘筱，王少愚.高质量教师培训：复合生态与共生共赢式体系构建 [J].宁波大学学报（教育科学版），2022，44（5）：31-39.

[17] 黄鋆，蔡杨，周寅.高等职业院校青年教师职业生涯规划现实困境与对策研究 [J].武汉船舶职业技术学院学报，2022，（2）：1-3

[18] 宋春泽.教师职业生涯发展规划中的问题与路径 [J].教学与管理（中学版），2021，（2）：2-3.

[19] 郑秋萍.高职院校教师职业认同、职业生涯规划与专业发展关系研究 [D].广西师范大学，2020：5-6.

[20] 钟淑梅.国际学校教师专业发展内容、途径及评价的研究—以北京市 B 国际学校为例 [J].求知导刊，2019（27）：95-96.

[21] 汪文华.对中小学教师培训目的、价值、实施模式及运行方式的思考 [J].中小学教师培训，2018（07）：8-12.